全本全注全译丛书

中华经典名著

唐宇辰　徐湘霖◎译注

申鉴　中论

中华书局

图书在版编目(CIP)数据

申鉴 中论/唐宇辰,徐湘霖译注. —北京:中华书局,2020.8
(2025.6 重印)
(中华经典名著全本全注全译丛书)
ISBN 978-7-101-14676-9

Ⅰ.申… Ⅱ.①唐…②徐… Ⅲ.①政论-中国-东汉时代
②《申鉴》-注释③《申鉴》-译文④《中论》-注释⑤《中论》-译文
Ⅳ.B234.942

中国版本图书馆 CIP 数据核字(2020)第 133361 号

书　　名	申鉴 中论
译注者	唐宇辰　徐湘霖
丛书名	中华经典名著全本全注全译丛书
责任编辑	刘胜利
装帧设计	毛　淳
责任印制	陈丽娜
出版发行	中华书局
	(北京市丰台区太平桥西里 38 号　100073)
	http://www.zhbc.com.cn
	E-mail:zhbc@zhbc.com.cn
印　　刷	北京中科印刷有限公司
版　　次	2020 年 8 月第 1 版
	2025 年 6 月第 4 次印刷
规　　格	开本/880×1230 毫米　1/32
	印张 12¾　字数 280 千字
印　　数	16001–18000 册
国际书号	ISBN 978-7-101-14676-9
定　　价	38.00 元

目录

申　鉴

前言

一

荀悦（148—209），字仲豫，颍川颍阴（今河南许昌）人，是战国时儒门宗师荀子的后代。据《后汉书》记载，其祖父荀淑（字季和）少有高行，博学而不好章句。汉安帝时，荀淑征拜郎中，后再迁当涂长。当世名贤李固、李膺等都奉其为师。汉桓帝时梁太后临朝，有日食、地震的异变，荀淑被推举对策，因讥刺权贵而为大将军梁冀所忌，出为朗陵侯相。他处理事务明断有理，被人称之为"神君"，不久后便弃官归乡，闲居养志，常以自身产业赡养宗族亲友。荀淑有子八人：俭，绲，靖，焘，汪，爽，肃，专，皆有名声，时人谓之"八龙"。

"八龙"中，以荀悦的叔父荀爽最负盛名。爽字慈明，幼而好学，年十二便能通《春秋》《论语》，太尉杜乔曾见之而有称誉。他潜心于经书，不应付俗务，也不接受朝廷的征命，颍川人誉曰："荀氏八龙，慈明无双。"（《后汉书·荀爽传》）桓帝延熹九年（166），荀爽因太常赵典的推举而被拜为郎中，但是他在一番奏对后，便弃官而去了。后来因为党锢之祸，荀爽隐遁了十余年，其间专以著述为事，遂被称为硕儒。党禁解除后，他也不应征召。然而到献帝时，董卓专权，强行将他征召入朝，最初拜为平原相，又追为光禄勋，复进拜司空，从被征命到官拜"三公"之一的司空，只用了九十五天。荀爽见董卓残忍暴虐，会危及国家社稷，便与董卓所征辟的才略之士及司徒王允、何颙等共谋反董，然未曾起事，他便因病去世了。荀爽著述颇丰，有《礼》《易传》《诗传》《尚书正经》《春秋条例》《汉语》《新书》等，然今多所亡缺。

荀悦便出生在这样一个名门望族之中，他的父亲荀俭是荀淑的长子，然而早卒。荀悦生于建和二年（148），年十二，便能说《春秋》。家贫无书，在别人那里见到书籍篇牍，浏览一遍就大致能够诵记。他性情沉静，姿容美好，尤好著述。汉灵帝时宦官擅权，士人多退身不仕，荀悦也托疾隐居，不为时人所识，只有他的堂弟荀彧十分敬重他。汉献帝建安元年（196），曹操被封为镇东将军，荀悦成为他的幕僚，后迁为黄门侍郎。献帝喜好文学，荀悦常与荀彧、孔融侍讲禁中，日夜谈论，累迁为秘书监、侍中。建安十四年（209）卒，年六十二。

荀悦的著述，除《申鉴》《汉纪》外，本还有《崇德》《正论》及诸论数十篇，然《崇德》等诸论均已亡佚。《汉纪》是荀悦奉汉献帝之命所编撰的，汉献帝爱好典籍，但嫌班固的《汉书》文繁难读，便令荀悦依《左传》体例撰为《汉纪》，自建安三年（198）始，至建安五年（200）书成，共三十篇，"辞约事详，论辨多美"（《后汉书·荀悦传》），在中国编年体史书中，起了继往开来、承上启下的作用。唐代刘知几曾评价说："为纪传者则规模班马，创编年者则议拟荀袁。"（唐刘知几《史通·六家》）"班马"指的是作《汉书》的班固与作《史记》的司马迁，"荀袁"则是指荀悦与作《后汉纪》的袁宏，由此可见其对编年体史书编纂方面的重要影响。

二

据袁宏《后汉纪》载，《申鉴》一书作于建安十年（205），全书共五篇：政体第一、时事第二、俗嫌第三、杂言上第四、杂言下第五。

在《政体》篇中，荀悦开篇便交代了"申鉴"之名的含义："夫道之本，仁义而已矣。五典以经之，群籍以纬之。咏之歌之，弦之舞之。前鉴既明，后复申之，故古之圣王，其于仁义也，申重而已。笃序无疆，谓之申鉴。"道的根本就在于仁义，仁义以"五经"为纲要，以群籍为阐发，用咏歌奏舞等不同的方式来称颂。前人的仁义之事对于后人来说，已经是明白的借鉴，但后人还需反复申述不忘，所以古代的圣王，他们对于仁义，就是反复地申述前鉴，信实地申述前鉴而不止息，这就叫"申鉴"。可见，儒家的"仁义"是《申鉴》的理论核心，故而《四库全书总目提要》评价《申鉴》"原本儒术，故所言皆不诡于正也"。

他接着说："立天之道曰阴与阳，立地之道曰柔与刚，立人之道曰仁与义。阴阳以统其精气，刚柔以品其群形，仁义以经其事业，是为道也。故凡政之大经，法教而已矣。"天之道在于阴阳，地之道在于柔刚，人之道则在于仁义，天道以阴阳统合万物之精气，地道以刚柔来品类群物之形态，人道则以仁义来经营其事业，而为政的纲要则在于法与教。这几句话可谓荀悦政治哲学的纲领性宣言，也是其哲学体系的基础支撑。

天道以阴阳统合万物，为政则以法教统领诸事，于是，围绕着为政的核心"法教"，荀悦构建了一个体系。他首先安置好了儒家的"五常"（即"五德"）："仁也者，慈此者也；义也者，宜此者也；礼也者，履此者也；信也者，守此者也；智也者，知此者也。""仁"是爱惜慈和地推行法教，"义"是合宜地行法施教，"礼"是所履行法教的方式，"信"是遵守法教，"智"是理解认识法教。这里需要有所辨别的是，在荀悦的哲学体系中，同是"仁义"，人道之本的"仁义"实际上是广义上"仁"的世界观与"义"的方法论的统一；而围绕法教的"五常"中的"仁""义"则是较为具体化的施行法教的态度与方式。

人道根本在于仁义，"五常"所针对的主要是法教的施动者，接着他以好恶、喜怒、哀乐"六情"来联结起法教的施动者与受动者："是故好恶以章之，喜怒以莅之，哀乐以恤之。"以好善、恶不善来彰显教法，以行教则喜、施法则怒来施行教法，以哀乐之情来顾念教法。以"六情"作为联结媒介，本质上是基于情感的普遍共通性，以而由上及下地施行法教。

"若乃二端不忒,五德不离,六节不悖,则三才允序,五事交备,百工惟厘,庶绩咸熙"。而如果法教无有错失,"五德"没有违失,"六情"没有悖逆,那么所得到的成果便是天、地、人"三才"有序,貌、言、视、听、思"五事"全部具备,百官各司其职,众多的事业都会兴盛。

"天作道,皇作极,臣作辅,民作基",这是荀悦理想的国家结构形态。天为最高道理,所以需要"承天惟允";统治者以身作则,所以需要"正身惟常";臣下是辅佐施政的核心力量,所以需要"任贤惟固";百姓是一个国家的根基,所以需要"恤民惟勤"。而将四者有序有力串联起来的就是制度,所以需要"明制惟典",以上五者皆已完备,那么上下一心,积极进取,自然不难立其大业。

以上便是荀悦在开篇《政体》里所进行的大纲式的阐明,他所言的"政体",其实既包含着为政的纲要,即形而上的核心(仁义、法教)、原则(五德、六情),也包括了为政的体系,即他理想中的国家结构形态。了解了荀悦的政治哲学体系,那么便不难发现,他在《政体》篇乃至全书中提出的一系列的治国之理与治国之法,实际上就是从他自身构建的哲学体系出发,斥除着不良的政治状态与为政方式,提倡着理想的为政原则与方式,阐述着对国家内部组成要素的认识及对其相互之间关系的审视与应对。

譬如他说要想使国家大治,那么需要"屏四患""崇五政""修六则""恤十难""察九风""慎庶狱""稽五赦"等等。使国家得到良好的治理,那么需要摒除"四患",即奸伪("伪")、利己("私")、放纵("放")、矜骄("奢"),因为这"四患"会对民俗民风、礼法制度等产生极其恶劣的影响,若放纵不理必然会贻害无穷,所以必须要加以摒除,这是对不良状态的斥除。要推行五方面的政策,即"养生""正俗""章化""秉威""统法",放在首位的"养生"即兴农桑以养民生,他说到要"丰民财"以"定其志",强调了经济在民生中的基础性作用,后文中他言及官方不要强行赊买而空耗市场("太上不空市"),同样是看到了正常的经济运行在民生及社会平稳运行方面的重要作用，这是对民众而言。而"统法"则是针对统治者而言，他说"赏罚，政之柄也"，"统法"就是要统治者明赏罚以褒善惩恶，才能执掌好这一为政之"柄"。还要遵循六项原则，即"中""和""正""公""诚""通"，这是提倡理想的为政原则，诸如此类。

对于君、臣、民的关系，他认为："天下、国、家，一体也，君为元首，臣为股肱，民为手足。下有忧民，则上不尽乐；下有饥民，则上不备膳；下有寒民，则上不具服。徒跣而垂旒，非礼也。故足寒伤心，民寒伤国。"即天下、家、国，君、臣、民，实则是一荣俱荣、一损俱损的关系，体现出国家结构的整体性。对统治者治理民众，荀悦用诸如渡水、钓鱼、驱鸡等进行了比喻，同荀子一般，他也将民比作水，但不同于荀子"载舟覆舟"的君民关系论述，荀悦以游泳与乘舟这两种不同的渡水方式，来比喻"以智能治民"与"以道德治民"。在荀悦的论述中，还特别体现出了一种君民之间互惠互报的关系，他说："上足以备礼，下足以备乐，夫是谓大道。""君以至美之道道民，民以至美之物养君。君降其惠，民升其功。此无往不复，相报之义也。""上以功惠绥民，下以财力奉上，是以上下相与。"君以善道功惠待民，那么民就以美物财力养君，这是互惠，是一种良性的循环，但若是为君者胡作非为，那么"民必交争，则祸乱矣"。

要想达到君民关系的良性循环，实际上对统治者本身提出了极高的要求，在书中，荀悦描绘了理想的君主的形象，他说："天子有四时：朝以听政，昼以访问，夕以修令，夜以安身。上有师傅，下有谏臣。大则讲业，小则咨询。不拒直辞，不耻下问。公私不惑，外内不二。"人主要"有公赋无私求，有公用无私费，有公役无私使，有公赐无私惠，有公怒无私怨"，不要劳民伤财，损仁害制。君主不能任情纵性，无所限制，在上者要"以义申，以义屈"，即因道义所在而伸舒与屈抑。尤其在《杂言上》篇中，荀悦说道："或曰：'爱民如子，仁之至乎？'曰：'未也。'曰：'爱民如身，仁之至乎？'曰：'未也。汤祷桑林，邾迁于绎，景祠于旱，可谓爱民矣。'曰：'何重民而轻身也？'曰：'人主，承天命以养民者也。民存则社稷存，民亡则社稷亡。故重民者，所以重社稷而承天命也。'""汤祷桑林，邾迁于绎，景祠于旱"，三者皆是君主爱惜百姓胜过爱惜自己生命的经典事迹，在荀悦看来，君主爱民如子、爱民如身都是不够的，是达不到"仁之至"的，只有爱民胜过爱身才行，因为君主所受的天命与应尽的职责就是养民，民不存则社稷亡，社稷亡则君主又何存呢？所以君主重民就是重社稷而承尽天命。想要成为如上所述的人主，想要成为明君圣王，这是不容易的，对其中艰辛，荀悦有着清晰的认识，他说："人主之患，常立于二难之间。在上而国家不治，难也；治国家则必勤身苦思，矫情以从道，难也。"但他接着说："有难之难，暗主取之；无难之难，明主居之。"为人君者必会常处于悦己与治国这两种难事之间，但是明主之所以为明主，正是因为他会选择做让为君不那么艰难的难事；而昏君之所以为昏君，也正是因为他会选择做让为君艰难的难事。

在《时事》篇中，荀悦共谈论了二十一件事，除首二件"尚知"（明智明理）和"贵敦"（淳朴务实）为总论外，其余十九件皆是当时的时务。十九件时事涉及诸多方面，比如经济方面，荀悦讨论了官员俸禄与当时五铢钱等钱币的使用问题；官吏制度方面，论述了官员考核、任用郡县之官、设置尚武官员、置备博士等问题；德教法律方面，讨论了德刑并用、肉刑复置、避仇法规等问题；还涉及祭祀、朝廷礼制等方面的问题。在这些时事中，颇切社会矛盾关键的，是土地兼并与地方割据的问题。

他在第九条"议专地"中说："诸侯不专封。富人名田逾限，富过公侯，是自封也。大夫不专地，人卖买由己，是专地也。或曰：'复井田与？'曰：'否。专地非古也，井田非今也。''然则如之何？'曰：'耕而勿有，以俟制度可也。'"土地兼并问题是关乎国家治乱的重要问题，土地兼并严重，百姓生存艰难，社会矛盾就会越发尖锐，国家的稳定会因此受到巨大影响。荀悦对富豪擅自买卖土地、专有土地的现象有所批判，但对于如何处理土地制度的问题，他认为全然复行井田制是不现实，也是不合适的。井田制，相传是周代实行过的一种土地制度，以方九百亩为一里，划为九区，形如"井"字，中为公田，外八区为私田，八家均私百亩，同养公田，公田耕作完成后，再耕作私田。史学界对于井田制的真实性与确切性一直有所争论，但无论如何，这种较为"生硬"的土地制度确是不合乎当时情势，也并无哪一方有足够的力量去推行。那么该如何解决呢？荀悦也并未提出明确的措施，只说出了一个土地政策的核心原则——"耕而勿有"，这一原则实际上表明了土地国有、使用权与所有权二分的立场。但遗憾的是，王莽曾经推行的限制个人土地拥有量，随之将土地国有化的土地制度改革，伴随着他的倒台而告终。前鉴所在，究竟该如何解决这一问题，荀悦也只能"以俟制度可"。

第四条"议州牧"说："或问曰：'州牧、刺史、监察御史，三制孰优？'曰：'时制而已。'曰：'天下不既定其牧乎？'曰：'古诸侯建国，世位权柄存焉。于是置诸侯之贤者以牧，总其纪纲而已，不统其政，不御其民。今郡县无常，权轻不固，而州牧秉其权重，势异于古，非所以强干弱枝也，而无益治民之实。监察御史斯可矣。若权时之宜，则异论也。'"秦代时每郡设御史，任监察之职，称为监御史（监郡御史），汉初裁除，不久又复置。文帝时以御史多失职，命丞相另派人员出刺各地，但不常置。武帝时分全国为十三部（州），部置刺史，负责监察检核。成帝时改称州牧，哀帝时复称刺史，后时有反复。东汉灵帝时，再设州牧，掌一州军政大权，权柄愈重。汉末地方势力复杂，群雄并起，所谓"强干弱枝"，反映出的就是汉末中央政府与地方割据势力的矛盾问题。中央政府在地方统治力上的实际性减弱，势必不利于国家整体的治理与稳定。荀悦认为在州牧、刺史、监察御史三种制度中，监察御史的制度在当时更为合适，然而，当时的汉帝国已然摇摇欲坠，何来力量去改变这一状况呢？

在《俗嫌》篇中，荀悦讨论了社会上的各种嫌忌，包括当时流行的占卜问卦、求神祈福、神仙养生和谶纬学说等问题。荀悦对盲目的迷信大为驳斥，他写道："或问卜筮。曰：'德斯益，否斯损。'曰：'何谓也？''吉而济、凶而救之谓益，吉而恃、凶而怠之谓损。'"有人问卜筮的事情，他回答说："有德之人就会受益，否则就会受损。"那个人继续问："什么意思呢？"他回答说："卜筮显现吉兆而越发奋力行动、显现凶兆而努力补救的就会受到益助；卜筮显现吉兆就觉得有所倚仗、显现凶兆而消极懈怠的就会受到损害。"在荀悦看来，对于日时嫌忌与占卜问卦的兆示对人有益与否，其根本还是在于己身是否修德奋进。

对于祈神能否有感应效用，荀悦认为其关键在于自身是否内有其实，且符顺自然，他说："人承天地，故动静顺焉。顺其阴阳，顺其日辰，顺其度数。内有顺实，外有顺文，文实顺，理也。休征之符，自然应也。"人承天地而生，所以动静要顺应天地之道，顺应阴阳，顺应时辰，顺应星宿运行的轨度，内有和顺的实质，外有和顺的形象，外在与内在相互和顺，就得到事情的正理了，这样吉祥的征兆自然会有感应而显现了。又说："或问：'祈请可否？'曰：'气物应感则可，性命自然则否。'"即天地节气与万物交相感应这一类的事可以祈请，天赋禀性等本来如此的事就不可祈请了。

对于神仙方术之说，荀悦有所辩驳，特别是对于其中的"黄白之术"，即所谓点化金银之类的术法，他认为"傅毅论之当也。燔埴为瓦则可，烁瓦为铜则不可。以自然验于不然，诡哉。献犬羊之肉，以造马牛，不几矣，不其然软？"意思是将黏土烧制成瓦是可以的，将瓦熔为铜就不行了，用本来如此的事去验证并非如此的事，这是虚诞的，蒸煮狗和羊的肉，来造出马和牛，这是没有希望的。傅毅的论说我们现在已无法看到，而荀悦显然是认为物质的具体形态可以变化，而本质是无法转变的。其实，现代的科学技术已经能一定程度上做到这样的"黄白之术"，因为当物质的本质继续被析微到更细微的程度，那么不同表象的物质，其本质是可能有相通之处的。

关于养生长寿，荀悦认为，要旨在于秉守中和。他写道："或问曰：'有养性（即养生）乎？'曰：'养性秉中和，守之以生而已'"，"夫善养者无常术，得其和而已矣"。荀悦对持守中和做了详细的论说，我们可以发现，他在对比论述时，虽然一直站在儒家学者的立场上倡导守中和以养生，但他对"导引蓄气""历藏内视""致气关息"等导引术语的使用，同样显示出了他对道教养生术不浅的了解。对于"仁者寿"，荀悦认为这同样是秉守中和的结果，"仁者内不伤性，外不伤物，上不违天，下不违人，处正居中，形神以和，故咎征不至而休嘉集之，寿之术也。"仁人内不损伤身心，外不损害他物，上不违背天道，下不悖逆人事，身处正道居位中和，所以有灾祸发生的征兆不会到来，而美好嘉善汇聚其身，这是仁者的长寿之术。然而，谈及"仁者寿"，历来难以绕开颜回、冉耕等贤人的早卒问题，对此，荀悦说："命也。麦不终夏，花不济春，如和气何？虽云其短，长亦在其中矣。"他将其归于命数。麦子不能度过夏天，花儿不能度过春天，这是自然之数，在这种难以抗拒的自然之数面前，秉守中和之气又能如何呢？虽然颜回、冉耕的寿命很短，但长久也在其中了。荀悦的哲学体系中从始至终都有一个人力所不能及的"天"的存在，他所设计的国家结构形态的最上层，同样也是"天"。某种意义上说，荀悦哲学体系中的"天"或者说"命数"的存在，是他意识中对所有无法掌控，人力所不能及的事情的根本解释。这种解释可能是消极的，因为它可以令人无可奈何地否定一切人为的举动及其意义，但同样也可以是积极的，因为它能给人以更高层面上的警醒与指引，也可以寄托人的期待。而荀悦对于命数的态度，包括后文中他对天命人事的看法，其实都体现在了本段的最后一句话中："虽云其短，长亦在其中矣。"

本篇最后还谈及纬书的问题。谶纬是汉代流行的神学迷信，"谶"是作为吉凶符验或征兆的隐语或预言，"纬"是指方士化的儒生依托儒家经义，附会儒家经典所编集起来的宣扬符箓瑞应占验的书，因相对于经书，故称为"纬书"，附会为孔子所作。汉代如王莽改制、光武中兴等许多事件都与谶纬有着密切的关系，谶纬的实质，其实就是世俗之人为自身的举动或权力，从超越世俗处取得合理与合法解释的方式。纬书内容附会人事吉凶，预言治乱兴废，颇多怪诞之谈，但其中对古代天文、历法、地理

等知识以及神话传说等,是有所记录和保存的。荀悦的叔父荀爽曾对纬
书有所批驳辨伪,而荀悦认为纬书虽非孔子所作,但若其有可取之处,则
不妨取之,体现出了其实用主义的精神。

《杂言上》与《杂言下》两篇,采用问答的形式写成,其体例仿自扬雄
的《法言》,亦上承自孔子的《论语》。《杂言上》篇中有对为学、鉴戒、君
臣、损益、励志、礼乐、忧乐、内守、和济等诸多方面的议论,其中对于君与
臣关系的论说稍详。荀悦认为,要想使国家得到良好的治理,其关键不
仅在于君,还在于臣:"或问:'致治之要,君乎?'曰:'两立哉,非天地不
生物,非君臣不成治。首之者天地也,统之者君臣也哉。'"意思是要想
使国家大治,关键在于君与臣的相辅相成,天与地相辅相成而能生养万
物,君与臣相辅相成而能使国家得治,创生万物的是天地,统理事物的是
君臣。同时他强调君主身边若能常有坚守法度的贤臣,那么记载礼法制
度的典籍就不会远离近前,先贤圣哲的言教就能常响于耳边,违背正理
的思想不会在心中漫散,这样那些乖谬不正的风气就无从侵入,君主也
就不会偏离正道了。他用齐桓公不计仇隙任用管仲并最终成就功业的
事迹,来说明任用贤臣的重要性,以说明君主应该"非贤不可任,非智不
可从"。对于为臣之道,荀悦说:"人臣之义,不曰'吾君能矣,不我须也,
言无补也',而不尽忠;不曰'吾君不能矣,不我识也,言无益也',而不
尽忠;必竭其诚、明其道、尽其义,斯已而已矣。不已,则奉身以退,臣道
也。"他认为,既已为臣,那么不应该说"君主贤能啊,不需要我,我说话
没有用",因此不去尽忠;也不应该说"君主无能啊,不赏识我,我说话没
有用",因此不去尽忠。一定要竭尽忠贞,彰明正道,恪尽道义,能达到这
样的程度才可以,不能如此,那么就守身退位,这是为臣之道。基于此,
所以他说:"君臣有异无乖、有怨无憾、有屈无辱。"君臣之间可以有不同
但不会离心离德,可以有责备但不会怨恨,可以有屈抑但不会受到侮辱。
接下来他说为人臣者有三种罪责:一为"导非",即以不正的言行引导君
上;二为"阿失",即顺从君上的不正之事;三为"尸宠",即看到君上的过

失却不进言。相对的，人臣也有三种奉守忠贞之法：一是防，在过错还未发生时就能防范；二是救，过错发生而能及时制止；三是戒，过错已然造成而告诫警责。荀悦指出，君臣之间，应该"下不钳口，上不塞耳，则可有闻矣"。臣下不能缄口不言，君上不能塞耳不听。他特别指出："有钳之钳，犹可解也；无钳之钳，难矣哉。有塞之塞，犹可除也；无塞之塞，其甚矣夫！"被有形之物钳住了嘴巴还有法可解，被无形之物钳住了嘴巴，再想解除就很困难了；同理，被有形的东西堵住了耳朵还可除去；被无形的东西堵住了耳朵，问题就很严重了。这些话语是颇耐人寻味的。

《杂言下》篇论及了德行树立、才德关系、进谏受谏、知人知己、标新求异、文辞写作、性命关系、天命人事、善恶情性、法制教化、立志修德等方面的问题。对于性命关系的问题，荀悦认为性命有其数，君子当循性（形神）以辅命（生死）；对于天命人事，他认为天命有三品，除上品和下品难以改变外，中品与人事的关系是极为密切的："命相近也，事相远也，则吉凶殊矣。"而对于性情善恶的问题，荀悦认为孟子说性善，荀子说性恶，公孙子说性无善恶，扬雄说人性善恶相浑，这些对于性情善恶的主张都是有问题的，他说："性善则无四凶，性恶则无三仁。人无善恶，文王之教一也，则无周公、管、蔡。性善情恶，是桀、纣无性，而尧、舜无情也。性善恶皆浑，是上智怀惠而下愚挟善也。理也未究矣。"本性若善那么就没有四凶了，本性若恶那么就没有三位仁人了，人性如果无善无恶，那么周文王的教化是一样的，就不该有周公与管叔鲜、蔡叔度（周公、管、蔡皆文王之子，管、蔡二人曾发动叛乱）的不同了。如果性善而情恶，这样的话，夏桀与殷纣就无善的性，而尧与舜也无恶的情。如果性的善与恶相互浑融，这样的话，有大智的人本性中也含有恶，而极为愚蠢的人本性中也含有善，因此以上几种说法都没能尽究人性的道理。实际上，荀悦的批驳疏漏颇多，且多有断章取义之嫌，孟子说性善，荀子说性恶，性之善恶只是他们的一个理论前提，人之善恶并非仅性之善恶就能决定。荀悦所赞同的是刘向的观点，即"性情相应，性不独善，情不独恶"。他认为性情是内外表里的关系,情是"性之取舍也,实见于外",是"本乎性"的。他还用好酒与好肉的比喻来说明性情是一个整体而不是相互分割的,又从经典中引文摘句来论证他的关于"性情"的观点。荀悦还由性之善恶引出法教之用:"性虽善,待教而成;性虽恶,待法而消。唯上智下愚不移,其次善恶交争。于是教扶其善,法抑其恶。"在他的计算中,法教大致能对九分之八及以上的人产生影响,所以他认为"法教之于化民也,几尽之矣。及法教之失也,其为乱亦如之",如果法教失当,那么所造成的不良影响同样也是极为广泛的。

<h2 style="text-align:center">三</h2>

前人对《申鉴》的评价有褒有贬,然所谓"知人论世",若要对《申鉴》一书有更为客观的认识,那么便离不开对作者其人经历与当时背景的了解。

史书对于荀悦的记载是十分简略的,他实际的经历远不只如此。荀悦从出生到167年,一直生活在颍川的荀氏家族里。作为地方上的豪门大族,荀家不缺势力与财富。荀悦的父亲荀俭作为荀家的嫡长子,虽然英年早逝,但以荀家之力为其子提供生活保障是丝毫不成问题的。然而,史书对荀悦的记载却是"家贫",连看书似乎都要到别人家里去。这一细微的记载投射出的是荀悦当时复杂而窘困的处境,而这一遭遇实则对后来的荀悦产生了不浅的影响。

公元168年,因反对宦官专权的政治运动失败,党锢之祸爆发,许多儒生被卷入其中,其中便包括了许多荀家子弟。这一时期,因朝廷政争失败,许多名士儒生在朝廷的迫害下,以极为凄惨的方式落幕,大批人受到牵连而离职隐退,荀悦也随之隐居了十余年。在年轻的荀悦心中,这些事所造成的影响是难以磨灭的,他在后来的《汉纪》里抒发的"忠臣泣血,贤俊伤心"的悲慨,对于隐士难处的泣诉,在《申鉴》中对忠臣艰难的抒论,正是因为目睹了许多令人悲愤而绝望的事件发生。

公元 184 年至 196 年期间，国家局势纷乱不堪。初平三年（192），荀氏家族根基所在的颍川郡被董卓劫掠一空。这期间荀悦遭遇了什么，我们不得而知，但这应当是他人生中一段十分艰难与危险的历程。公元 196 年，朝廷迁都许昌，荀悦才首次接受征辟，进入了宣称效忠汉室而被封为镇东将军的曹操府任职。尽管政在曹氏，尽管荀悦曾对朝廷及君权皆有批判，但是，他的忠诚最终还是献给了作为正统的汉朝廷及其君主。这从他奉命所作的《汉纪》中可见一斑。这部汉王朝的"官方辩护书"（陈启云著、高专诚译《荀悦与中古儒学》），表面上看，其编纂的原因是因为献帝嫌《汉书》文繁难读，而令荀悦简省重编以便阅读。实际上，这只不过是寻了一个不让人太过敏感的理由。不论是效仿"五经"中《春秋》的编年体例，还是书中洋溢各处的论述批判，《汉纪》主要目的都在于加强汉朝廷在法统与礼仪文化上的神圣权威。在天子大权旁落之际，这种可以称之为"强调"或者说"唤醒"的行为所针对的是谁，不言而喻。

然而，期盼有名无实的汉室再一次"中兴"的希望终究还是破灭了。在荀悦编纂成《汉纪》后的五年时间里，建安朝廷的形势发生着重大而深刻的变化，反对曹操的政变被镇压，汉献帝的岳丈董承全家皆被处死，号称汉室宗亲的刘备被曹操击溃，北方地区的军事战争中，曹氏取得了一场又一场可喜的胜利。现实给所有汉室的忠臣们一记又一记沉重的打击，而这对荀悦所造成的思想上的冲击与影响，正体现在他的《申鉴》中。

与《汉纪》清朗有力、流畅高昂的笔调不同，《申鉴》所体现出来的整体风格是简约温和的。这种简约的风格有时甚至到了过于隐约生涩的地步，同他之前在《汉纪》中体现出来的写作风格有着鲜明而巨大的差异，以至于南宋学者黄震在读完《申鉴》后，对其真实性都发出了质疑："文亦颇卑弱，与其所著《汉纪》颇不类，未知果悦之真否？"（宋黄震《黄氏日钞》）《申鉴》确是荀悦所作，这点是真实无误的，黄氏发此疑问，主要还是由于荀悦行文风格的大变，"文颇卑弱"所说的就是文字的表达并不明朗有力。其实，这样的变化在某种角度上体现着荀悦的史学家立场向思想家立场的转变。

据《后汉书·荀悦传》载:"时政移曹氏,天子恭己而已。悦志在献替而谋无所用,乃作《申鉴》五篇。其所论辩,通见政体,既成而奏之……帝览而善之。"可以看到,即使政权在曹氏,天子已成了一个"大义"的象征物,荀悦心中仍有志于对国事兴革提出建议,劝善规过。然而,他所有谋划策略都不被当权者采纳,荀悦便由此开始了《申鉴》的撰写,成书后奏与帝王。"志在献替而谋无所用,乃作《申鉴》五篇",这句话其实道出了一个过程,一个根本坚守未变,但热血渐凉、思想转深的过程。在现实的面前,作为史学家的荀悦不会不明白,汉朝廷的第二次"中兴"已然幻灭;那么在这样的情况下,作为臣子还能够做些什么呢?荀悦的选择是以哲理性的反思与构建,让汉王朝上升成为后世法理道统之鉴,以一种非现实性的方式继续延存下去。故而在直面具体的实际问题时所呈现出的那种明朗犀利的文字风格,便在追求隽永深刻的转变中,被一定程度地牺牲了。阅读《申鉴》时给人带来的那种"老生常谈""泛泛而论"的感觉,就是因为荀悦以一定程度上文字的明晰指向为代价,追求谈论大道理,谈论有更高度超越性的更宏观、更普遍、更理想、更深刻、更正确的道理,正是因为有意识地放弃着一时一地的局限,所以他的所思所言便自然而然地显得宏阔而空邈,故而黄省曾说《申鉴》"亦徒空言也"(明黄省曾《注申鉴序》),而胡三省却评价说:"荀悦《申鉴》,其立论精切,关于国家兴亡之大致,过于或(荀或)、攸(荀攸)"(宋司马光编,元胡三省注《资治通鉴》),不同的评价,实则皆是由此而产生的。

当然,文字的模糊性虽然某种角度上体现着荀悦思想与方式的转变,但不能说荀悦就没有受到外在政治压力的影响,尤其是在涉及一些具体时事的时候,荀悦的笔调多给人以"小心翼翼""点到即止"之感。这可能是源于荀悦对于历史教训的经验汲取,从某种程度上也未尝不能说是其妥协性与软弱性的体现。但是,荀悦的"软弱性"绝非毫无底线的妥协,更非如个别评论家所言的对于曹操的"面阿"(清杨琪光《百子辨正·读申鉴》)。黄省曾说:"悦于见几君子诚若有愧,然立汉庭十二年,清虚沉静,未尝效一言于操,不其贤乎?"(明黄省曾《注申鉴序》)若荀悦真是一个阿谀之辈,明哲保身的政场老滑头,那么他绝得不到荀彧的敬重,维护汉室的《汉纪》也绝不会出现,就更不必谈在"谋无所用"之后撰成的《申鉴》了。须知,为何"谋无所用"?以曹操当时绝算不上昏庸的状态,如果不是因为谋略已低劣至不堪用,那么就是因为用之对其无益了,对建安政权的当权者无益,那么会对谁有益呢?这样的人岂能说他是阿谀之辈?

荀悦的妥协,一方面可能是其保身的政治技巧,在当时的乱世,这种保身或许并非仅仅为了自己,同时也很可能是为了他的家族和亲友。另一方面,这种妥协实际上也是荀悦受到了自身实用主义精神的影响,这与他个人的经历不无关系。回到上文说到的荀悦年幼时的生活背景,试想,一个不到十二岁的孩子,面临着失怙与贫穷的困境,无书其实都算不得是最为迫切的事,生活的困难才是他需要面对的当务之急。与那些在优渥环境中成长的名士不同,在这种困境下成长起来的荀悦,如何能不关心民生经济、关心生存的基本问题呢?所以他明确地提出"在上者,先丰民财,以定其志"(《政体》),"财不虚用,力不妄加,以周民事"(同上),"太上不空市,其次不偷窃,其次不掠夺"(同上)等此类关乎民生的原则和举措。对于民生的关心,对于一系列现实问题的关注,促进着荀悦思想中实用主义精神的形成。这一精神尤其体现在荀悦政治哲学体系的重要关节,即作为为政纲要的"法教"上。

荀悦的根本立场在于儒家,但是他却说:"凡政之大经,法教而已。"如果说,为政重视道德教化体现出的是身为儒家学者的一贯立场,那么对于法律刑罚的注重则更像是对法家思想的接受与宣扬。其实,荀悦注重"法教"而显现出来儒法合流的态势,并非是由于他立场的摇摆,而是在他实用主义精神作用下的结果。身逢乱世,作为史学家与思想家的荀悦,再明确不过地知道道德教化对于一个国家而言是多么重要而根本的事。但是，他同样知晓，法律刑罚对于一个国家而言是多么不可或缺的事。如果说道德教化是为扬善，那么法律刑罚就是为了除恶；如果说道德教化是一项长期性的根本任务，那么法律刑罚就是有着时效性的重要手段。两者一阳一阴，一柔一刚，一仁一义，对应着他哲学体系的根本。所以他认为要德刑并用，两者不可或缺。这种对于法家学说的吸收，对于儒家思想的灵活使用，是其"义"的方法论的体现，也正是由于实用主义精神的影响。同样，在面对严峻至极的现实与毫无希望的汉王朝时，荀悦的坚守从未改变，但他并未选择以壮烈刚硬的方式去舍生取义，而是小心翼翼地，更加实际地，尽最大可能地去实现自己的所想，或许正如黄省曾所说："悦恐意蕴终不得披露，遂拾汉故新事，及所欲献替者，为《申鉴》五篇以奏。"（明黄省曾《注申鉴序》）这种冷静沉着的表现既有其性格的因素，又何尝不是受其实用主义精神的影响。对于荀悦、孔融与荀彧三人不同的应对与结果，何孟春的评说显得颇为中肯："正色抗情者，生不足乐，文举之被戮，无羡仲豫之生；功申运改者，死抱余恨，仲豫之幸存，未必不如文若之死。士有经世志略，孰不愿得天而事之？顾所遭何如，所自为处何如耳。"（明何孟春《馀冬录·书籍》）

从某种角度来说，《申鉴》是一本包含了矛盾与统一的书，这种矛盾与统一既体现在理想主义与实用主义之间的相立相辅，也体现在高远深隽的书写追求与炽热深挚的现实关怀之间的相对相成。《申鉴》中有立论精切、志宏旨远之文，也不乏生涩难明、辞絮义浅之说。或许读到某段文字会觉其喋喋不休，或许看到某处段落亦会受其触动，明代方孝孺读至"以知能治民者，泗也；以道德治民者，舟也"时，"恍然失色而悲之"。笔者读至"不闻大论，则志不弘；不听至言，则心不固。思唐虞于上世，瞻仲尼于中古，而知夫小道者之足羞也；想伯夷于首阳，省四皓于商山，而知夫秽志者之足耻也；存张骞于西极，念苏武于朔垂，而知怀间室者之足鄙也"时，慨然有感其涤人神志，发人心胸。所以个中旨志之所在，还待读者览之而后味。

与《汉纪》相比，荀悦的《申鉴》在很长一段时间内并未受到世人重视。到南宋淳熙九年（1182），主持江西漕运的尤袤刻印此书，称此书"简编脱缪，字画差舛者不一"，此刻本今已不知何在。《增订四库简明目录标注》续录中有元陈子仁本，今亦未见。现在所能见到的最早的刻本是明正德十三年（1518）的大梁李濂刻本。到了明正德十四年（1519），吴县（在今江苏苏州）黄氏文始堂刻本问世，吴县人黄省曾为之作注，此书才逐渐广泛流传，此刻本前有王鏊序和黄氏自序。嘉靖四年（1525），文始堂刻本再度刊行，前增何孟春序，后附乔宇跋，此刻本被收入《四部丛刊》。而后明万历年间程荣的《汉魏丛书》本、何允中的《广汉魏丛书》本、胡维新的《两京遗编》本，清代的《四库全书》本、王谟《增订汉魏丛书》本、钱培名《小万卷楼丛书》本，民国时期《龙溪精舍丛书》本，等等，基本上依据的都是文始堂黄注本，只是各有增删校改。

本书所采用的版本为中华书局 2012 年出版《新编诸子集成续编》中孙启治先生校注的《申鉴注校补》本。孙先生的《校补》本底本采用《四部丛刊》所收文始堂本，参校了程荣本、《四库》本、王谟本、《龙溪精舍》本，并《后汉书》本传、《群书治要》与卢文弨《群书拾补》、钱培名《申鉴札记》（附《小万卷丛书楼》本之后）与孙诒让《札逐》等，校补精当，多有阐发。本书在注重吸收孙先生校注成果的基础上，对各本不同处择善而从，诸本皆有脱字空缺处，仍因其旧，未尝妄补。另外，陈启云先生著、高专诚先生译注的《荀悦与中古儒学》对笔者启迪良多，张涛先生、傅根清先生译注的《申鉴中论选译》也是本书重要的参考资料。在此一并向这些先生表示诚挚的敬意和感谢！因笔者学识有限，不当之处在所难免，敬请方家不吝指正。

唐宇辰

2020 年 4 月于成都

政体第一

【题解】

政体,即施政的要领。本篇中,作者开篇明义,点明本书取名"申鉴"之意,并强调为政的根本在于仁义,为政之常道在于德教与法制。于是,围绕着为政的核心"法教",荀悦构建了一个体系,君主应当以法、教为基本原则,顺道为政,完善"五常""六情""三才""五事"诸方面。在此基础上,要使天下大治,需拼四患、崇五政、修六则、恤十难、察九风、慎刑狱、稽五赦,修己明德,以身作则,重用贤人,关心民生,法教并举,与臣民上下同心,而不恣肆无度等等,提出了一系列治国之理和为政之法。

夫道之本①,仁义而已矣。五典以经之,群籍以纬之②。咏之歌之,弦之舞之。前鉴既明,后复申之,故古之圣王,其于仁义也,申重而已③。笃序无彊④,谓之申鉴。圣汉统天⑤,惟宗时亮⑥,其功格宇宙⑦,粤有虎臣乱政⑧。时亦惟荒圮湮⑨,兹洪轨仪⑩。鉴于三代之典,王允迪厥德⑪,功业尚有。天道在尔⑫,惟帝茂止⑬,陟降肤止⑭,万国康止。允出兹⑮,斯行远矣。

【注释】

① 道：此指为政之规律方法。本：根本或主体。

② 五典以经之，群籍以纬之：五典，儒家五经，即《易》《书》《诗》《礼》《春秋》五书。经、纬，纺织物的纵线和横线。织物时，先施纵线，以定其宽度广狭；复施横线，经纬交错而成织。所以常以"经"喻纲要，以"纬"为辅翼。这里"经""纬"作动词，即以五典为经，以群籍为纬。

③ 申重：再三申述，反复强调。重，再次，多次。

④ 笃序：信实地申述。笃，切实，信实。序，同"叙"。无疆：即无疆，无止，不已。疆，通"疆"。

⑤ 统天：统领、治理天下。

⑥ 宗：尊尚。时亮：语本《尚书·舜典》："惟时亮天功。""时亮天功"的省略，即信实兴立天下的事功。时，通"承"，承受，接受。亮，信。

⑦ 格：至，达。

⑧ 粤：句首语助词，表审慎的语气，无实义。虎臣：勇武之臣。乱政：治政，治理政事。乱，治。

⑨ 时：通"是"，指虎臣之政。荒圮湮：治理兵戈战事后的毁坏湮没。荒，荒乱。圮，毁坏。湮，湮没。

⑩ 兹：承上启下之词，犹乃，于是。洪：大。这里作动词用，作"张大"解。轨仪：法度，仪制。

⑪ 允迪：认真实践。允，信。迪，蹈。这里作"实践"解。厥：其。德：指天赋的美德。

⑫ 尔：通"迩"，近。

⑬ 茂：通"懋"，劝勉。止：语助词，无实意。

⑭ 陟（zhì）降：升降。言祖宗之神一升一降，无时不在上帝天神左右，使子孙蒙其福泽。因以指祖宗神灵暗中保佑。肤：通"扶"，扶持。

⑮ 允：确实，果真。兹：此。

【译文】

为政之道的根本，就是仁义了。以五经作为仁义的纲要，以群籍作为仁义的辅翼。用吟咏、歌唱、演奏、舞蹈来颂扬它。对于仁义，前事之鉴已经明晰，后人还需反复申述不忘，所以古代的圣王，他们对于仁义，就是反复地申述。对前鉴信实地申述而不止息，这就叫"申鉴"。大汉统领天下，尊尚信实地兴立天下的事功，其功业之宏伟，通达于天地，于是有勇武之臣治理政事。如今兵戈战事之后毁坏湮没，于是大张国家的礼法制度。鉴于三代的典制，君主信实地蹈行天赋的美德，且崇尚功业。天道就在近处，只要勤勉力行，祖宗神灵就会默默地护佑扶持，天下万邦都能安宁和乐。天子如果能由此行事，那么就能行之广远了。

立天之道曰阴与阳，立地之道曰柔与刚，立人之道曰仁与义[1]。阴阳以统其精气[2]，刚柔以品其群形[3]，仁义以经其事业[4]，是为道也。故凡政之大经[5]，法教而已矣[6]。教者，阳之化也；法者，阴之符也。仁也者，慈此者也[7]；义也者，宜此者也；礼也者，履此者也；信也者，守此者也；智也者，知此者也。是故好恶以章之[8]，喜怒以莅之[9]，哀乐以恤之[10]。若乃二端不愆[11]，五德不离[12]，六节不悖[13]，则三才允序[14]，五事交备[15]，百工惟厘[16]，庶绩咸熙[17]。天作道，皇作极[18]，臣作辅，民作基，制度以纲之，事业以纪之[19]。惟先哲王之政[20]，一曰承天，二曰正身，三曰任贤，四曰恤民，五曰明制，六曰立业[21]。承天惟允[22]，正身惟常[23]，任贤惟固，恤民惟勤，明制惟典[24]，立业惟敦[25]，是谓政体也[26]。

【注释】

①"立天之道曰阴与阳"三句：语出《周易·说卦》。立，确立，成就。

②其:指天。精气:阴阳精灵之气,天地万物皆秉之以生。

③品:品别,区别。其:指地。群形:指山川、高下等各种形态。

④经:治理,管治。其:指人。

⑤大经:常道。

⑥法:政刑法度。教:德礼教化。

⑦此:指上文的"法""教"。后四句"此"同指。

⑧好恶以章之:意指善则好之而施教,不善则恶之而施法,好善而恶不善,以之表彰教法。章,彰显。之,亦指"教""法"。后二句"之"同指。

⑨喜怒以莅之:此句意指行教则喜,施法则怒。莅,施行。

⑩哀乐以恤之:此句意指念及教法,则以施教为乐,以用法为哀。恤,顾念,顾及。

⑪二端:指教与法。愆:过失,罪过。

⑫五德:指仁、义、礼、智、信。离:违失。

⑬六节:指好、恶、喜、怒、哀、乐六事。悖:违逆。

⑭三才:指天、地、人。允:信,诚然,确实。序:同"叙",顺列。

⑮五事:指貌、言、视、听、思五事。交备:貌恭、言从、视明、听聪、思睿谓之"交备"。见《尚书·洪范》。

⑯百工:百官。厘:治理。

⑰庶:众多。绩:功业。熙:兴盛,兴起。

⑱极:准则,模范。

⑲制度以纲之,事业以纪之:原脱此二句,据《群书治要》补。"纲""纪"互文。之,指上文的天、皇、臣、民四者。

⑳先哲王:圣明的先王。《群书治要》无"哲"字。

㉑"一曰承天"六句:对应上文天、皇、臣、民、制度、事业六项。

㉒允:诚信。

㉓正身:修身。常:恒常,恒守。

㉔典：常道常法。

㉕敦：勤勉。

㉖政体：为政之要领。体，大体，纲要。

【译文】

成就天道的是阴与阳，成就地道的是柔与刚，成就人道的是仁与义。以阴阳统领天的精气，以刚柔区别地的群物的各种形态，以仁义经营人的事业，这就是"道"。所以一切为政的常道，就是法制与德教。德教，顺成于阳气化育；法制，应合于阴气肃杀。所谓"仁"，就是以爱惜慈和推行教法；所谓"义"，就是使教法合宜；所谓"礼"，就是履行教法；所谓"信"，就是遵守教法；所谓"智"，就是知晓教法的方式方法。因此以好善、恶不善来彰显教法，以行教则喜、施法则怒来施行教法，以哀乐之情来顾念教法。如果"教"与"法"两个方面都没有过失，仁、义、礼、智、信这"五德"没有违失，好、恶、喜、怒、哀、乐这"六节"没有违逆，那么天、地、人"三才"才会和顺有序，貌、言、视、听、思"五事"才会全部具备，百官只有各司其职力治理，众多的事业才都会兴盛。以天为道，以王为准则，以臣为辅佐，以民为根基，以制度、事业为四者的纲纪。圣明的先王为政，一是承奉天命，二是修正己身，三是任用贤能，四是体恤百姓，五是修明制度，六是建立功业。承奉天命应当诚信，修正己身应当恒常不懈，任用贤能应当坚定不移，体恤百姓应当勤谨尽责，修明制度应当合于正道常法，建功立业应当敦厚不息，这就是为政的要领。

致治之术，先屏四患①，乃崇五政。一曰伪，二曰私，三曰放②，四曰奢③。伪乱俗，私坏法，放越轨，奢败制。四者不除，则政末由行矣④。俗乱则道荒，虽天地不得保其性矣⑤；法坏则世倾，虽人主不得守其度矣；轨越则礼亡，虽圣人不得全其道矣；制败则欲肆，虽四表不能充其求矣⑥，是谓四患。兴农桑以养其生，审好恶以正其俗⑦，宣文教以章其化，立武备以秉其威⑧，明赏罚以统其法，是谓五政。

【注释】

①屏：摒除。

②放：放荡，放纵。

③奢：矜夸僭上，矜骄自负。

④末由：无由。末，《群书治要》作"无"。

⑤性：本质，本性。

⑥四表：四方极远之地，亦泛指天下。充：满足。

⑦审：审定。

⑧秉：执掌。

【译文】

使国家政治安定清平的方法，首先是要摒除四种弊病，继而推重五种政策措施。所谓"四患"：一是奸伪，二是利己，三是放纵，四是骄矜。奸伪败乱风俗，利己破坏法度，放纵僭越规矩，骄矜毁坏制度。如果四者不被摒除，那么政事便无法推行。风俗坏乱则道亦荒失，即使天地也不能保全道之本常；法度破坏则世道倾乱，即使人主也不能守护天下法度；僭越规制则礼教消亡，即使圣人也无法保全礼教施行；制度败坏则人欲肆纵，即使天下也不能满足欲望所求，这就叫"四患"。兴农劝桑来养育国家的生民，审定人们所当好、所当恶来匡正国家的风俗，宣扬礼乐典章来彰明国家的教化，铸立军备来执掌国家的威势，明立赏罚来统一于国法，这就叫"五政"。

民不畏死，不可惧以罪；民不乐生，不可劝以善①。虽使咎布五教②，咎繇作士③，政不行焉。故在上者，先丰民财，以定其志。帝耕籍田④，后桑蚕宫⑤，国无游民，野无荒业，财不虚用,力不妄加,以周民事⑥,是谓养生⑦。

【注释】

①劝:原作"观",据《群书治要》《资治通鉴》《通志》改。

②卨(xiè):传说中商代的始祖,亦作"契"。五教:"五常"之教,指
父义、母慈、兄友、弟恭、子孝五种伦理道德教育。据《尚书·舜
典》,舜命契做司徒,推行五教。

③咎繇(gāo yáo):亦作"咎陶",即皋陶,虞舜之贤臣,掌司法。咎,
通"皋"。繇,通"陶"。

④籍田:亦作"藉田",古代天子、诸侯征用民力耕种的田。每逢春耕
前,由天子、诸侯躬耕籍田,以示对农业的重视。见《礼记·月令》。

⑤后桑蚕宫:据《礼记·祭义》记载,古代天子、诸侯都有桑田和养
蚕的宫馆,临河而设,宫馆有三尺高。季春三月初一的早上,国
君和诸侯通过占卜挑选后宫中得吉兆的夫人或世妇去蚕室饲蚕。
又《礼记·月令》:"季春三月……后妃齐戒,亲东乡躬桑。"后,帝
王的正妻。桑,名词作动词用,采桑饲蚕。蚕宫,古代王室养蚕的
宫馆。

⑥周:成全,适合。

⑦养生:保养百姓生民。

【译文】

百姓不畏惧死亡,便无法用刑罚来威吓他们;百姓不对生存感到快
乐,便无法用褒扬来鼓励他们。纵使让契施行"五常"的教化,皋陶做审
理诉讼的狱官,政事也无法很好地推行。所以身处上位的人,要先丰裕百
姓的财货,来安定他们的情志。帝王亲自耕种籍田,皇后入蚕室里饲蚕
祭祀蚕神,国家没有无职无业、流离失所的人,乡野间没有荒废的农田,
财务不随意浪费,威力不随意施加,做合宜于百姓的各种事,这就叫"保
养生民"。

君子之所以动天地①,应神明,正万物,而成王治者,必本乎真实而已。故在上者,审则仪道②,以定好恶。善恶要于功罪③,毁誉效于准验④。听言责事⑤,举名察实,无或诈伪以荡众心⑥。故事无不核,物无不切,善无不显,恶无不彰,俗无奸怪,民无淫风。百姓上下,睹利害之存乎己也,故肃恭其心,慎修其行,内不忒惑,外无异望⑦;有罪恶者无徼倖⑧,无罪过者不忧惧⑨;请谒无所听⑩,财赂无所用,则民志平矣,是谓正俗。

【注释】

①动:感动。

②审则:详细了解规章。则,规则。仪道:取法正道。仪,取法,效法。

③要(yāo):查核,核实。

④效:考核,核实。与上句"要"互文。准验:验证准信的事。

⑤责:求。

⑥无或:不要。

⑦内不忒(tè)惑,外无异望:《群书治要》无此二句。忒惑,差错,疑惑。异望,非分之念。

⑧有罪恶者无徼倖(jiǎo xìng):原作"虑其睹,去徼倖",此处于文义不符,今据《群书治要》改。徼倖,同"侥幸"。

⑨无罪过者不忧惧:原脱"者"字,据《群书治要》补。"有罪恶者无徼倖,无罪过者不忧惧",《后汉书·荀悦传》无此二句。

⑩请谒(yè):请托,求告。

【译文】

君子之所以能感动天地,符应神明,匡正万物,而成就王化治理,一定是本源于真心实意。所以身处上位的人,要审度规则,取法正道,来决定所当好与所当恶。善恶要核查功罪而定,称誉诋毁要考察已验证的事实。听到某种言论会去诘责事实与言论是否相称,称举某种名称会去察验实质与名称是否相符,不以奸诈虚伪动摇人心。所以事没有不核查的,物没有不切实的,美善没有不显明的,过恶没有不昭著的,习俗没有奸伪怪异的,民风没有耽于逸乐而不知节制的。百姓与官员看到利害与己相关,所以都会恭敬端严内心的思志,谨慎修治自己的举止行为,心中没有偏差疑惑,行为没有非分之举;犯罪作恶的人不会侥幸逃脱罪责,没有罪失过错的人也不会忧虑恐惧;没有听从求取请托的地方,别人私下赠送的财物也没有地方可以用,那么民心就会平和正定了,这就叫"正定风俗"。

君子以情用①,小人以刑用。荣辱者,赏罚之精华也。故礼教荣辱以加君子,化其情也;桎梏鞭扑以加小人②,化其形也③。君子不犯辱,况于刑乎?小人不忌刑,况于辱乎?若夫中人之伦④,则刑礼兼焉。教化之废,推中人而坠于小人之域⑤;教化之行,引中人而纳于君子之涂⑥,是谓章化。

【注释】

①用:治理。

②桎梏(zhì gù):刑具,脚镣手铐,在手为"梏",在足为"桎"。鞭扑:亦作"鞭朴",用作刑具的鞭子和杖具,也指用鞭子或杖具抽打。

③化其形也:原作"治其刑也",据《资治通鉴》《通鉴总类》改。

④若夫:承接连词,相当于"至于"。伦:类。

⑤域:程度,境地。

⑥涂:同"途",道路。

【译文】

治理君子用情,治理小人用刑。让人感到荣耀和耻辱,这是赏罚奖惩的精髓。因此晓君子以礼仪教化、荣誉耻辱,感化他们的性情;施小人以刑罚惩治，教他们身体力行。让君子感到羞耻的事君子尚且不会去做，更何况是触犯刑罚呢？小人连刑罚都不忌惮，更何况是羞耻呢？至于普通人，则要兼用刑法和礼教来治理。荒废教化，就会将普通人推坠到小人的境地；兴行教化，就会将普通人引入君子的道路，这就叫"彰明教化"。

　　小人之情，缓则骄，骄则恣，急则怨，怨则畔①。危则谋乱②，安则思欲，非威强无以惩之③。故在上者，必有武备以戒不虞④，以遏寇虐⑤，安居则寄之内政⑥，有事则用之军旅⑦，是谓秉威。

【注释】

①"缓则骄"四句：原作"缓则骄，骄则恣，恣则急，急则怨，怨则畔"，据明黄省曾注，当删"恣则急"一句，此从之。缓，宽松，宽容。急，严格，严厉。

②危：忧惧，不安。

③威强：威力，如武力、刑罚等。

④武备：军备。指武装力量、军事装备等。虞：预料，料想。

⑤寇虐：残害，侵凌。

⑥内政：国家内部的政治事务。

⑦有事：指有变故、有紧急之事，如社会动乱等。军旅：军队。

【译文】

小人的情性，刑罚宽容就会生出骄矜，骄矜生起就会变得肆纵，严厉就会生出怨恨，怨恨生起就会出现叛逆不轨。危惧之时就会图谋作乱，安乐之时就想纵情享欲，不靠威力是没有什么可以拿来惩治它的。所以身处上位的人，一定要有军备来防范意料之外的事，来遏止侵凌残害的行为，国家安定时可以让它依附于政治事务，出现变故时军队就可以动用它，这就叫"掌持威力"。

赏罚,政之柄也^①。明赏必罚,审信慎令。赏以劝善,罚以惩恶。人主不妄赏,非徒爱其财也^②,赏妄行则善不劝矣;不妄罚,非徒慎其刑也,罚妄行则恶不惩矣。赏不劝谓之止善,罚不惩谓之纵恶。在上者能不止下为善,不纵下为恶,则国治矣,是谓统法。

【注释】

①柄:指根本。

②徒:只,仅仅。爱:吝惜,舍不得。

【译文】

奖赏和惩罚,是为政的根本。奖赏明白无私、惩罚切实无欺,审慎于诚信、谨慎于命令。用奖赏来勉励为善,用惩罚来处治作恶。君主不随意奖赏,并非只是吝惜他的财物,奖赏随意实施,那么善行便无法得到勉励;君主不随意惩罚,并非只是谨慎地使用刑罚,惩罚随意施加,那么恶事便无法得到惩治。奖赏无法起到勉励为善的作用,就叫"阻止行善";惩罚起不到惩治作恶的作用,就叫"纵容为恶"。身处上位的人能够不阻止臣民为善,不纵容臣民作恶,那么国家就大治了,这就叫"统一国法"。

四患既蠲^①,五政既立,行之以诚,守之以固,简而不怠,疏而不失。无为为之,使自施之;无事事之,使自交之。不肃而成,不严而治^②,垂拱揖逊^③,而海内平矣,是谓为政之方也。

【注释】

①蠲(juān):除去。

②不肃而成,不严而治:原仅"不肃而治"一句,据《群书治要》及

《后汉书》本传补。本传"治"作"化",或避唐时讳而为后人所改。
　此二句互文。
③垂拱:垂衣拱手,不亲理事务。后多用以称颂帝王无为而治。揖逊:
　即揖让,宾主相见的礼仪。这里指礼乐文德修明。

【译文】

　　四种弊病已经除去,五种政策也就确立了,用专诚之心来推行它,用
坚定不移之心来维护它,政教简要而不懈怠,法禁宽疏而无漏失。顺应
自然而作为,使人们自行施为;不强加干扰而做事,使百姓自行来往。不
严厉就能使国家治化,不峻急就能使政治修明,君主无为而治,修明礼教
文德,天下就能安定,这就叫"施政的方法"。

　　惟修六则①,以立道经②。一曰中,二曰和,三曰正,四
曰公,五曰诚,六曰通。以天道作中,以地道作和,以仁德作
正,以事物作公,以身极作诚③,以变数作通④,是谓道实。

【注释】

①惟:句首发语助词,无实义。修:遵循。
②道经:道之常则。这里指治国之常道。
③身极:身正。
④变数:指某些不合常规的现象。这里是指处理异于常道之事的适
　宜权变。

【译文】

　　遵循六项原则,来确立常则。一是中庸无偏,二是和谐适宜,三是正
直不阿,四是公正无私,五是真诚信实,六是变通权宜。以天道作为"中",
以地道作为"和",以仁德作为"正",以处理事务作为"公",以身正作为
"诚",以权宜变通作为"通",这就是"常道的实质"。

　　惟恤十难^①，以任贤能。一曰不知^②，二曰不进^③，三曰不任^④，四曰不终，五曰以小怨弃大德，六曰以小过黜大功^⑤，七曰以小失掩大美，八曰以奸讦伤忠正^⑥，九曰以邪说乱正度^⑦，十曰以谗嫉废贤能^⑧，是谓十难。十难不除，则贤臣不用，用臣不贤，则国非其国也。

【注释】

①恤：忧虑，顾念。

②知：辨别，认识。

③进：推举。

④任：委任，任用。

⑤黜（chù）：贬损，摈弃。

⑥奸讦（jié）：指诬谤。

⑦邪说：荒谬有害的言论。正度：正法，即公法、国法。

⑧谗嫉：亦作"谗疾"，谗害嫉妒。

【译文】

　　要顾念十种危祸，而任用贤能之人。一是不能辨别贤能，二是辨别了贤能而不能推举，三是推举了贤能而不能任用，四是委用了贤能却半途废弃，五是因为很小的怨隙就掩弃他人高尚的德行，六是因为很小的过错就贬损他人很大的功劳，七是因为很小的过失就掩盖别人优异的才德，八是因为诬谤之言而伤害忠正之士，九是因为荒谬有害之言扰乱正法，十是因为他人的谗害嫉妒就废罢贤能之人，这就是"十难"。十种危祸不除，那么贤能的臣子便得不到任用，任用的臣子不贤能，那么国家也不会走上正道。

　　惟察九风^①，以定国常：一曰治，二曰衰，三曰弱，四曰乖^②，五曰乱，六曰荒^③，七曰叛，八曰危，九曰亡。君臣亲而有礼，百僚和而不同④，让而不争，勤而不怨，无事惟职是司⑤，此治国之风也。礼俗不一，位职不重，小臣谗嫉，庶人作议⑥，此衰国之风也。君好让，臣好逸，士好游，民好流，此弱国之风也。君臣争名，朝廷争功，士大夫争名，庶人争利，此乖国之风也。上多欲，下多端，法不定，政多门，此乱国之风也。以侈为博⑦，以忼为高⑧，以滥为通⑨，遵礼谓之劬⑩，守法谓之固，此荒国之风也。以苛为密⑪，以利为公，以割下为能⑫，以附上为忠，此叛国之风也⑬。上下相疏⑭，内外相蒙⑮，小臣争宠，大臣争权，此危国之风也。上不访，下不谏，妇言用，私政行⑯，此亡国之风也。故上必察乎国风也。

【注释】

①风：风气，风习。

②乖：背离，不和谐。

③荒：荒废。这里指政事荒废，国家得不到治理。

④百僚：百官。和而不同：语见《论语•子路》："君子和而不同。"意谓和睦地相处，但不随便附和。

⑤无事：没有其他事。这里指各司其职而不生事端。惟职是司：即司职，执掌自己分内的职责。

⑥庶人：平民百姓。作议：兴起非议。《论语•季氏》："天下有道，则庶人不议。"

⑦侈（chǐ）：过分，过度。

⑧忼（kàng）：骄纵，骄逸。

⑨滥：没有节制，没有操守，胡作非为。

⑩劬（qú）：劳苦，勤劳。

⑪苛：严苛。这里指法令过于烦细。

⑫割：剥削，夺取。

⑬叛：背离。

⑭上下：这里指君臣。

⑮内外：这里指朝廷与百姓。蒙：欺瞒，蒙蔽。

⑯妇言用，私政行：这里皆指宫闱干政。私，内。指后官。

【译文】

　　要明察九种风气，来制定国家的常法：一是治，二是衰，三是弱，四是乖，五是乱，六是荒，七是叛，八是危，九是亡。君臣亲近而守礼法，百官和衷相济而又各有所见，不苟同于人，互相谦让而不互相争夺，勤勉而不怨责，不生事端，各司其职，这是能使国家政治清明安定的风气。礼法教化与民风民俗不能融洽一致，朝廷的官位职务没有威重，位微的小吏谗害嫉妒他人，百姓间兴起对朝政的非议，这是会使国家衰微的风气。君主倾向于忍让，臣下喜欢享逸安闲，士大夫喜好游乐放荡，百姓不安其居，离散流寓，这是会使国势衰弱的风气。君臣互相争夺睿智贤明的美誉，朝堂百官互相争抢功劳，士大夫争夺盛名，百姓争夺利益，这是会使国家走向乖戾不和的风气。身处上位的人有过多的欲望，身处下位的人制造过多的事端，法度不能稳定，政令纷乱多样不能统一，这是会使国家动荡的风气。以过度为广博，以骄纵为高大，以胡作非为为通达，说遵守礼法过于劳苦，称遵守法度太过固执，这是会使国政迷乱荒废的风气。把法令烦细当作周密，把谋私视为公事，把剥削下属当作能干，把谄附上级当作忠诚，这是会使国家背离常道的风气。君臣互相疏离，朝廷内外互相欺蔽，位卑的小吏互相争宠，位显的大臣互相争权，这是会使国家倾危的风气。身处上位的人不广泛征求意见，身在下位的人也不直言劝谏，宫闱之言被采用，后宫所提的政令被推行，这是会使国家灭亡的风气。所以身处上位的人一定要明察国家的风气。

　　惟慎庶狱①，以昭人情②。天地之大德曰生③，万物之大极曰死④。死者不可以生⑤,刑者不可以复⑥。故先王之刑也,官师以成之⑦,棘槐以断之⑧,情讯以宽之⑨,朝市以共之⑩,矜哀以恤之,刑斯断,乐不举⑪,慎之至也。刑哉,刑哉,其慎矣夫!

【注释】

①庶狱:诸凡刑狱诉讼之事。庶,众。

②人情:民情。

③天地之大德曰生:语出《周易·系辞》。大德,大功德,大恩。

④大极:凶恶至极的事。

⑤可以:可以使。可,可以,能够。以,使,让。

⑥刑:这里指残伤肢体的肉刑,如斩足、割鼻等。

⑦官师以成之:据《周礼·秋官》载,狱案的决断,乡、遂(古代统辖五县的行政区划)、县、方(指古行政区的州)等地方官吏先将狱案呈报朝廷,由司寇审断,各治刑的专司部门都以所掌之法参议,等狱案已断,再由执掌刑狱的士师受理案卷。官师,官吏之长。成,定。

⑧棘槐:"三槐九棘"的省称。据《周礼·秋官·朝士》载,朝堂上左右各植九株棘木,左位孤卿大夫,群士在其后,右位公侯伯子男,群吏在其后,正面植三株槐木,位三公,州长众庶在其后。代指公卿。

⑨情讯以宽之:司刺掌三刺、三宥、三赦之法,讯问臣、吏、百姓,若有不识法、过失而非故犯、忘法而误犯者,则宽宥之。其幼弱、老耄、愚昧者,则赦免之。再三问案,断案在宽。见《周礼·秋官·司刺》。情讯,即讯情,讯问民讼之情。宽,宽宥,赦免。

⑩朝市以共之:定罪之后,押送到市肆,众人共睹刑罚的施行。见《周礼·秋官·掌囚》。朝市,朝廷与市肆。这里亦指官与民。

⑪刑斯断，乐不举：定案施刑之时，不奏音乐。斯，句中语助词，无
　实义。

【译文】

　　要审慎决断刑狱诉讼，使民情得以彰明。天地至大的恩德是生养万物，万物所遭受至为凶恶的事是死亡。死者不能使之复生，受了肉刑的人不能使之复原。所以先王时用刑，由官吏之长立案，公卿共同议断狱案，反复、广泛地讯问民情来宽宥处理，施刑于市井而官民共睹刑罚，以哀怜之心顾念用刑，案断刑定，不奏音乐，审慎到了极点。刑罚啊，刑罚啊，一定要谨慎啊！

　　惟稽五赦①，以绥民中②。一曰原心③，二曰明德④，三曰劝功⑤，四曰襃化⑥，五曰权计⑦。凡先王之攸赦⑧，必是族也⑨。非是族焉，刑兹无赦。

【注释】

①稽：考察，查考。

②绥（suí）：安抚。民中：民心。

③原心：这里是指若其原本犯罪之心实可怜悯，则有所赦免。原，推
　究，探求。心，思想，动机。

④明德：彰明德行。这里指如君子之类，犯过或出于仁，应赦免宽宥
　之以彰明其德。

⑤劝功：勉励立功赎罪。

⑥襃化：光大教化。这里是指犯罪者尚可教化，故赦免之，以光大教
　化。襃，大。

⑦权计：权宜之计。

⑧攸：所。

⑨族：类。

【译文】

要考察可以赦免刑罚的五种情况,来安抚民心。一是探求犯人犯罪的动机,二是宽宥犯人的过咎以彰明其德行,三是赦免犯人以勉励其立功赎罪,四是赦免犯人以光大教化,五是为时事权宜而决。大凡先王所赦免的,一定属于这几类。不是这些类型,就依实处刑,不予赦免。

天子有四时:朝以听政,昼以访问,夕以修令,夜以安身①。上有师傅②,下有谦臣③。大则讲业④,小则咨询。不拒直辞,不耻下问。公私不愆⑤,外内不二⑥,是谓有交⑦。

【注释】

①"朝以听政"四句:语出《左传·昭公元年》公孙侨告叔向之言。听政,处理政务。访问,咨询,求教。修令,修饬政令。安身,安歇,休息。

②师傅:太师、太傅或少师、少傅的合称。古代立太师、太傅、太保"三公"辅佐帝王,又立少师、少傅、少保"三孤"为其副。

③谦(yàn)臣:陪宴之臣。这里指天子身边的近侍、亲幸之臣。谦,同"宴"。

④讲业:指侍臣在御前讲论经史学业。后世的经筵讲读即此。

⑤愆:超过。这里指超过应有的界限而失其度。

⑥不二:没有二心,即同心。

⑦有交:君臣间往来无碍,心意交通,志同道合,谓之"有交"。

【译文】

天子一天有四个时段:早晨坐朝处理国政,白天咨询求教,傍晚修整政令,夜晚安歇休息。朝堂上有辅国重臣,朝堂下有近侍贤臣。学问上大的方面有御前讲业教习,小的方面可以去访求意见。不抵拒正直的言辞,不认为向地位学问不如自己的人虚心请教有失体面。公事私事不会越过界限,君臣上下同心、志同道合,这就叫"有交"。

　　问明于治者其统近①。万物之本在身，天下之本在家，治乱之本在左右。内正立而四表定矣②。

【注释】

①统近：治理近处。这里指由近及远。统，治理。近，这里指自身及左右之人。

②内正：即内政，指宫内的事务。正，通"政"。立：成立，成功。这里指处理好宫内之事。

【译文】

　　有人问明晓治理者多从自身及左右之人开始的道理。万物的根本在于自身，天下的根本在于家庭，政治清明或混乱的根本在于左右近臣。皇宫内的事务都能得到妥善处理，那么天下也就安定了。

　　问通于道者其守约①。有一言而可常行者，恕也②；有一行而可常履者，正也。恕者，仁之术也；正者，义之要也。至哉，此谓道根，万化存焉尔③。是谓不思而得，不为而成④，执之胸心之间⑤，而功覆天下也⑥。

【注释】

①守约：指遵守的原则很简单。约，简单，简要。

②有一言而可常行者，恕也：语本《论语·卫灵公》："子贡问曰：'有一言而可以终身行之者乎？'子曰：'其恕乎！己所不欲，勿施于人。'"恕，推己及人。

③万化：万事万物的变化。

④不思而得，不为而成：这里指自然而然就可以得理而成事。

⑤执：坚持，坚守。

⑥覆：广施，遍及。

【译文】

有人问通达事理的人所遵守的原则很简单的道理。有一个字是可以日常奉行的，那就是推己及人的"恕"；有一种德行是可以日常践行的，那就是正直。恕，是达到仁德的方法；正直，是实现道义的要领。"恕"与"正"都简要到了极点，这就是大道的根本，万事万物的变化存在其中。这就是所谓的不用想就能知晓，不用做就能完成，只要心中坚守它们，所成就的功业便会广及天下。

自天子达于庶人①，好恶哀乐，其修一也②。丰约劳佚③，各有其制。上足以备礼，下足以备乐④，夫是谓大道。天下、国、家，一体也，君为元首⑤，臣为股肱⑥，民为手足。下有忧民，则上不尽乐；下有饥民，则上不备膳；下有寒民，则上不具服。徒跣而垂旒⑦，非礼也。故足寒伤心，民寒伤国。

【注释】

①达：至，到。

②修：循，遵循。

③丰约：富足和简约。劳佚：劳苦与安逸。佚，安逸。

④备乐：指具备使百姓乐于生活的供给。

⑤元首：元、首同义，皆为头的意思。

⑥股肱（gōng）：大腿和胳膊。

⑦徒跣（xiǎn）：赤足。垂旒（liú）：古代帝王贵族冠冕前后的装饰，以丝绳系玉串而成。这里代指冠冕。

【译文】

从天子到百姓，喜爱、厌恶、悲伤、快乐的情感，所产生的缘由是一样的。富足俭约、劳作安逸，各有各的限度。上足以修备礼法制度，下足以供备百姓安居乐业之需,这就是治国之道。天下、国、家是一个整体,君主是头,臣子是大腿和胳膊,百姓是手和脚。下有忧苦的百姓,那么身居上位的人就不要尽情欢乐;下有饥饿的百姓,那么身居上位的人就不要享食丰盛的佳肴;下有受冻的百姓,那么身居上位的人就不要制备多余的衣服。赤着脚却戴着冠冕,是不合礼仪制度的。所以脚受寒就会伤及心脏,百姓受冻挨饿国家就会受到损伤。

问君以至美之道道民^①,民以至美之物养君。君降其惠,民升其功^②。此无往不复,相报之义也。故太平备物,非极欲也;物损礼阙^③,非谦约也^④,其数云耳^⑤。

【注释】

①以至美之道道民:用最完美的道理方法引导百姓。第一个"道",道理,方法;第二个"道",引导,教导。

②升:进献。功:劳绩。这里指百姓劳绩所得之物。

③阙(quē):缺误,疏失。

④谦约:谦慎俭约。

⑤数:道理。云耳:亦作"云尔",句末语气词,表示如此而已。

【译文】

有人问君主以最完美的道理方法来教导百姓,百姓以最美好的事物奉养君主的道理。君主施予恩惠,百姓进献他们的劳绩。这样不会有去无回,体现出的是相互报答的恩义。所以天下太平丰足时储备财物,不是穷奢极欲;财物贫乏时礼仪缺疏,也不是谦慎约省,道理就是如此。

问人主有公赋无私求^①,有公用无私费^②,有公役无私使^③,有公赐无私惠,有公怒无私怨。私求则下烦而无度,是谓伤清;私费则官耗而无限,是谓伤制;私使则民挠扰而无

节④,是谓伤义;私惠则下虚望而无准,是谓伤正;私怨则下
疑惧而不安,是谓伤德。

【注释】

①公赋:官府征收的赋税。

②公用:即国用,国家的开支。

③公役:公差,官方派遣的差役。

④挠扰:烦扰,骚扰。

【译文】

有人问为什么君主有公家征收的赋税而没有私自的索求,有国家的
开支而没有私自的花费,有官方的差役而没有私自的差使,有因公的奖
赏而没有私自的恩赐,有因公事产生的愤怒而没有因私人利害结下的怨
恨。私自索求就会使百姓烦劳而无限度,这叫"伤害世道清明";私自花
费就会使公家财货损耗而无限制,这叫"破坏制度";私自役使就会烦扰
百姓而无节制,这叫"损害道义";私自恩赏就会使臣民生出不切实际的
妄想而无准则,这叫"破坏公正";私生怨恨就会使臣民疑虑恐惧而不安,
这叫"损伤仁德"。

问善治民者,治其性也。或曰:"冶金而流,去火则刚;
激水而升①,舍之则降。恶乎治?"曰:"不去其火则常流,激
而不止则常升。故大冶之炉②,可使无刚;踊水之机③,可使
无降。善立教者若兹,则终身治矣,故凡器可使与颜、冉同
趋④。投百金于前,白刃加其身,虽巨跖弗敢掇也⑤。善立法
者若兹,则终身不掇矣,故跖可使与伯夷同功⑥。"

【注释】

①激水:阻挡水流。

②大冶：古代称技术精湛的铸造金属器的工匠。

③踊水之机：使水位上升的器械。

④凡器：平庸的人，平常的人。颜、冉：颜回和冉求，孔子的两位贤能弟子。颜回以德行著称，冉求以政事著称。一说"颜、冉"为颜回、冉耕的并称，皆以德行著称。

⑤巨跖(zhí)：大盗。相传跖为春秋时的大盗，后遂用"跖"或"盗跖"泛称强盗、大盗。掇：拾取。

⑥伯夷：《史记·伯夷列传》载，伯夷为商朝末年孤竹君的长子。相传孤竹君遗命要立次子叔齐为继承人，孤竹君死后，叔齐让位给伯夷，伯夷不受，叔齐也不愿登位，先后都逃到周国。周武王伐纣，二人叩马谏阻。周武王灭商后，他们耻食周粟，采薇而食，饿死于首阳山。同功：指德业相等。

【译文】

有人问善治民者，根据百姓的情性进行治理的道理。有人问："金属冶炼熔化后变成流动的液体，离开火就恢复坚硬；水流被阻挡水位就会蓄积上升，去掉阻挡水位就下降。这样的话应该怎么治理呢？"回答说："不离开火那么金属就长期处在熔化的液态，阻挡水流而不停止那么水位就始终升高。所以技术精湛的冶炼工匠的熔炉，可以让熔化的金属不会恢复坚硬；抽水的机械，可以使水流上升不再下降。善于进行教化的人像这样，那么百姓终身都能很好地得以治理，所以平常人也能与颜回、冉求这样的贤人并驾齐驱。置放百金在人面前，而锋利的刀刃架在他身上，那么即使是大盗也不敢拾取。善于立法的人像这样，那么百姓终身都不会非法盗取了，所以即使是盗跖也能与伯夷的德行相当。"

问民由水也①。济大川者②，太上乘舟③，其次泅④。泅者劳而危，乘舟者逸而安。虚入水⑤，则必溺矣。以知能治民者⑥，泅也；以道德治民者，舟也。

【注释】

①由：通"犹"，如同，好像。

②济：渡河。

③太上：最上，最高。

④泅（qiú）：游水。

⑤虚：这里指无所依凭，即既不乘船又不会游水。

⑥知能：智慧才能。知，同"智"。

【译文】

有人问百姓如水的道理。渡过大河，最上等的方式是乘船，其次是游水。游水的人既劳累又危险，乘船的人既闲适又安全。无所依凭就下水，那么一定会被淹死。用智慧与才能治理百姓，就如游水过河；用道德治理百姓，就如乘船渡河。

　　纵民之情谓之乱，绝民之情谓之荒①。曰："然则如之何？"曰："为之限，使勿越也；为之地②，亦勿越。故水可使不滥，不可使无流。善禁者，先禁其身而后人；不善禁者，先禁人而后身。善禁之至于不禁，令亦如之③。若乃肆情于身而绳欲于众④，行诈于官而矜实于民⑤；求己之所有余，夺下之所不足；舍己之所易，责人之所难，怨之本也。谓理之源斯绝矣。

【注释】

①荒：荒谬，不合情理。

②地：地区，区域。

③令：法令，命令。

④若乃：至于。绳：约束。

⑤矜：注重，崇尚。

【译文】

　　放纵百姓的情欲叫"昏乱"，禁绝百姓的情欲叫"荒谬"。有人问："既然如此，那该怎么办呢？"回答说："设立界限，让他们不要越界；划分区域，让他们不要逾越。所以可以使水流不泛滥，却不能使水流断绝。善于设立禁戒的人，先禁戒己身然后延及他人；不善于设立禁戒的人，先禁戒他人然后才禁戒己身。善于禁戒以至于最后能达到不靠强行禁戒而自然禁戒的地步，施令也是这样。至于自己放纵情欲而要民众约束情欲，官吏行事欺诈而要民众崇尚诚实；贪求自己已经富余的东西，抢夺天下缺少的东西；放置自己容易做的事，责令他人去做难以做到的事，这是怨隙产生的根源。这样治理国家的根本也从此断绝了。

　　自上御下，犹夫钓者焉，隐于手①，应于钩，则可以得鱼；自近御远，犹夫御马焉，和于手而调于衔②，则可以使马。故至道之要不于身，非道也。睹孺子之驱鸡也③，而见御民之方。孺子驱鸡者，急则惊，缓则滞。方其北也④，遽要之则折而过南⑤；方其南也，遽要之则折而过北。迫则飞，疏则放⑥。志闲则比之⑦，流缓而不安则食之⑧。不驱之驱，驱之至者也。志安则循路而入门。"

【注释】

①隐：藏。这里是执竿的意思。

②衔：马嚼子，放在马口内用以勒马，控制它的行止。

③孺子：幼儿，儿童。

④方：正在，正当。

⑤遽（jù）：突然，急。要（yāo）：拦阻。

⑥放：散放，散乱。

⑦比：近，靠近。

⑧流：移动不定。

【译文】

身居上位统治百姓，就如同钓鱼那样，手执钓竿，及时回应钓钩的动静，那么就能钓到鱼了；中枢统御地方，就如同驭马一般，手中协调缰绳而调动马衔，那么就能驱使马匹了。所以最高妙道理的关键如果不在于自身依道行事，那么就不是最高明的道理。看见儿童赶鸡，可以明白统御民众的方法。儿童赶鸡，赶得急了那么鸡就会惊慌乱窜，赶得慢了那么鸡就会停滞不动。鸡正往北走，突然阻拦它那么鸡就会折返向南；鸡正往南走，突然阻拦它那么鸡就会折返向北。过于逼近，鸡就会乱飞，过于远离，鸡就会散乱。当鸡安闲不惊的时候就靠近它，当鸡慢慢走动焦躁不安的时候就给它喂食。不靠强行驱赶而达到驱赶的目的，是最高明的驱赶方式。鸡安定下来，那么自然就会顺着道路进入鸡舍的门了。

太上不空市①，其次不偷窃②，其次不掠夺。上以功惠绥民，下以财力奉上③，是以上下相与。空市则民不与，民不与，则为巧诈而取之④，谓之偷窃。偷窃则民备之，备之而不得，则暴迫而取之，谓之掠夺。民必交争⑤，则祸乱矣。

【注释】

①空市：即赊买。

②偷窃：暗地里用不光彩的手段取得，即指诈取。

③财力：民财与民力。

④巧诈：机巧诈伪。

⑤交争：相互争夺，纷争。

【译文】

最好是不赊买，其次是不诈取，再次是不掠夺。君主用功绩恩惠安抚民众，民众用财物力役来奉献君主，因此君主与民众之间能够相互给予。赊账购买那么民众不愿交给货物，民众不给，那么就使用伪诈的手段来获取，这叫"偷窃"。伪诈偷窃那么民众就会有所防备，民众有所防备官府就无法诈取，那么就通过暴力逼迫来获得，这叫"掠夺"。这样民与官一定会相互争夺，那么灾祸与动乱也会由此产生了。

或曰："圣王以天下为乐？"曰："否。圣王以天下为忧，天下以圣王为乐。凡主以天下为乐①，天下以凡主为忧。圣王屈己以申天下之乐②，凡主申己以屈天下之忧。申天下之乐，故乐亦报之；屈天下之忧，故忧亦及之③。天下之道也。"

【注释】

①凡主：平庸的君主。

②屈己：委屈自己。申：伸张，延展。

③及：赶上，追至。

【译文】

有人问："圣明的君主因拥有天下而感到快乐吗？"回应说："不是这样的。圣明的君主因拥有天下而感到忧虑，天下因拥有圣明的君主而感到快乐。平庸的君主因拥有天下而感到快乐，天下因拥有平庸的君主而感到忧虑。圣明的君主委屈自己来伸展天下人的欢乐，平庸的君主伸展自己而屈抑天下人，使天下人感到忧愁。伸展天下人的欢乐，所以也会得到快乐的回报；压抑天下人使其忧愁，所以也会随之感到忧愁。这是天下通行的道理。"

治世所贵乎位者三①：一曰达道于天下，二曰达惠于民,三曰达德于身。衰世所贵乎位者三②:一曰以贵高人③,二曰以富奉身,三曰以报肆心④。治世之位,真位也;衰世之位,则生灾矣。苟高人,则必损之,灾也;苟奉身,则必遗之⑤,灾也;苟肆心,则必否之⑥,灾也。

【注释】

①治世:太平盛世。贵:崇尚,重视。位:职位,官位。

②衰世:衰败、混乱的时代。

③高人:过人,居于人上。

④肆心:恣意。

⑤遗:抛弃,遗弃。

⑥否(pǐ):困厄,不顺。

【译文】

太平盛世崇尚官位有三个原因:一是能使大道正理通行于天下,二是能普施恩惠于百姓,三是能使美德贯彻于自身。衰败之世崇尚官位有三个原因:一是因为身份尊贵而居于人上,二是因为财货富裕能供养己身,三是因为能恩怨必报而恣意随心。太平盛世的官位,是真正的官位;衰败之世的官位,就会因之产生灾祸了。如果只求居于人上,就一定会受到贬损,这是灾祸;如果只顾供养己身,那么一定会遭到遗弃,这是灾祸;如果恣意无忌,那么一定会遭受困厄,这也是灾祸。

治世之臣,所贵乎顺者三:一曰心顺,二曰职顺,三曰道顺。衰世之臣,所贵乎顺者三:一曰体顺,二曰辞顺,三曰事顺①。治世之顺,真顺也;衰世之顺,生逆也②。体苟顺则逆节,辞苟顺则逆忠③,事苟顺则逆道。

【注释】

①"衰世之臣"五句：原脱此二十二字，据明黄省曾注及《群书治要》补正。按，"辞顺"黄注作"乱顺"，今从《群书治要》。

②逆：逆乱，违悖。

③辞：原作"乱"，据《群书治要》改。

【译文】

太平盛世的臣子，所重视的"顺"有三种：一是内心和顺，二是职事顺利，三是道义主张顺递。衰乱之世的臣子，所重视的"顺"有三种：一是身体安顺，二是言辞和顺，三是事情顺畅。太平盛世的和顺，是真正的和顺；衰乱之世的和顺，则会生出逆乱之事。如果只顾身体安顺那么就会有悖于节操，如果只顾言辞和顺那么就会有悖于忠贞，如果只顾事情顺畅那么就会有悖于道义。

　　高下失序则位轻，班级不固则位轻①，禄薄卑宠则位轻，官职屡改则位轻，迁转烦渎则位轻②，黜陟不明则位轻③，待臣不以礼则位轻。夫位轻而政重者，未之有也。圣人之大宝曰位④，轻则丧吾宝也。

【注释】

①班级：官职爵位的等级。

②迁转：升迁转任。烦渎：频繁轻慢。

③黜陟（chù zhì）：指官吏的升降。黜，指降职或罢免。陟，晋升。

④圣人之大宝曰位：语出《周易·系辞下》。大宝，这里指最珍贵的事物。

【译文】

高低贵贱失去次序那么官位就会变得轻贱，官爵品级不能稳定那么官位就会变得轻贱，俸禄微薄地位卑下的人反而受宠那么官位就会变得轻贱,官吏的职位事责常常变更那么官位就会变得轻贱,升迁转任的调动频繁轻慢那么官位就会变得轻贱,升降制度不明确那么官位就会变得轻贱,不能以礼对待臣下那么官位就会变得轻贱。官位轻贱而政令咸重,还没有过这样的事。圣人最宝贵的就是位,位一旦变得轻贱了就会丧失它的宝贵性。

　　好恶之不行①,其俗尚矣②。嘉守节而轻狭陋③,疾威福而尊权右④,贱求欲而崇克济⑤,贵求己而荣华誉⑥,万物类是已。夫心与言,言与事⑦,参相应也⑧。好恶、毁誉、赏罚,参相福也⑨。六者有失,则实乱矣。守实者益荣,求己者益达,处幽者益明,然后民知本也。

【注释】

①好恶之不行:由后文推解此句之意,或指有所喜好便有所厌憎,所好事物与所恶事物不会并行同倡,即"好"与"恶"相应相符。

②俗:风气,习气。尚:久,远。

③狭陋:浅薄,浅陋。

④疾:妒忌。威福:原指赏罚之权,后多指当权者恃势弄权。权右:权门豪族。指显贵。

⑤克济:指能有所成就。

⑥荣:这里指重视。华誉:虚誉,虚名。

⑦事:事行,即行为。

⑧参:交互。

⑨福:符合。

【译文】

　　所喜好的和所厌恶的不会并行,这样的风气由来已久。嘉尚持守节操就会看轻那些狭隘浅陋的人,嫉恨有权者能作威作福就会尊奉权贵以求权势，鄙夷追求贪欲就会崇尚成就功业，推重凡事都责求己身就会抛弃虚荣，万事万物都类似于此。内心与言语，言语与行为，都是相互呼应的。喜好厌憎、毁谤赞誉、奖赏惩罚，都是相互符应的。这六者的施行如果出现差错，那么实质就会出现错乱。务实的人愈加荣耀，责求己身的人愈加显达，身处幽僻之处而不失正道的人愈加彰明，然后百姓就明白道的本由了。

时事第二

【题解】

本篇论及二十一件当时的时事。首两件"尚知""贵敦"是其原则性的总论,其余十九件事分述不同方面的问题。"尚知"和"贵敦"即明智明理和淳朴务实,此二事若能有成,便可清民俗、应神明、定道义、修事业。其余十九件事涉及诸多方面,其中对于官员考核升降、土地兼并、官员俸禄、钱币制度、州牧割据等问题的议论,颇切时势之关键。而对于德教、刑罚、法令、教育、祭祀等方面的问题,作者亦有其阐发。

最凡有二十一首①。其初二首,尚知、贵敦也。其二首有申重可举者十有九事②。一曰明考试;二曰公卿不拘为郡③,二千石不拘为县④;三曰置上武之官⑤;四曰议州牧⑥;五曰生刑而死者但加肉刑⑦;六曰德刑并用;七曰避仇有科⑧;八曰议禄;九曰议专地⑨;十曰议钱货⑩;十一曰约祀举重⑪;十二曰天人之应⑫;十三曰月正听朝⑬;十四曰崇内教;十五曰备博士;十六曰至德要道;十七曰禁数赦令;十八曰正尚主之制⑭;十九曰复内外注记者⑮。

【注释】

①最凡:总计,合计。

②申重:再三反复申述、强调。

③公卿不拘为郡:公卿,三公九卿。这里泛指朝廷高官。三公,古代
中央三种最高官衔的合称,周以太师、太傅、太保为三公;西汉以
丞相(大司徒)、太尉(大司马)、御史大夫(大司空)为三公;东汉
以太尉、司徒、司空为三公。以后各朝所设"三公"各有所承,逐
渐成为虚职荣衔。九卿,古代中央政府的九个高级官职。周以少
师、少傅、少保、冢宰、司徒、宗伯、司马、司寇、司空为九卿;秦以
奉常、郎中令、卫尉、太仆、廷尉、典客、宗正、治粟内史、少府为九
卿;汉以太常、光禄勋、卫尉、太仆、廷尉、大鸿胪、宗正、司农、少
府为九卿。以后各朝的名称、司职略有不同。郡,古代地方行政
区划名。周制县大郡小,战国时逐渐变为郡大于县。秦灭六国,
正式建立郡县制,以郡统县,汉代因袭秦制。

④二千石:汉制,郡守俸禄为二千石,因称郡守为"二千石"。

⑤上武:即尚武,推尚武功。

⑥州牧:州的行政长官。

⑦生刑:死刑以外的刑罚。肉刑:残伤身体的刑罚,如墨、劓(yì)、刖
(fèi)、宫、大辟等。据《汉书·刑法志》载,汉文帝时有三种肉刑,
即黥(qíng),刺字涂墨;劓,割鼻;刖(yuè),斩足。文帝即位十三
年时下令废除肉刑。

⑧科:法规。

⑨专地:擅自处置领地。

⑩钱货:此指钱币。

⑪约:减少,减轻。

⑫天人之应:即天人感应。古人认为天能干预人事,预示灾祥,人的
行为也能感应上天。汉儒董仲舒在答武帝的三次策问中,对天人

关系做了较为详细的阐述。见《汉书·董仲舒传》。

⑬月正听朝:帝王在每年正月元日受群臣朝觐庆贺。其仪制可见《续汉书·礼仪志中》。月正,正月。《尚书·舜典》:"月正元日,舜格于文祖。"孔传:"月正,正月。"

⑭尚主:娶皇帝的女儿为妻。

⑮内外:朝廷内外。内,指朝廷及宫中帝王妃嫔等。外,指民间。注记:记载,记录。此指起居注和实录。古代设有史官专门对帝王的言行进行记录,记载宫内言行的称为"起居注",记载朝廷之事的称"实录"。

【译文】

本篇总计有二十一件事。最开始的两件,是崇尚智慧、推重敦厚。除这两件之外还可反复强调列举陈述的事有十九件。一是明立考核;二是公卿不必拘守旧例而可担任郡守,俸禄二千石的郡守不必拘守旧例而可担任县令;三是设置推尚武功的官职;四是讨论州牧制度;五是本应受生刑却被判死刑的人只处以肉刑;六是德教与刑罚并用;七是回避复仇之事有法规;八是讨论俸禄;九是讨论擅自处理土地;十是讨论钱币之制;十一是精简祭祀,选择重要的进行祭祀;十二是天人感应;十三是每年正月元日的大朝贺;十四是重视对妇女的教化;十五是完备博士制度;十六是最高的德与道;十七是禁止频繁颁发赦令;十八是端正公主的婚嫁制度;十九是恢复对朝堂和民间之事的记录。

盘庚迁殷①,革奢即约②,化而裁之③,与时消息④,众寡盈虚,不常厥道。尚知贵敦,古今之法也。民寡则用易足,土广则物易生,事简则业易定。厌乱则思治,创难则思静。

【注释】

①盘庚迁殷:盘庚,商代国君,汤的第九代孙。商王朝屡次迁都,多

发内乱,政治腐败,国势衰落。盘庚即位后,为摆脱困境,避免自然灾害,把都城从奄(今山东曲阜)迁到殷(今河南安阳西北),举措改良,使商复兴,诸侯来朝。事见《尚书·盘庚》《史记·殷本纪》等。

②即:接近,靠近。

③化而裁之:随变化而裁定,即变通。《周易·系辞上》:"化而裁之存乎变。"

④与时消息:《周易·丰卦》象辞:"天地盈虚,与时消息。"消息,损益,生息,盛衰。

【译文】

盘庚迁都于殷,革除奢侈之风而推行节俭,随变化而裁定,以时移而增减损益,多与少,满与亏,不是毫无变化的。崇尚智慧推重淳朴,是古今共通的法则。百姓稀少那么物用就容易满足,土地广阔那么作物就容易生长,事情简单那么功业就容易成就。厌憎动乱就会企盼清明安定,创业艰难就想静守其业。

或曰:"三皇民至敦也①,其治至清也,天性乎?"曰:"皇民敦,秦民弊②,时也;山民朴,市民玩③,处也。桀、纣不易民而乱④,汤、武不易民而治⑤,政也。皇民寡,寡斯敦;皇治纯,纯斯清。奚惟性⑥?"不求无益之物,不蓄难得之货,节华丽之饰,退利进之路⑦,则民俗清矣。简小忌,去淫祀⑧,绝奇怪,则妖伪息矣⑨;致精诚,求诸己,正大事,则神明应矣;放邪说,去淫智⑩,抑百家⑪,崇圣典,则道义定矣;去浮华,举功实⑫,绝末伎⑬,同本务⑭,则事业修矣⑮。

【注释】

①三皇:传说中上古三位帝王。说法不一,有指伏羲、神农、黄帝;有

指伏羲、神农、燧人；有指天皇、地皇、人皇，等等。

②弊：败坏。

③玩：刁顽。

④桀、纣：夏桀和商纣的并称。夏朝和商朝的亡国君主，相传皆残暴无道。

⑤汤、武：商汤与周武王的并称。商汤灭夏，建立商朝；周武王灭殷，建立周朝，皆为贤明之君。

⑥奚：何，胡。

⑦退：使之退，即遏制。

⑧淫祀：不合礼制的祭祀，不当祭的祭祀，妄滥的祭祀。

⑨妖伪：妖讹，怪诞乖谬。

⑩淫智：不正当的才智。

⑪抑：贬。百家：指学术上的各种派别。

⑫功实：实际的功效。

⑬末伎：这里指工商业等非关根本的事业。

⑭本务：指农事等关乎根本的事业。

⑮修：善，美好。

【译文】

有人问："上古三皇时候的百姓极为敦厚朴实，政治极为清明，这是因为人的天性如此吗？"回答说："三皇时代的百姓淳朴，秦朝的百姓道德败坏，这是时代不同而造成的；山地的百姓淳朴，城市的民众刁顽，这是所处环境不同而造成的。夏桀和商纣王没有更换百姓而产生动乱，商汤和周武王没有更换百姓而世道安定，这是施政不同而造成的。三皇时代的百姓稀少，百姓少就淳朴；三皇时代政治单纯，政治单纯就清明。哪里只是因为天性如此呢？"不追求毫无益处的东西，不蓄藏难得的货物，节制华丽的装饰，遏制图谋功利仕进的途径，那么百姓风习就会清明了。减少烦琐无谓的忌讳，除去不合礼制的祭祀，杜绝稀奇古怪的行为，那么怪诞乖谬的事情就会停息了；尽力达到真心诚意的境地，倚靠于自身，端正对待重大的事情，那么天地神明就会回应了；驱除荒谬有害的思想言论，除去不正当的才智，抑制百家众多的学说，推崇圣人的经典，那么道德义理就得以确立了；去除浮华，注重实际的功效，禁绝工商业等末事，一致务力于农事等本业，那么事业也就美善了。

　　谁毁谁誉，誉其有试者①，万事之概量也②。以兹举者试其事，处斯职者考其绩。赏罚失实，以恶反之，人焉饰哉？语曰："盗跖不能盗田尺寸。"寸不可盗，况尺乎？夫事验，必若土田之张于野也③，则为私者寡矣。若乱之坠于澳也④，则可信者解矣⑤。故有事考功，有言考用，动则考行，静则考守。

【注释】

①谁毁谁誉，誉其有试者：语本《论语·卫灵公》："子曰：'吾之于人也，谁毁谁誉？如有所誉者，其有所试矣。'"试，检验，考察。

②概量：概和斗斛等量器。这里指衡量事物的标准。

③张：布列，分布。

④乱：截流横渡的船。澳：水边弯曲处。

⑤解：消散。一说"解"为"鲜"字之误。

【译文】

　　诋毁了谁、赞誉了谁，对称誉者应当是有所考察的，就如衡量世间万事都有其标准。因为某事推荐了这个人，就考察这件事，处在某个职位上，就考察他的业绩。奖赏和惩罚不根据实情，以个人憎恶而颠倒事实和赏罚，但又怎么能掩饰得了实情呢？俗话说："盗跖不能抢夺一尺一寸的田地。"一寸田地尚且都抢不走，何况是一尺呢？对事情的检验，一定要像田地分布在原野上一样明显，那么谋求私利的人就会少了。如果像明明可以截流横渡的船却在水边弯曲静流处坠沉了，这种难以令人信服的事就会使信任被消解。所以有事务就考察其实效，有言论主张就考察他的行动效用，有行动就考察他的行为举止，平素静处时就考察他的操守。

公卿不为郡，二千石不为县，未是也。小能其职，以极登于大，故下位竞。大桡其任^①，以坠于下，故上位慎。其鼎覆刑焉^②，何惮于降？若夫千里之任不能充于郡^③，而县邑之功废^④，惜矣哉！不以过职绌则勿降^⑤，所以优贤也；以过职绌则降，所以惩愆也^⑥。

【注释】

①桡(náo)：屈，枉屈。这里指不称职。

②鼎覆："鼎折覆𫗧(sù)"的省称，比喻力薄任重。

③千里之任：指地方郡守。

④功：事。

⑤过职：指失职。绌：通"黜"，贬降，罢退。

⑥愆：罪过，过失。

【译文】

公卿高官不担任郡守，郡守不担任县令，这是不对的。做小官胜任职位，能以功绩突出而升任高位，那么居于下位的官吏就会竞相勉力职事。做大官而不称职，因而被贬降到下位，那么居于高位的官吏就会谨慎任职了。作为高官，其能力不能胜任职位而致使国事废坏，施加刑罚尚且不为过，何况只是降职呢？至于地方郡守，如果其能力不足以治郡，而导致县邑的事务废弛，这也是令人痛惜的！不是因为失职而受到贬降，那么就不要降低他的官级，这是用来厚待贤才的措施；因为失职而受到贬降，那么就降低他的官级，这是用来惩戒过失的举措。

孝武皇帝以四夷未宾①，寇贼奸宄②，初置武功赏官③，以宠战士。若今依此科而崇其制④，置尚武之官，以《司马兵法》选⑤，位秩比博士⑥，讲司马之典，简蒐狩之事⑦，掌军功爵赏，小统于五校⑧，大统于太尉⑨，既周时务⑩，礼亦宜之。周之末叶⑪，兵革繁矣，莫乱于秦，民不荒殄⑫。今国家忘战日久，每寇难之作⑬，民瘁几尽⑭，不教民战，是谓弃之⑮，信矣。

【注释】

①孝武皇帝：指汉武帝刘彻，汉景帝之子。在位期间颁行"推恩令"，进一步削弱诸侯势力，又设置十三部刺史以加强中央对地方的控制。采用董仲舒建议，"罢黜百家，独尊儒术"。派张骞两次出使西域，开辟了"丝绸之路"。多次对外用兵，曾命卫青、霍去病率军进击匈奴，获大胜。"孝武"为其谥号，汉代谥法，自惠帝始都在皇帝谥号前加"孝"字。其事见于《史记·孝武本纪》《汉书·武帝纪》。四夷：古代对四方少数民族的统称。这里泛指外族、外国。宾：服从，归顺。

②奸宄（guǐ）：亦作"奸轨"，指违法作乱的事。

③赏官：汉代实行的买爵及赎禁锢免减罪的制度，进纳一定数量的钱，朝廷则赐以相应的官爵，名为武功爵。

④科：法式，规制。崇：助长，增扩。

⑤《司马兵法》：战国初，齐威王命大夫整理古司马兵法，而把春秋时齐国名将司马穰苴的兵法附其中，故又称《司马穰苴兵法》。《汉

书·艺文志》称《军礼司马法》，共一百五十五篇，今本仅存《仁本》《天子之义》《定爵》《严位》《用众》五篇。书中较多辑存了春秋以前的军事制度和军事思想。

⑥位秩：官爵和俸禄。秩，俸禄。比：等同，相当。博士：汉文帝时置一经博士，武帝时置五经博士，负责教授课试或奉使议政。五经博士秩六百石。见《汉书·百官公卿表上》。

⑦简：检阅，视察。蒐（sōu）狩：亦作"搜狩"。春猎为"蒐"，冬猎为"狩"。泛指狩猎。

⑧五校：汉时对步兵、屯骑、长水、越骑、射声五校尉的合称。

⑨太尉：秦至西汉设置太尉为全国军政首脑，与丞相、御史大夫并称"三公"。汉武帝时改称大司马。东汉光武帝时复名太尉，与司徒、司空并称"三公"。历代亦多曾沿置，但渐变为加官，无实权。至宋徽宗时，定为武官官阶的最高一级，但本身已不表示任何职务，常用做武官的尊称。元以后废。

⑩周：适合，适应。

⑪周之末叶：周朝末年。周，公元前 11 世纪，周武王灭商后建立，建都于镐。公元前 771 年，申侯联合犬戎攻杀周幽王，次年周平王东迁雒邑。历史上称平王东迁以前为西周，以后为东周。东周时又可分为春秋和战国两个时期。公元前 256 年为秦所灭。周朝共历三十四王，八百多年。末叶，指王朝末期。

⑫荒：亡。殄（tiǎn）：灭绝，绝尽。

⑬寇难：指由内乱外患所造成的灾难。亦指蒙受敌人侵犯之难。

⑭瘁（cuì）：憔悴，枯槁。

⑮不教民战，是谓弃之：语出《论语·子路》："子曰：'以不教民战，是谓弃之。'"不教民，指不教之民，原义指没有受过训练的百姓。本文"不教民战"之"教"亦可理解为动词，即教习百姓练武备战，译文从此。

【译文】

汉武帝因周边的外族还未归服，盗贼多行违法作乱之事，始设武功爵官的规制，来封赏战士。如果现在依照这一方法扩增其制度，设置尊尚武功的官职，用《司马兵法》来挑选人才，爵位和俸禄等同于博士，讲授《司马兵法》这一类的兵书典籍，检阅狩猎习武等相关的事，执掌以军功赏授爵位的事宜，小事由五校来统合，大事由太尉来统合，既能适应时势，又合宜于礼制。周朝末期以来，战事频繁，最为动乱的时候莫过于秦朝，但百姓也没有损亡绝尽。如今国家久不习武备战，每当内乱外患兴起，百姓憔悴枯槁几近损亡绝尽，不教百姓习武备战，这是抛弃他们，确实如此。

　　或问曰："州牧、刺史、监察御史①，三制孰优？"曰："时制而已。"曰："天下不既定其牧乎②？"曰："古诸侯建家国，世位权柄存焉③。于是置诸侯之贤者以牧，总其纪纲而已④，不统其政，不御其民。今郡县无常⑤，权轻不固，而州牧秉其权重，势异于古，非所以强干弱枝也⑥，而无益治民之实。监察御史斯可也。若权时之宜，则异论也。"

【注释】

①州牧、刺史、监察御史：秦代每郡设御史，任监察之职，称监御史（监郡御史），汉初裁除，不久又复置。文帝时以御史多失职，命丞相另派人员出刺各地，但不常置。武帝继废诸郡监察御史，分全国为十三部（州），部置刺史，负责监察检核。成帝时改称州牧，哀帝时复称刺史，后时有反复。东汉灵帝时，再设州牧，掌一州军政大权，州牧权柄愈重。

②天下不既定其牧乎：指汉献帝之时。汉灵帝中平五年（188）改刺史为州牧，故而汉献帝时州牧之制既行。

③世位：爵位世代相传。

④纪纲：法度。

⑤郡县无常：指郡县职位受制，进黜转任无常，也无法世袭。

⑥强干弱枝：加强本干，削弱枝叶。指加强中央的力量，削弱地方的势力。

【译文】

有人问："州牧、刺史、监察御史，这三种官制哪一个更好？"回答说："随时势所制定而已。"问："天下不是已经确立实行州牧制度了吗？"回答说："古时诸侯建立国家，世袭爵位而常握权柄。于是选派诸侯之中的贤才作为一方诸侯之长，总督诸侯的法度，不统领诸侯的政事，也不管理他们的百姓。现在郡县之职进黜转任而多变无常，权位轻下且不稳固，而州牧持掌重权，情势与古时不同，但这不是用来加强中央权力而削弱地方势力的办法，而且对治理百姓的实效也无所助益。监察御史的制度是可以实行的。但如果是审度实际情况而因时制宜，那么就另当别论了。"

　　肉刑古也。或曰："复之乎？"曰："古者，人民盛焉，今也至寡。整众以威，抚寡以宽，道也。复刑非务，必也生刑而极死者①，复之可也。自古肉刑之除也，斩右趾者死也②，惟复肉刑，是谓生死而息民③。"

【注释】

①极：至，到。

②右趾：指右脚。

③息民：使民众得以生息。

【译文】

肉刑是古时的刑罚。有人问："能恢复肉刑吗？"回答说："古时百姓繁多，现在却极少。以威严整治众多的民众，以宽和抚恤极少的民众，这是正理常道。恢复肉刑不是现在应该做的事，当然对于本来应该接受不会致死的生刑却改成死刑的人来说，恢复肉刑是可以的。自从古时肉刑被废除以后，本来应该斩去右脚的人却判以了死刑，这种情况下只有恢复肉刑，才称得上是存活了将受死刑的人而让人得以生息。"

问德刑并用。常典也①，或先或后，时宜。刑教不行势极也。教初必简，刑始必略，事渐也。教化之隆，莫不兴行，然后责备②。刑法之定，莫不避罪，然后求密。未可以备，谓之虚教。未可以密，谓之峻刑。虚教伤化，峻刑害民③，君子弗由也④。设必违之教，不量民力之未能，是招民于恶也⑤，故谓之伤化。设必犯之法，不度民情之不堪，是陷民于罪也，故谓之害民。莫不兴行，则一毫之善可得而劝也⑥，然后教备。莫不避罪，则纤介之恶可得而禁也⑦，然后刑密。

【注释】

①常典：常法，常则。

②责备：要求完备。

③峻刑：严厉的刑罚。

④由：方式，途径。这里指以某种方式行事。

⑤招：招致。

⑥一毫：一根毫毛，比喻极细小。

⑦纤介：细微。

【译文】

有人问德教与刑罚并用的事。这是治政的常法通则，有时先德后刑，有时先刑后德，要因时制宜。刑罚与德教施行时其情势不能过猛过急。德教最开始一定很简明，刑罚最开始一定很粗略，这是事物逐渐发展的规律。道德教化的隆盛，没有不先兴行德教使百姓遵行，然后再追求完备的。刑法的制定，没有不先使百姓惧怕获罪从而避免获罪，然后再追求严密的。还无法追求完备的时候就追求完备，这叫"虚假的教化"。还无法追求严密的时候就追求严密，这叫"严刑酷法"。虚假的教化会损害德教，严刑酷法会伤害百姓，君子不会这样做。设立百姓一定会违背的教化规度，而不考量民力无法达到，这会招致百姓作恶，因此说虚假的教化会损害真正的教化。制定百姓一定会触犯的刑法条律，而不考虑民情无法承受，这会致使百姓陷入罪罚，因此说严刑伤害百姓。德教兴盛而百姓无不遵行，做极小的善事都会得到鼓励，这样德教才会逐步完备。百姓无不惧怕获罪从而避免获罪，做极小的坏事都会受到遏止，这样刑法才会逐渐严密。

　　或问复仇。古义也①。曰："纵复仇可乎？"曰："不可。"曰："然则如之何？"曰："有纵有禁，有生有杀，制之以义，断之以法，是谓义法并立。"曰："何谓也？""依古复仇之科②，使父仇避诸异州千里；兄弟之仇避诸异郡五百里；从父、从兄弟之仇避诸异县百里③。弗避而报者无罪，避而报之，杀。犯王禁者，罪也；复仇者，义也，以义报罪。从王制，顺也；犯制，逆也，以逆顺生杀之。凡以公命行止者④，不为弗避。"

【注释】

①古义：古人立身行事的礼义道理。

②科：法规，规制。关于避仇之规，可见《周礼·调人》等。

③从父：父亲的兄弟，即伯父或叔父。从兄弟：伯父或叔父之子，即堂兄弟。

④公命：官家使命。行止：这里指行动、活动。

【译文】

　　有人问复仇的事。这是古来人们立身处事的礼义。问："可以放任复仇吗？"回答说："不可以。"问："既然如此，那该怎么处理呢？"回答说："有些时候要放任，有些时候要禁止，有些时候要存活复仇者，有些时候要诛杀复仇者，用道义来裁定，用法律来判断，这就叫礼义与刑法并用。"问："怎么说呢？""按照古代复仇的法令规制，让与人结有父仇的人远避到千里之外的其他州去；与人结有兄弟之仇的人远避到五百里之外的其他郡去；与人结有从父、从兄弟之仇的人远避到百里之外的其他县去。不远避而受到报复的话，那么报仇的人无罪，依制远避他处而遭到报复的话，报仇的人将被诛杀。触犯国家的禁令而复仇，是犯罪；复仇的人如果遵循礼义，那么这就是遵循礼义的复仇。依循国家法令的，就是合法的；触犯国家法令的，就是违法的，根据复仇是合法还是违法，来定夺复仇之人是生还是死。但凡是因为奉官方使命去行动办事的，不算是他故意不远避。"

　　或问禄。曰："古之禄也备^①，汉之禄也轻。""夫禄必称位，一物不称，非制也。公禄贬则私利生，私利生，则廉者匮而贪者丰也。夫丰贪生私，匮廉贬公^②，是乱也，先王重之。"曰："禄可增乎？"曰："民家财愆^③，增之宜矣。"或曰："今禄如何？"曰："时匮也。禄依食，食依民，参相澹^④。必也正贪禄^⑤，省闲冗^⑥，与时消息^⑦，昭惠恤下^⑧，损益以度可也。"

【注释】

　　①备：丰足。

　　②贬：减少，抑退。

　　③愆：丰盈，多余。

④参：通"三"。澹：通"赡"，满足，供给。

⑤贪禄：贪恋禄位。这里指徇私谋利。

⑥闲冗：闲散多余的官职。

⑦消息：生息与衰减。泛指盛衰、生灭。

⑧昭：显扬，显示。

【译文】

有人问俸禄的事。回答说："古时的俸禄丰足，汉朝的俸禄微薄。""俸禄必须要和职位相符相称，有一物不相称，那么制度就有所不当。国家的俸禄减少了那么对私人利益的谋求就会产生，谋求私人利益，那么清廉的人就会愈发贫匮而贪污的人就会愈发富裕。贪污的人富足就会滋长私心，清廉的人贫匮就会抑退公心，这是祸乱的根由，所以先王非常重视这件事。"问："俸禄可以增加吗？"回答说："百姓的家财十分丰盈了，那么增加俸禄是可以的。"有人又问："现在的俸禄怎么样呢？"回答说："时下的物资是比较匮乏的。发放俸禄要依据粮食的生产情况，粮食的生产要依靠百姓的劳作，这三者是相互供给的。一定要先纠正徇私谋利的现象，裁减闲散多余的官吏，随时宜而增减变化，显示恩惠而体恤下情，那么在合理范围内增加或减少是可以的。"

诸侯不专封①。富人名田逾限②，富过公侯③，是自封也。大夫不专地④，人卖买由己，是专地也。或曰："复井田与⑤？"曰："否。专地非古也，井田非今也。""然则如之何？"曰："耕而勿有，以俟制度可也⑥。"

【注释】

①专封：擅自分封土地。这里指无限度地占田。东汉荀悦《汉纪·文帝纪下》："《春秋》之义，诸侯不得专封，大夫不得专地。今豪民占田，或至数百千顷，富过王侯，是自专封也。"

②名田：以私名占有的田地。

③公侯：公爵与侯爵。古代有公、侯、伯、子、男五等爵位，"公""侯"是其中最高的两等。这里泛指有爵位的大贵族。

④大夫：周代在国君之下有卿、大夫、士三等，各等中又分上、中、下三级，后因以大夫为任官职者之称。专地：擅自处置领地。

⑤井田：相传古代的一种土地制度。以方九百亩的土地为一里，划分为九区，形如"井"字，故名。其中为公田，外八区为私田，八家均有私田百亩，同养公田，公事毕，然后再处理私事。

⑥俟（sì）：等待。

【译文】

诸侯不能擅自分封土地。现在富豪以私人名义占有田地超过了规定的限度，比公侯还要富裕，这就是自行分封占有土地了。大夫不能擅自处置领地，现在人们买卖土地都由自己决定，这就是擅自处置土地了。有人问："恢复井田制可以吗？"回答说："不行。擅自处置领地固然不符合古代规制，井田制也不适合现在的情况。""既然这样那该怎么办呢？"回答说："允许耕作但不允许占有，以等待制定出更为适宜的土地制度，这样是可以的。"

　　或问货①。曰："五铢之制宜矣②。"曰："今废③，如之何？"曰："海内既平，行之而已。"曰："钱散矣，京畿虚矣④，其势必积于远方。若果行之，则彼以无用之钱，市吾有用之物，是匮近而丰远也。"曰："事势有不得，官之所急者，谷也。牛马之禁，不得出百里之外。若其他物，彼以其钱，取之于左，用之于右，贸迁有无⑤，周而通之，海内一家，何患焉？"曰："钱寡矣。"曰："钱寡，民易矣。若钱既通而不周于用，然后官铸而补之。"或曰："收民之藏钱者，输之官牧⑥，远输之京师，然后行之。"曰："事枉而难实者⑦，欺慢必众⑧，奸伪必作，争讼必繁，刑杀必深。吁嗟纷扰之声章乎天下矣⑨，非所以抚遗民、成缉熙也⑩。"曰："然则收而积之与？"曰："通市其可也。"或曰："改铸四铢⑪。"曰："难矣。"或曰："遂废之？"曰："钱实便于事用，民乐行之，禁之难。今开难令以绝便事⑫，禁民所乐，不茂矣。"曰："起而行之，钱不可，如之何？"曰："尚之废之，弗得已，何忧焉？"

【注释】

①货：钱币，货币。

②五铢(zhū)：钱币名。汉武帝元狩五年(前118)始铸五铢钱，重五铢(《汉书·律历志》载一铢重一百粒黍米，二十四分之一两)，上篆"五铢"二字。王莽时更改币制，曾禁止五铢钱流通，光武帝时恢复使用。因其有轻重适宜、便于使用等优点，故深受民间喜爱，通行时间较长。后来朝代也有所铸造使用的，但形制或有所异。

③今废：指汉献帝初平元年(190)，董卓坏五铢钱制，更铸小钱，粗劣而不便使用。

④京畿(jī)：国都及其行政官署所辖的地区。

⑤贸迁：贩运买卖。

⑥官牧：地方官吏或官府。

⑦枉：邪曲，不正直。实：实行，实践。

⑧欺慢：欺凌轻慢。

⑨吁嗟：哀叹，叹息。纷扰：动乱，混乱。章：显明，显著。

⑩遗民：这里指劫后余生的人。缉熙：光明的样子。

⑪改铸四铢：《史记·平淮书》载，汉文帝时，荚钱(即榆荚钱，又名五分钱，汉初一种轻而薄的钱币，重三铢，钱上有文"汉兴")日益

增多，但钱币较轻，于是改铸四铢钱，其文为"半两"，汉武帝时废止。此处"改铸四铢"即指恢复文帝旧制。

⑫开：设立。

【译文】

有人问货币的问题。回答说："五铢钱的币制就很合适。"问："但现在五铢钱制被废止了，应该怎么办呢？"回答说："天下已经平定了，重新实行它就是了。"问："可五铢钱早已流散各处，京都一带已经没了，看此情势一定是积储在远方了。如果当真重新使用它，那么远处拿没用的钱币，来买我们有用的物品，这会让近处贫乏而远方富足啊。"回答说："情势有不得已的时候，官府最急需的是谷物粮食。且对牛马有所禁限，不能贩运到百里之外的地方去。至于其他物品，他们用钱从这里买走，在那里使用，买卖贩运互通有无，周转流通，天下一家，有什么好担忧的呢？"问："可是钱太少了。"回答说："钱少，百姓之间会相互流通交换。如果钱币流通起来确实不够使用，这样的话官府再铸造钱币来加以补充。"有人又说："把百姓藏储的钱币收集起来，运送到地方官府，再远送到京城，然后流通推行。"回答说："不合正理的事难以做下去，如果这样强制实行那么欺凌轻慢的情况一定会很多，诡诈虚假的事一定会兴起，争执诉讼一定会频繁，刑罚杀戮一定会加重。哀叹混乱的声音就会彰闻于天下了，这不是用来抚恤劫后余留的民众，成就光明伟业的做法。"问："既然如此，那么把钱收集并储积起来呢？"回答说："要交易流通才可以。"又有人说："改铸四铢钱。"回答说："难以实行啊。"有人说："那废止五铢钱呢？"回答说："五铢钱确实便于使用，百姓乐意使用它，想要禁止很难。现在设立难以推行的政令来废止便利于百姓的事，禁止百姓所乐意的东西，政事是不会兴盛的。"问："现在开始兴行五铢钱，但如果目前五铢钱币不能流通使用，又怎么办呢？"回答说："推行它或者废止它，都是迫于情势而不得已的事，有什么好担忧的呢？"

　　圣王先成民①,而后致力于神。民事未定,郡祀有阙②,不为尤矣③。必也举其重而祀之,望祀五岳四渎④。其神之祀,县有旧常⑤。若今郡祀之,而其祀礼物从鲜可也⑥。礼重本,示民不偷⑦,且昭典物⑧,其备物以丰年。日月之灾降异,非旧也⑨。

【注释】

①成民:成就民事,即先将百姓的事情处理好。

②郡祀:各郡举行的祭神仪式。阙(quē):欠缺,不足。

③尤:过失,罪愆。

④望祀:古代祭名。遥祭山川地祇的祭礼。五岳:《史记·封禅书》载汉武帝曾"登礼潜(qián)之天柱山,号曰'南岳'"。《汉书·郊祀志》载,宣帝神爵元年(前61)诏以指东岳泰山、南岳潜山(即霍山,今天柱山)、西岳华山、北岳恒山、中岳嵩山为五岳。至隋文帝开皇九年(589)方诏改衡山为南岳。四渎:指长江、黄河、淮河与济水。古时四渎皆能独流入海。渎,江河大川。

⑤旧常:昔日的法度。祭祀五岳之旧法,可见《风俗通义·山泽》。

⑥鲜(xiǎn):减少。

⑦偷:苟且,怠惰。

⑧典物:典章制度。

⑨日月之灾降异,非旧也:此句与本段文义难贯。一说或为下段首句,然下段首句"天人之应,所由来渐矣"文义自足,且与后文一贯,而"非其旧"三字难解其意。一说为窜乱之句,然诸本皆是,未可妄删,或有脱讹,此姑仍之,然译文不译此句。

【译文】

　　圣明的君主先成就民事,然后才致力于祭神。民事还没有处理好,郡中的祭祀即使有所缺失,也不算是过失。一定要祭祀的话也要选择重要的神灵进行祭祀，遥祭五岳四渎之神。各处神灵的祭祀，各县都有旧法。至于现在各郡的祭祀，所用的祭礼祭物从简从省也是可以的。祭神之礼要注重本质，向百姓展示祭祀不是苟且随意的，且昭明国家有祭祀的典章制度，在丰年的时候备足祭物就可以了。

　　天人之应，所由来渐矣。故履霜坚冰①，非一时也；仲尼之祷②，非一朝也。且日食行事③，或稠或旷，一年二交，非其常也。《洪范传》云"六沴作见"④，若是王都未见之，无闻焉尔⑤。官修其方⑥，而先王之礼，保章视祲⑦，安宅叙降⑧，必书云物⑨，为备故也。太史上事无隐焉⑩，勿寝可也⑪。

【注释】

①履霜坚冰：语出《周易·坤卦》："初六，履霜坚冰至。象曰：履霜坚冰，阴始凝也；驯致其道，至坚冰也。"即指踩着地上的霜，寒气就已经到来了。寒气由微弱而逐渐积累，那么终会形成坚冰，故以此比喻事态逐渐发展，将有严重后果。履，踩，踏。

②仲尼之祷：《论语·述而》："子疾病，子路请祷。子曰：'有诸？'子路对曰：'有之。《诔》曰："祷尔于上下神祇。"'子曰：'丘之祷久矣。'"意即孔子生病，子路请求向神祈祷。孔子说："有这回事吗？"子路回答说："有的，向神祈祷的《诔》说过：'替你向天地神祇祈祷。'"孔子说："我早就在祈祷了。"这里是说孔子平素德行合于善道，神明知之，这便是孔子的祈祷，而非待出现问题时再来向神明祝告祈祷。仲尼，为孔子的字。祷，向神祝告祈求福寿。

③日食：月球运行到地球和太阳的中间时，太阳的光被月球挡住，不能射到地球上来，这种现象叫"日食"。太阳全部被月球挡住时叫"日全食"，部分被挡住时叫"日偏食"，中央部分被挡住时叫"日

环食"。日食一般都发生在农历初一。一般来说，因日月运行规律，一年中有两个日食季，至少会发生两次日食，至多时曾达到五次，但因观测角度、观测点与气象等原因，一年中的日食或无法在某地被全数观测得知，下文"一年二交，非其常也"，或由此。一说"日食"在此指日常饮食，即泛称日常生活，然用于此处则文义较为晦涩，兹备一说。

④《洪范传》：为旧题汉代伏生所撰的《尚书大传·洪范五行传》。六沴（lì）：六气不和。六气，自然气候变化的六种现象，指阴、阳、风、雨、晦、明，或指朝旦之气（朝霞）、日中之气（正阳）、日没之气（飞泉）、夜半之气（沆瀣）、天之气、地之气。沴，气不和而相伤。作见：显现，出现。见，同"现"。

⑤若是王都未见之，无闻焉尔：意指若在国都中没有看见灾异就当没有灾异发生，不谨身敬修政事，那么等到灾异来临，也不知道善恶福祸的天人之应。

⑥方：这里指星相卜测等方术。即下文保章、视祲二官的职司。

⑦保章视祲（jìn）：保章、视祲，皆职官名。保章，专司观测、记录天象，占候灾异，择时卜日等事。视祲，掌观星望气预言灾祥之事。见《周礼·春官》。

⑧安宅：安居，安所。叙降：推测凶祸所降下的地方。

⑨云物：日边云气的色彩。《周礼·春官·保章氏》："以五云之物，辨吉凶、水旱降丰荒之祲象。"汉郑玄注："物，色也。视日旁云气之色……郑司农云：以二至二分观云色，青为虫，白为丧，赤为兵荒，黑为水，黄为丰。"

⑩太史：西周、春秋时太史掌记载史事、编写史书、起草文书，兼管国家典籍和天文历法等。秦、汉时称"太史令"，汉属太常，掌天时星历。上事：向朝廷上书言事。

⑪寝：湮没不彰，隐蔽。

【译文】

天兆吉凶与人事善恶相互感应，其感应的显现有一个逐渐发展的过程。所以踏着地上的霜，就知道寒气逐渐积累而形成坚冰，不是一时就可以完成的；孔子的祝告祈祷，也不是一时就完成了的。况且日食的发生，有些年间频繁有些年间稀少，一年内两次日月相交而形成日食，不是常有的事。《洪范传》说"六气不调而出现灾异"，如果在国都没有见到灾异，不知道天已经示以异象。有司官员要修治星相卜测之术，按先王的礼制，保章、视祲，使民得以安居，推测灾祸而禳除之，一定要记载下日边云气的色彩，以防备变故。太史令上奏时要无所隐匿，不要隐瞒搁置才好。

天子南面听天下，向明而治，盖取诸离①，天之道也。月正听朝，国家之大事也。宜正其仪，以明旧典②。

【注释】

①"天子南面"三句：语本《周易·说卦》："离也者，明也，万物皆相见，南方之卦也。圣人南面而听天下，向明而治，盖取诸此也。"南面，古代以坐北朝南为尊位，故帝王、诸侯见群臣，皆面向南而坐，因用以指居帝王之位。听，治理。盖取诸离，《周易·说卦》："离，为火，为日，为电。"皆光明之象。

②旧典：旧时的制度、法则。

【译文】

天子坐北朝南身居帝位而治理天下，向着光明而治理，大概是取于《周易·离卦》之意吧，这是合于天道正理的。天子每年正月元日受群臣朝觐庆贺，这是国家的大事。应当端正大朝贺的仪制，来彰明从前的礼制。

古有掌阴阳之礼之官①，以教后宫②，掌妇学之法③：妇德、妇言、妇容、妇功④。各率其属，而以时御序于王⑤，先王礼也。宜崇其教,以先内政⑥,览列图,诵列传⑦,遵典行。
内史执其彤管⑧,记善书过,考行黜陟,以章好恶。男女正位
乎外内,正家而天下定矣。故二仪立而大业成⑨。君子之道,
匪阙终日,造次必于是⑩。

【注释】

①阴阳之礼:男女、夫妇的礼仪规范。本段主要论述的是女子妇人
　之礼。

②后宫:妃嫔所居的宫殿。这里代指妃嫔。

③妇学:对妇女的教育。

④妇德、妇言、妇容、妇功:即旧时妇女"四德"。《周礼》中所言"内
　宰"之官,即掌此教授之职。妇容,原脱此二字,据《周礼·天
　官·九嫔》"掌妇学之法,以教九御妇德、妇言、妇容、妇功"补。
　妇功,亦作"妇工",指纺织、刺绣、缝纫等事。

⑤御序:即御叙,指按时日、尊卑侍寝于王。

⑥先:教导,倡导。内政:后宫内的行政事务。

⑦览列图,诵列传:有关妇人事迹的传记典册,即所谓"列传";与妇
　女相关的故事绘成图像图册,即所谓"列图"。西汉刘向撰有《列
　女传》七卷,后人配以画像,"列传""列图"即指此类典册。

⑧内史:当作"女史"。内史协助天子管理爵、禄、废、置等政务(见
　《周礼·春官·内史》);女史则以知书妇女充任,掌管有关王后礼
　仪、书写文件等事(见《周礼·天官·女史》)。彤管:杆身漆朱的
　笔,女史记事所用。

⑨二仪:阴阳。这里指男女外内之位。

⑩"君子之道"三句:此十三字文义与上下文难相连贯,疑为错简,或
　有脱讹,然诸本皆是,姑仍之。造次必于是,《论语·里仁》:"君子
　无终食之间违仁,造次必于是,颠沛必于是。"造次,仓促,匆忙。

【译文】

古代有掌教男女礼仪规范的官员,用以教授后宫妃嫔,掌管教育妇女的方法规范:包括妇女的德行、妇女的言辞、妇女的仪容、妇女的织绣缝纫。各自带领她们的下属,按时日等次侍奉帝王,这是从前先王的礼度。应当推重这样的礼教,先教导她们处理后宫政务,观看各种有关于妇人事迹的图像,诵读记载有关妇人事迹的传记书策,遵循礼度行事。宫中女史拿着杆身朱红的笔,记录妃嫔们的善行和过失,考察她们的品行来予以黜退升迁,以彰显她们善恶的德行。男女内外有别各正居其位,家庭齐正得当,那么天下就安定了。所以男女阴阳的秩序礼度建立得当,那么天下的大业也就完成了。君子对于道义,终日都不会缺失,即使仓促急迫时也不会违背道义。

　　备博士①,广太学②,而祀孔子焉,礼也。仲尼作经,本一而已,古、今文不同③,而皆自谓真本经。古今先师,义一而已,异家别说不同,而皆自谓古今。仲尼邈而靡质④,昔先师殁而无闻,将谁使折之者⑤?秦之灭学也,书藏于屋壁⑥,义绝于朝野⑦。逮至汉兴,收摭散滞⑧,固已无全学矣。文有磨灭,言有楚夏⑨,出有先后。或学者先意有所借定⑩,后进相放⑪,弥以滋蔓⑫,故一源十流,天水违行,而讼者纷如也⑬。执不俱是,比而论之⑭,必有可参者焉。

【注释】

①博士:古代学官名。六国时有博士,秦因之,诸子、诗赋、术数、方伎等皆立博士。汉文帝时置一经博士,武帝时置"五经(《诗》《书》《易》《礼》《春秋》)"博士,负责教授、课试、奉使、议政。

②太学:即国学,我国古代设于京城的最高学府。西周已有"太学"

之名。汉武帝元朔五年（前124）立五经博士，弟子五十人，为西汉置太学之始。东汉太学大为发展，质帝时，太学生一度达到三万人。魏晋到明清，或设太学，或设国子学（国子监），或两者同时设立，名称不一，制度亦有所变化，但均为传授儒家经典的最高学府。

③古、今文：古文，指秦、汉之前的古篆文。今文，指汉代的隶书。汉代用通行的隶书所写经典称"今文经"，用古篆文（科斗文）所写的经典称为"古文经"。景帝时，河间献王曾以重金在民间征集所得古文经书，武帝时鲁恭王从孔子故宅的墙壁间亦发现了古文经书。因两种不同文本而产生了不同的学派，即今文学派和古文学派，由此产生了今、古文学派之争。

④邈：远。靡：无，没有。质：询问，就正。

⑤折：判断，裁决。

⑥书藏于屋壁：指秦始皇焚书时，孔子八世孙孔鲋将儒家经典简册砌于墙壁之中，得以保存下来。事见《汉书·艺文志》及其《景十三王传》与《刘歆传》《资治通鉴·秦纪二》等。

⑦朝野：朝廷与民间。

⑧收摭（zhí）：捡拾，收聚。散滞：指遗留下来的零散之物。

⑨言有楚夏：这里指语言已经有方音方言之别。楚夏，指楚地和中原。

⑩先意：这里指揣摩经义。借定：臆测加以断定。

⑪后进：后辈，后来者。放（fǎng）：仿效，模拟。

⑫弥：益，更加。滋蔓：生长蔓延。

⑬天水违行，而讼者纷如也：语本《周易·讼卦》象辞："天与水违行，讼。君子以作事谋始。"讼，争辩。纷如，纷纭繁多的样子。

⑭论：衡量，评定。

【译文】

完备博士制度，增扩太学，祭祀孔子，这是礼法之所在。孔子述作经典，本来只有一个文本，后来出现了古文、今文两种不同文字的文本，而由此产生的两派都说自己的才是真正的原本经典。古文经和今文经的先师，所持授的经义原本是相同的，其他的学说流派与他们不同，却也都自称是古文派或今文派。孔子的时代离现在已经很久远而无法直接就正于他，从前的先师也早已故去，又有谁能来加以判定呢？秦朝灭绝儒学，一些典籍被藏在房屋的墙壁之中，而典籍的经义在朝廷与民间都已灭绝。等待汉朝兴起后，收聚散佚零落的经籍，但已经没有完整的了。文字有所磨灭，语言有楚地、中原方音的不同，经书出现的时间有先有后。有的学者凭臆测揣摩经义，后来的人竞相仿效，这样的情况愈发滋长蔓延，所以导致一个源头就出现了许多条支流，就像天和水一样远隔而不能合于一处，而争辩是非的人更是纷纭杂乱。他们所持有的说法观点不全正确，但相互比照、相互衡量，那么其中一定有可以参用的地方。

或曰："至德要道约尔。典籍甚富，如而博之以求约也？"语有之曰："有鸟将来，张罗待之①，得鸟者一目也②。"今为一目之罗，无时得鸟矣。道虽要也，非博无以通矣。博，其方；约，其说。

【注释】

①张罗：张设罗网以捕鸟兽。

②目：这里指网眼。

【译文】

有人说："最高妙的德与道都很简约。但典籍十分繁富，这样的话怎么从广博繁富中求得简约呢？"有句俗话说："鸟儿即将飞过来，张设罗网等待它，但捕捉到鸟儿的只是罗网的一个网眼。"现在如果制作出只有一个网眼的罗网，那就没有办法捕到鸟儿了。道虽然简要，但如果不做到广博就无法明晓贯通道。所以广博，是求道时的方法；简约，是说道时的精约。

赦令①，权也②。或曰："有制乎？"曰："权无制，制其
义③，不制其事，巽以行权④。义，制也。权者反经⑤，无事也。"
问其象⑥。曰："无妄之灾⑦，大过⑧，凶其象矣，不得已而行
之，禁其屡也。"曰："绝之乎？"曰："权。"曰："宜弗之绝也。"

【注释】

①赦令：旧时君主发布的减免刑罚或赋役的命令。

②权：权宜，变通。

③制：从。

④巽（xùn）以行权：语出《周易·系辞下》。巽，顺。

⑤反经：违反常规。经，常法，常道。

⑥象：征兆，迹象。下文即用《周易》卦象来比喻回答。

⑦无妄之灾：语本《周易·无妄卦》爻辞。即不测之灾，平白无故受灾。

⑧大过：《周易·大过卦》："大过，栋挠。"栋挠，即栋桡，指屋梁脆弱
　　曲折，选用脆弱的材料来做屋梁，是在大事上犯错误，其屋将坏，
　　而以之喻形势危急。

【译文】

赦令的颁布，是权宜变通的办法。有人问："有一定的制度吗？"回
答说："权宜的办法没有一定的制度，依从合于事宜的义理，而不依从于
固定的事制定则，顺时合宜而行变通之令。以时宜之义制定赦令。变通
之法违反常道但合乎时宜，所以没有固定的事制定则。"又问可以颁行赦
令的征象。回答说："出现遭受不测之灾的无妄卦象，局势危急的大过卦
象，这都是凶象，在像这样不得已的情况下再颁行赦令，但也要禁止频繁
地颁布赦令。"问："那就禁止颁行它呢？"回答说："要根据时宜而变通。"
继续说："不应该禁绝赦令。"

尚主之制①，非古也。厘降二女，陶唐之典②；归妹元吉，

帝乙之训③；王姬归齐，宗周之礼④。以阴乘阳⑤，违天；以妇凌夫，违人。违天不祥，违人不义。

【注释】

①尚主：娶公主为妻。因尊帝王之女，不敢言"娶"，故言"尚"。尚，奉事，仰攀。

②厘降二女，陶唐之典：帝尧曾将自己的两个女儿娥皇、女英嫁给身为平民的舜做妻子。事见《尚书·尧典》。厘降，指帝王之女下嫁。陶唐，即唐尧，帝喾之子，名放勋，初封于陶，后徙于唐。

③归妹元吉，帝乙之训：《周易·泰卦》九五："帝乙归妹，以祉元吉。"帝乙曾将小女儿嫁给身为诸侯时的周文王。归，古代称女子出嫁。妹，少女。元吉，大吉，洪福。帝乙，商代君主，太丁之子，纣王之父。训，典式，法则。

④王姬归齐，宗周之礼：周天子曾将女儿嫁于诸侯国齐国事，见《诗经·召南·何彼襛矣》毛序："虽则王姬，亦下嫁于诸侯。车服不系其夫，下王后一等，犹执妇道以成肃雝之德也。"王姬，周朝天子的女儿。周为姬姓，故称王姬。宗周，即周王朝，因周为所封诸侯国的宗主国，故称。

⑤乘：逾越，超过。

【译文】

娶公主为妻的尚主制度，是不合古制的。将两个女儿下嫁，这是唐尧时的制度；嫁小女而获得大吉，这是帝乙时的典式；周天子的女儿嫁到齐国，这是周朝的礼法。用阴来凌驾于阳，这是违背天理的；以妻子凌驾于丈夫，这是违背人伦的。违背天理就会不吉利，违背人伦就会不合义理。

古者天子诸侯有事，必告于庙①。朝有二史，左史记言，右史记动②。动为《春秋》，言为《尚书》。君举必记，臧否成败无不存焉③。下及士庶，苟有茂异④，咸在载籍。或欲显而不得，或欲隐而名章⑤。得失一朝，而荣辱千载。善人劝焉，淫人惧焉⑥。故先王重之，以副赏罚⑦，以辅法教。宜于今者，官以其方各书其事，岁尽则集之于尚书⑧。

【注释】

①庙：祖庙。

②左史记言，右史记动：周代史官有左史、右史之分。《礼记·玉藻》载左史记行动，右史记言语。《汉书·艺文志》载左史记言，右史记事。

③臧否（pǐ）：善恶，得失。

④苟有茂异：原作"等各有异"，清钱培名校本据《群书治要》改，与《后汉书》本传及《北堂书钞》所引合，明黄省曾注校据本传亦同，今据改。茂异，指才德出众的人。

⑤章：彰显，显赫。

⑥淫人：邪恶的人，不正派的人。

⑦副：相称，符合。原作"嗣"，清钱培名校本据《群书治要》改，与《北堂书钞》《太平御览》所引合，今据改。

⑧官以其方各书其事，岁尽则集之于尚书：方，类。尚书，官名。始置于战国时，或称掌书，"尚"即执掌之义。汉武帝时尚书在皇帝左右办事，掌管文书奏章。成帝时设尚书五人，开始分曹办事。东汉时正式成为协助皇帝处理政务的官员。方，原作"日"，"事""岁"二字原脱，今据《群书治要》补。

【译文】

古代的天子和诸侯要行大事的时候，一定会到祖庙祭告祖先。朝廷设有两种史官，左史记录言论，右史记录行动。记录行动的是《春秋》，记录言论的是《尚书》。君主有所举动就一定要记录下来，善恶得失、是非成败没有不被存录下来的。下至士人平民，如果有才德出众的，都会被载录于典籍。有人想要显名于世却难能做到，有人想要隐匿不被人知反而名声显赫。因一时的得失，而传留下千年的荣辱。善人会因此得到勉励，恶人会因此感到恐惧。所以先王十分重视这件事，使载录的功过善恶与奖赏惩罚相称相合，来辅助法制和教化。适合现在实行的，是由官员根据各自不同职务而记载相关的事，年终时就汇总到尚书那里去。

　　各备史官，使掌其典①。不书诡常，为善恶则书，言行足以为法式则书②，立功事则书，兵戎动众则书③，四夷朝献则书，皇后、贵人、太子拜立则书④，公主、大臣拜免则书，福淫祸乱则书⑤，祥瑞灾异则书。先帝故事⑥，有起居注⑦，日用动静之节必书焉⑧。宜复其式，内史掌之，以纪内事。

【注释】

①各备史官，使掌其典：原作"若史官使掌典其事"，今据《群书治要》改。

②法式：法度，准则。

③兵戎：战争，战乱。动众：大规模兴动民众。

④拜：授予爵位、封号、官职等皆称"拜"。

⑤福淫祸乱："淫"字疑讹。

⑥故事：先例，旧日的典章制度。

⑦起居注：皇帝的言行录。两汉时由宫内修撰，魏晋以后设官专修。

⑧节：事项。

【译文】

　　各部置备史官，让他们掌管记事的典册。不记载荒诞反常的事，行善作恶要加以记载，言行足以作为法度准则要加以记载，建立功业要加以记载，爆发战争而兴动民众要加以记载，四方各族朝拜进献要加以记载，皇后、贵人、太子的册立要加以记载，公主、大臣的封授和册免要加以记载，福善祸恶要加以记载，出现祥瑞和灾异要加以记载。先帝旧时，有起居注记录的制度，日常生活行止作息的事项都一定会被记载下来。应当恢复这一制度，让内史来掌管，以记载宫内的事。

俗嫌第三

【题解】

　　俗嫌，即避忌求福的风气。本篇主要论及了当时社会上各种嫌忌和祈神占卜、求仙养生等方面的问题。荀悦认为，日时嫌忌及占卜问卦等所示的吉凶祸福，其根本在于己身修德与否；祈福求神能否有所感应，其关键在于自身修明与否；养生长命能否有所成效，其要旨在于秉守中和与否，这些观点的阐发皆建立在作者儒家学者的立场上。本篇最后还涉及纬书辨伪的问题，作者认为纬书虽非孔子所作，然若其有可取之处，则不妨取之。

　　或问卜筮①。曰："德斯益，否斯损。"曰："何谓也？""吉而济、凶而救之谓益②，吉而恃、凶而怠之谓损③。"

【注释】

　　①卜筮（shì）：古时预测吉凶，用龟甲称"卜"，用蓍（shī）草称"筮"，合称"卜筮"。

　　②济：补益，增加。

　　③恃：依赖，凭借。

【译文】

有人问卜筮的事情。回答说:"有德之人就会受益,否则就会受损。"问:"什么意思呢?""卜筮显现吉兆而愈发奋力行动、显现凶兆而努力补救的叫'受到益助',卜筮显现吉兆就觉得有所倚仗、显现凶兆就懈怠的叫'受到损害'。"

或问日时群忌①。曰:"此天地之数也,非吉凶所生也。东方主生②,死者不鲜③;西方主杀④,生者不寡;南方火也⑤,居之不燋⑥;北方水也⑦,蹈之不沉。故甲子昧爽⑧,殷灭周兴;咸阳之地,秦亡汉隆⑨。"

【注释】

①日时群忌:即日期与时辰等各种忌讳。日,原作"曰",据卢文弨《群书拾补》改,《龙溪精舍丛书》本亦作"日"。群,众。

②东方主生:《黄帝内经·素问·玉机真藏论》云:"东方,木也,万物之所以始生也。"战国、秦汉时人们用阴阳五行学说与四时、五方等相配合。主,预兆。

③鲜(xiǎn):与下文"寡",皆为少的意思。这里作动词用,减少。

④西方主杀:西方属兑,五行属金。《六壬神定经》引《白虎通》云:"金味辛者,西方主杀。"《白虎通义·论五味五臭五方》:"金味所以辛何?西方煞伤成物,辛所以煞伤之也,犹五味得辛乃委煞也。"

⑤南方火也:南方属离,五行属火。

⑥燋(jiāo):通"焦",烧焦。

⑦北方水也:北方属坎,五行属水。

⑧甲子昧爽:即甲子日黎明。周武王在甲子日黎明时伐纣而灭之。《尚书·武成》:"甲子昧爽,受率其旅若林,会于牧野。罔有敌于我师,前徒倒戈,攻于后以北,血流漂杵。一戎衣,天下大定。"事

亦见于《尚书·牧事》《史记·周本纪》等。甲子,古代以天干和
地支递次相配,六十组干支轮一周称一个甲子。这里的"甲子"
是指甲子日。昧爽,拂晓,黎明。

⑨咸阳之地,秦亡汉隆:秦始皇定都于关中之地的咸阳,然秦亡于
此。汉高祖初以洛阳为国都,后迁都关中咸阳附近,建新都长安,
由是开启西汉兴隆之路。事见《史记·高祖本纪》。

【译文】

有人问日期、时辰等忌讳问题。回答说:"时、日是用来计量叙述天
地运行的单位,而不是产生吉凶的缘由。东方兆示生机,但在东方死去
的人并不因此减少;西方兆示衰杀,但在西方活着的人也不因此减少;南
方五行属火,但居住在南方也不会被烧焦;北方五行属水,但踩在北方的
地上也不会沉溺。所以甲子日的黎明,殷朝灭亡而周朝兴起;咸阳一带
的关中之地,秦朝在此灭亡而汉朝却在此兴盛。"

或曰:"五三之位①,周应也②;龙虎之会③,晋祥也。"曰:
"官府设陈④,富贵者值之,布衣寓焉,不符其爵也⑤。狱犴若
居⑥,有罪者触之,贞良入焉⑦,不受其罚也。"或曰:"然则日
月可废欤?"曰:"否。"曰:"元辰⑧,先王所用也。人承天地,
故动静顺焉。顺其阴阳⑨,顺其日辰⑩,顺其度数⑪。内有顺
实,外有顺文⑫,文实顺,理也。休征之符,自然应也⑬。故
盗泉、朝歌⑭,孔、墨不由⑮。恶其名者,顺其心也。苟无其实,
徼福于忌⑯,斯成难也。"

【注释】

①五三:指五星、三辰。五星,指木、火、土、金、水五大行星,即东
方岁星(木星)、南方荧惑(火星)、中央镇星(土星)、西方太白(金

星)、北方辰星(水星)。三辰,指日、月、斗。一说"五三"指"五位、三所",指岁、月、日、辰(日月交会处)、星(辰星)五星方位的"五位"和星、日在北,岁在南,月在东,居于三处的"三所"。见《国语·周语下》。

②周应:周朝应运兴起。《春秋元命苞》:"殷纣之时,五星聚于房。房者,苍神之精,周据而兴。"

③龙虎之会:当作"龙尾之会"。龙尾,星宿名,即箕宿,"二十八宿"之一,居东方苍龙七宿之末,故称。《左传·僖公五年》载晋献公问卜偃什么时候适合攻打虢国,卜偃回答:"童谣云:'丙之晨,龙尾伏(隐伏)辰(日月交会处),均服振振,取虢之旗。'"

④设陈:设立,陈立。

⑤爵:官位,职位。

⑥狱犴(àn):牢狱。此处以官府、牢狱作喻,意指天象的兆应,与人有德无德直接相关,有德者得益,无德者则反。犴,即狴犴,传说中的一种形似虎有威力的兽,古代将它的形状设置在狱门上,故用"狴犴"或"狱犴"来指称牢狱。

⑦贞良:正直忠良的人。

⑧元辰:良辰,吉辰。元,善。

⑨阴阳:这里指合于天地的阴阳变化,如日月昼夜、寒暑四季等。

⑩日辰:指随日月星辰运行所制立,用以计量时辰的天干地支等。

⑪度数:这里指日月星辰运行的度数。

⑫文:指表现形式,外表形象。

⑬休征:吉祥的征兆。休,吉,美好。

⑭盗泉:古泉名。故址在今山东泗水东北。《尸子》:"(孔子)过于盗泉,渴矣而不饮,恶其名也。"朝(zhāo)歌:商王盘庚迁都于殷,武丁、武乙、帝乙、帝辛四帝王以殷为都,商纣王时扩大殷都,大修离宫别馆,称为朝歌。《史记·鲁仲连邹阳列传》:"邑号朝歌而墨

子回车。"墨子尚"非乐"，以"朝歌"为清晨便作乐于声色，非时
而不当，故回车不入。

⑮由：经过。

⑯徼（yāo）福：求福。徼，通"邀"，求。

【译文】

有人说："五星、三辰各得其位，周朝应运兴起；日月交会在苍龙七宿
的尾宿，兆示晋国的吉祥。"回应说："官府设置官职，富贵的人居位是应
当的，平民百姓居位，是不合官爵的。牢狱就像居室，有罪的人而遭牢狱
之刑，忠良善正的人即使入狱，也不会受罚。"有人问："既然如此，那么
用来计量日月时辰的天干地支可以废止不用吗？"回答说："不能。"又继
续说："良辰吉时，是先王所使用的。人承天地而生，所以动静要顺应天
地之道。顺应阴阳，顺应时辰，顺应星宿运行的度数。内有和顺的实质，
外有和顺的表象，外在与内在相互和顺，就得到事情的正理了。吉祥的
征兆自然会有感应而显现了。所以盗泉、朝歌，孔子与墨子不经过其地。
厌憎它们的名字，是顺应于自己的合道之心。如果没有顺道的实质，而
求福避免所憎恶的事，那么就很难实现了。"

或曰："祈请者①，诚以接神，自然应也。故精以底之②，
牺牲玉帛以昭祈请③，吉朔以通之④。""礼云礼云，玉帛云
乎哉⑤？请云祈云，酒膳云乎哉？非其礼则或愆⑥，非其请
则不应。"

【注释】

①祈请：向神祷告请求。

②底：同"厎（dǐ）"，引致，达到。

③牺牲：供祭祀用的纯色全体牲畜。毛色纯正叫"牺"，整头无损叫

"牲",统称"牺牲"。玉帛:圭璋和束帛。

④吉朔:吉旦,即农历每月初一。

⑤礼云礼云,玉帛云乎哉:语出《论语·阳货》。

⑥或:通"惑",迷误。

【译文】

　　有人说:"向神祈祷请求的人,用精诚来迎应神明,神明自然就会有所感应。所以用精诚来致祷于神,用纯色完整的牲畜和圭璋束帛来昭明祈请祷告的诚意,并在吉祥的初一日与神明沟通。"回应说:"礼呀礼呀,难道仅仅是指玉帛等礼器吗?祈请呀祷告呀,难道仅仅是指供奉美酒美食吗?不遵循正礼正法就会迷误出错,如果祈请所不应当祈请的,那么神明不会有所回应。"

　　或问:"祈请可否?"曰:"气物应感则可①,性命自然则否②。"

【注释】

①气:这里指气象节候。应感:交相感应。

②性命:指万物的天赋、禀受和本性。

【译文】

　　有人问:"祈祷请求可行吗?"回答说:"天地节气与万物交相感应这一类的事可以祈请,天赋禀性等本来如此的就不可祈请了。"

　　或问:"避疾厄,有诸?"曰:"夫疾厄,何为者也?非身则神,身不可避①,神不可逃②,可避非身,可逃非神也。持身随天③,万里不逸④。譬诸孺子,掩目巨夫之掖⑤,而曰逃,可乎?"

【注释】

①身不可避：意指身体寄寓在宇宙之内，无处可避。

②神不可逃：意指精神寄寓在身体之内，亦无处可逃。作者之意或
是指，若一味只想逃避灾祸而不尽力于人事，那么将避无可避，逃
无可逃。

③随：沿着，顺着。

④逸：逃跑，逃脱。

⑤掖：同"腋"，胳肢窝。

【译文】

有人问："避免疾病灾祸，能够做到吗？"回答说："疾病灾祸会降临
到哪里呢？不是人的身体就是人的精神，身体无法躲避，精神无处逃脱，
可以躲避抛弃的就不是人的身体了，可以逃脱的也不是人的精神了。使
身体朝着天边的方向行走，即使行走万里也不会逃脱到天外。好比一个
孩童，在大汉的腋下遮掩住了自己的眼睛，却说自己逃脱了，这是可以
的吗？"

　　或问："人形有相①？"曰："盖有之焉。夫神气、形容之
相包也②，自然矣。贰之于行，参之于时③。相成也，亦参相
败也。其数众矣，其变多矣，亦有上、中、下品云尔④。

【注释】

①人形：人的形象模样。相：命相，即根据人之形相而知其人之运与
其人之事。

②神气：精神和元气。形容：形体和容貌。

③参：通"三"。

④品：等级，等第。

【译文】

有人问："人的形象会含蕴着他的命相吗？"回答说："大概是有的吧。人的精神元气与形体容貌相互包涵交融，这是自然的道理。人的形相与德行举止二者相互交融感应，形相、德行与时机这三者相互交融感应。三者相互助益成就，也相互败落损伤。人的形相各不相同而类型众多，变化繁多，也分为上等、中等、下等。"

　　或问神仙之术①。曰："诞哉②，末之也已矣③。圣人弗学，非恶生也。终始④，运也；短长，数也。运数非人力之为也。"曰："亦有仙人乎？"曰："僬侥、桂莽⑤，产乎异俗，就有仙人，亦殊类矣。"

【注释】

①神仙之术：秦、汉方士及后来的道家所指称的修炼成仙、长生不老之术。

②诞：虚妄，荒唐。

③末之：表示没有什么。已：止。

④终始：指死与生。

⑤僬侥（jiāo yáo）：古代传说中的矮人，因以为其国之名，即小人国。《列子·汤问》说："从中州以东四十万里得僬侥国，人长一尺五寸。"桂莽：孙启治《申鉴注校补》言"桂莽"疑作"枉莽"，其古音相通，即"汪茫"，指大人国，译文从此。

【译文】

有人问得道成仙、长生不老之术。回答说："荒诞啊，对没有的事就算了吧。圣人不学神仙之术，不是厌弃长寿。死生，是天运；寿命长短，是命数。天运、命数，不是人力所能为的。"问："那有没有仙人呢？"回答说："传说中的小人国与大人国，都生活在与我们习俗不同的地方，即使有仙人，也跟我们不是一类。"

或问:"有数百岁人乎?"曰:"力称乌获①,捷言羌亥②,勇斯贲、育③,圣云仲尼④,寿称彭祖⑤。物有俊杰,不可诬也。"

【注释】

①乌获:战国时秦武王的力士,后来成为力士的泛称。

②捷:迅速,敏疾。羌亥:疑作"竖亥",传说中善跑的人。《淮南子·地形训》:"使竖亥步自北极,至于南极,二亿三万三千五百里七十五步。"东汉高诱注:"……竖亥,善行人,皆禹臣也。"

③贲、育:指孟贲、夏育。孟贲,战国时齐国的勇士,能生拔牛角。夏育,战国时卫国人,传说能力举千钧。

④仲尼:即孔子。仲尼为孔子的字。

⑤彭祖:篯(jiān)铿,传说中的长寿之人,帝颛顼之孙,尧时封于彭地,故称。传说他善养生,有导引之术,活了八百多岁。其事见于《列仙传·彭祖》。

【译文】

有人问:"有寿达几百岁的人吗?"回答说:"力气大的人要说到乌获,行动迅速的人有竖亥,勇猛的有孟贲和夏育,圣贤则有孔子,长寿的有彭祖。人物中各有出众的,不能妄言没有。"

或问:"凡寿者必有道,非习之功?"曰:"夫惟寿,则惟能用道;惟能用道,则性寿矣①。苟非其性也,修之不至也。学必至圣,可以尽性;寿必用道,所以尽命。"

【注释】

①性:天性,本性。

【译文】

有人问:"凡是长寿的人一定都得到了长寿的本真道理,不仅仅是修习的功效吗？"回应说："因为长寿，于是就能用功明晓养生之道；因为用功明晓养生之道，于是本性就能得以长存了。如果不是本性得以长存，那么仅靠修习一些小术是无法达到长寿境界的。学习一定要学至高的道理，才可以完全发挥本性；长寿一定要明晓养生之道，才能全其天年。"

或曰："人有自变化而仙者，信乎？"曰："未之前闻也。然则异也，非仙也。男化为女者有矣，死人复生者有矣①。夫岂人之性哉，气数不存焉②。"

【注释】

①男化为女者有矣，死人复生者有矣：汉献帝建安七年（202），越嶲男子化为女子。建安四年（199），武陵女子死十四日而复活。事见《后汉书·孝献帝纪》。

②气数：气运，命运。

【译文】

有人问："人能靠自己转换变化而成仙，可信吗？"回答说："还没有听说过这样的事。然而怪异之事是有的，但不是成仙。男子变化成女子的事有过，死人复活的事也有过。可这哪里是人的秉性呢，这是世道气数在衰亡啊。"

或问曰："有养性乎①？"曰："养性秉中和②，守之以生而已。爱亲、爱德、爱力、爱神之谓啬③。否则不宣④，过则不澹⑤，故君子节宣其气，勿使有所壅闭滞底⑥，昏乱百度则生疾⑦。故喜怒、哀乐、思虑必得其中，所以养神也。寒暄、虚盈、消息必得其中⑧，所以养体也。善治气者⑨，由禹之治水也⑩。若夫导引蓄气、历藏内视⑪，过则失中，可以治疾，皆非养性之圣术也。夫屈者以乎申也,蓄者以乎虚也,内者以乎外也。气宜宣而遏之,体宜调而矫之⑫,神宜平而抑之,必有失和者矣。夫善养性者无常术,得其和而已矣。""邻脐二寸谓之关⑬。关者,所以关藏呼吸之气,以禀授四体也⑭。故气长者以关息,气短者其息稍升。其脉稍促,其神稍越⑮,至于以肩息而气舒⑯;其神稍专,至于以关息而气衍矣⑰。故道者常致气于关,是谓要术。""凡阳气生养⑱,阴气消杀⑲。和喜之徒,其气阳也。故养性者,崇其阳而绌其阴⑳。阳极则亢㉑,阴极则凝。亢则有悔㉒,凝则有凶。夫物不能为春㉓,故候天春而生。人则不然,存吾春而已矣。药者㉔,疗也,所以治疾也。无疾则勿药可也。肉不胜食气㉕,况于药乎?寒斯热,热则致滞阴㉖。药之用也,唯适其宜,则不为害,若已气平也,则必有伤。唯针火亦如之㉗,故养性者不多服也,唯在乎节之而已矣。"

【注释】

①养性:养生。性,命,身。

②中和:适中调和。"中和"为中庸之道的主要内涵。儒家认为能"致中和",则天地万物均能各得其所,达于和谐境界。《礼记·中庸》:"喜怒哀乐之未发谓之中,发而皆中节谓之和。中也者,天下之大本也;和也者,天下之达道也。致中和,天地位焉,万物育焉。"

③爱亲:指节制男女肌肤之亲,即不伤身。爱,爱惜。德:这里指天性。啬:节俭爱惜。《老子》第五十九章:"治人事天莫若啬。夫为啬,是以早服;早服谓之重积德;重积德则无不克;无不克则莫知其极;莫知其极,可以有国;有国之母,可以长久;是谓深根固柢,

长生久视之道。"

④否（pǐ）：闭塞，阻隔不通。宣：发散。

⑤澹：通"赡"，满足，供给。

⑥壅闭：堵塞，阻隔。滞底：凝集。

⑦百度：各种事情的节度。

⑧寒暄：冷暖。虚盈：空虚和充实。寒暄是对于衣物而言，虚盈是对
　于饮食而言。消息：本指损益减增，这里指行动休息，即劳逸。

⑨治气：涵养精气，调养气血。

⑩由：通"犹"，犹如，好像。禹：大禹，姒姓，名文命。原为夏后氏部
　落首领，奉舜命继承父亲鲧的治水事业，采用疏导的办法，平洪
　水，理山川。相传在治水的十三年中，曾三过家门而不入。后被
　选为舜的继承人，舜死后即位，建立夏代，后东巡狩至会稽而卒。
　其事见于《尚书》之《舜典》《大禹谟》《皋陶谟》《益稷》《禹贡》等。

⑪导引：导气引体。古代医家、道家中呼吸和躯体运动相结合的养
　生之术。蓄气：呼吸导气而聚于丹田。历藏内视：道家行气修炼
　之术，闭目不视外物，专心一意，气沉丹田，以意念引导，按其顺序
　行气于各腑脏经脉。藏，同"脏"，腑脏。

⑫调：调和。这里指相对于"矫"而言的自然曲张。矫：使曲的变直。

⑬关：关元，即下丹田，位于下腹部腹正中线脐下三寸处，一说二寸
　四分处。

⑭禀授：给予。四体：四肢。这里指整个身体、身躯。

⑮越：飘散，散漫。

⑯肩息：气息到肩，指气息短浅。舒：此指松懈、散漫。

⑰衍：延伸，延展。

⑱阳气：暖气，生长之气。

⑲阴气：寒气，肃杀之气。消杀：萧森，萧索。

⑳绌：通"黜"，排斥。

㉑亢：极，过甚。

㉒悔：过失，灾祸。

㉓春：这里喻指生气、生机。

㉔药：这里作者或指修炼服食的丹药或用以保健的药物。

㉕食气：粮食，主食。《论语·乡党》有云："肉虽多，不使胜食气。"气，同"饩（xì）"。

㉖寒斯热，热则致滞阴：《黄帝内经·素问·热论》："人之伤于寒也，则为病热。"唐王冰注："寒毒薄于肌肤，阳气不得散发而内怫结，故伤寒者反为病热。"

㉗针火：针灸，即针法和灸法。针法是用特制的金属针，按一定穴位，刺入患者体内，运用操作手法以达到治病的目的。灸法是把燃烧着的艾绒，温灼穴位的皮肤表面来治病。

【译文】

　　有人问："有养生之法吗？"回答说："养生要秉持中和，守持中和就能得以养生。爱惜身体、爱惜天性、爱惜气力、爱惜精神，叫'节俭爱惜'。壅塞就不能发散，宣散过度就难以恢复完满，所以君子适度地宣导精气，不使精气有所阻塞凝滞，常常神志不清那么就会产生疾病。所以喜悦愤怒、悲哀快乐、思索忧虑一定要合宜适度，这是用来涵养精神的方法。寒冷温暖、空虚充实、行动休息一定要合宜适度，这是用来保养身体的方法。善于调养精气的人，就像大禹治水一样善于宣导。至于导气引体蓄气丹田、专意内视气行腑脏之术，一旦过度那么就失掉中和，可以治疗疾病，但不是养生修性最高妙的方法。由屈伏而有伸展，由蓄聚而有虚散，由内而有外。精气应被宣导却受阻遏，身体应当曲张而被绷直，精神应当平和而受到抑制，一定会违背自然中和之道。善于养生修性的人没有固定的方法，遵循中和之道就可以了。"有人说："邻近肚脐两寸四分的地方叫'关'。关，就是聚蓄呼吸之气，来供给通达全身的地方。所以气息深长的人能蓄气丹田，气息浅短的人气无法下至丹田。脉息较为短促，精神意念散漫而不能专聚，那么就会导致气息短浅而散漫；精神意念能够专聚，那么就能引气至丹田而气息深长了。所以修道炼气之人常常引导气息蓄至丹田，这是基本的内容和要诀。""大凡阳气可以长养万物，阴气则会肃杀万物。和善喜乐的人，他的气息温和而有生机。所以善于养生修性的人，都推重阳气而排斥阴气。但阳气到达极点就会刚烈过甚，阴气到达极点就会凝滞淤塞。刚烈过甚就会有灾祸，凝滞淤塞就会有凶险。事物无法自身产生生气，所以要等待春天来临才会生长。人就不是这样，自能调节生气保养生机。药物有治疗的功效，所以用来治愈疾病。没有疾病那么不服药也是可以的。肉不能吃得比饭还多，何况是药物呢？伤寒的人反而是因为内热，内热被阴气所滞便会淤结了体内。所以用药物，只有合宜适度，才不会造成损伤，如果气血已经平和，却仍用药无度，那么一定会造成伤害。针法与灸法都是这样的，所以养生修性的人不会过度地服药，只在于节制有度罢了。"

　　或问："仁者寿①，何谓也？"曰："仁者内不伤性，外不伤物，上不违天，下不违人，处正居中，形神以和，故咎征不至而休嘉集之②，寿之术也。"曰："颜、冉何③？"曰："命也。麦不终夏，花不济春④，如和气何⑤？虽云其短，长亦在其中矣。"

【注释】

①仁者寿：《论语·雍也》："子曰：'知者乐水，仁者乐山。知者动，仁者静。知者乐，仁者寿。'"

②咎征：灾祸发生的征兆。休嘉：美好吉祥。

③颜、冉：指颜回（字子渊）和冉耕（字伯牛）。二人皆是仁人贤者，然颜回早夭，冉耕因恶疾而卒。

④济:度过。

⑤和气:中和之气,即因持守中和而达到的状态。

【译文】

有人问:"有仁德的人会长寿,这是为什么呢?"回答说:"有仁德的人内不损伤身心,外不损害他物,上不违背天道,下不悖逆人事,身处正道,居位中和,所以有灾祸发生的征兆不会出现,而美好嘉善汇聚其身,这是长寿的方法。"问:"那颜回、冉耕又是怎么回事呢?"回答说:"这是命啊。麦子不能度过夏天,花儿不能度过春天,这是自然之数,即使秉守中和又能如何呢?虽然颜回、冉耕的寿命很短,但长久也在其中了。"

或问黄白之俦①。曰:"傅毅论之当也②。燔埴为瓦则可③,烁瓦为铜则不可④。以自然验于不然,诡哉。歊犬羊之肉⑤,以造马牛,不几矣⑥,不其然软?"

【注释】

①黄白之俦(chóu):指所谓炼丹化成金银或点化金银之类的术法。《风俗通义·正失·淮南王安神仙》:"招募方伎怪迂之人,述神仙黄白之事。"俦,类。

②傅毅:字武仲,扶风茂陵(今陕西兴平)人。汉章帝时为兰台令史,曾和班固、贾逵等同校内府藏书。车骑将军窦宪击匈奴时,以傅毅为记室。窦宪为大将军时,迁傅毅为司马。有《舞赋》《七激》等作品。原有集,今已失传。

③燔(fán):焚烧。埴(zhí):黏土,可用来制陶器和瓦器。

④烁:通"铄",熔化。

⑤歊:原作"敌",当为"歊"字之误。歊,即"歊(xiāo)",气蒸发的样子。这里指蒸煮。

⑥几:通"冀",期望,希望。

【译文】

有人问炼化金银之类的事。回答说："傅毅的论说十分得当。将黏土烧制成瓦是可以的，将瓦熔为铜就不行了。用本然如此的事去验证并非如此的事，这是虚诞的。蒸煮狗和羊的肉，来造出马和牛来，这是没有指望的，难道不是这样吗？"

世称纬书①，仲尼之作也。臣悦叔父故司空爽辨之②，盖发其伪也。有起于中兴之前终张之徒之作乎③？或曰："杂④。"曰："以己杂仲尼乎？以仲尼杂己乎？若彼者以仲尼杂己而已，然则可谓八十一首非仲尼之作矣⑤。"或曰："燔诸⑥？"曰："仲尼之作则否，有取焉则可，曷其燔⑦？在上者不受虚言，不听浮术，不采华名，不兴伪事，言必有用，术必有典，名必有实，事必有功。"

【注释】

①纬书：依托儒家经义宣扬符箓瑞应占验的书，相对于经书而言，故称。《易》《书》《诗》《礼》《乐》《春秋》及《孝经》均有纬书，称"七纬"。纬书依托儒家经典附会人事吉凶，预言治乱兴废，颇多怪诞之谈。但对古代天文、历法、地理等知识以及神话传说之类的内容，有所记录和保存。兴起于西汉末年，盛行于东汉。

②臣悦叔父故司空爽辨之：爽，即荀爽，字慈明，颍川颍阴（今河南许昌）人。出身"颍川荀氏"，其兄弟八人有"荀氏八龙"之称。荀爽排名第六，有"荀氏八龙，慈明无双"之誉。他自幼聪敏好学，潜心经籍，刻苦勤奋。汉桓帝时拜郎中，但旋即弃官离去。后因世乱避祸，隐遁十余年，专以著述为事。董卓专权时，强征荀爽为官，位至司空。然荀爽见董卓残暴，与王允等谋除董卓，举事前病

逝。其多有著述，如《礼》《易传》《诗传》《尚书正经》《春秋条例》《汉语》《辩谶》《新书》等，然散佚颇多，《辩谶》即其发伪之书。

③中兴之前：指汉光武帝中兴汉室，建立东汉之前。终张：未知所指。范文澜《文心雕龙注·正纬》言疑作"终术"，即助王莽造符命的田终术。孙启治《申鉴注校补》言疑为"佟张"，佟张即欺诳。

④杂：混杂，掺杂。指孔子之书与他人之言混杂在一起。

⑤八十一首：纬书有所谓自黄帝至周文王所受的《河图》九篇、《洛书》六篇，所谓自初起至于孔子，九圣增演以广其意的三十篇，并为孔子所作的"七经纬"三十六篇，总计八十一篇。见《隋书·经籍志》六艺纬类序。

⑥诸：代词"之"和疑问语气词"乎"的合音。

⑦曷：为何，为什么。

【译文】

世人称纬书是孔子所作。我的叔父、已故的司空荀爽曾对此进行过辨析，目的在于揭露纬书的不可信。有的是光武中兴之前的终张等人伪作的吧？有人说："孔子之书与他人之言混杂在一起了。"回应说："是将自己的言论思想掺杂到了孔子的著述中呢？还是把孔子的思想言论掺杂到了自己的著述中呢？如果这样那么可以说纬书八十一篇不是孔子所作的了。"有人说："那要烧掉它们吗？"回答说："说纬书是孔子所作当然不对，但有可取用的地方就可以了，为什么要烧掉呢？身居上位的人不受纳虚诞的言论，不听从浮夸的方法，不采用华而不实的名称，不提倡伪诈的事情，言论一定要有用处，方法一定合于法度，名称一定要有实质，行事一定有其功效。"

杂言上第四

【题解】

　　杂言，即混杂之言，有杂谈、随感、札记之意。本篇所涉及的内容较为广泛，有对为学、鉴戒、君臣、损益、励志、礼乐、忧乐、内守、和济等诸多方面的议论。作者对于君与臣的论说稍详，其中寄寓着作者理想的为君之道、为臣之道以及君臣之间相扶相持、同心同德的理想关系。

　　或问曰："君子曷敦乎学^①？"曰："生而知之者寡矣，学而知之者众矣。悠悠之民^②，泄泄之士^③，明明之治^④，汶汶之乱^⑤，皆学废兴之由，敦之不亦宜乎？"

【注释】

①敦：勤勉。

②悠悠：忧思的样子。

③泄泄：和乐的样子。

④明明：清明的样子。

⑤汶汶（mén）：昏暗不明的样子。

【译文】

　　有人问："君子为什么要勤勉学习呢？"回答说："生来就懂得道理与

知识的人很少,通过学习而懂得道理与知识的人就很多了。士人百姓的忧思与和悦,国家政治的清明与昏乱,都是因为学习的荒废与兴盛,所以勤勉学习不是应当的吗?"

君子有三鉴①,鉴乎前,鉴乎人,鉴乎镜②。世人镜鉴。前惟顺③,人惟贤,镜惟明。夏、商之衰,不鉴于禹、汤也;周、秦之弊④,不鉴于民下也;侧弁垢颜⑤,不鉴于明镜也。故君子惟鉴之务。若夫侧景之镜⑥,亡鉴矣。

【注释】

①鉴:原指形似大盆而有耳的青铜器,用来盛水或盛冰,大的可用作浴盆,盛行于东周。上古时无镜,人们有时以鉴盛水做照影之用,战国以后制作青铜镜之风渐盛,镜即袭称为"鉴"。这里"鉴"是指能够映照己身,从中能有所省察借鉴的事物。

②"鉴乎前"三句:原本无此九字,据《群书治要》补,与下文"前惟训,人惟贤,镜惟明"相照应。

③顺:通"训",教导,教训。

④弊:衰落,衰败。

⑤侧弁(biàn):歪戴帽子。弁,古代贵族穿礼服时所戴的一种帽子。赤黑色的布做的叫"爵弁",是文冠;白鹿皮做的叫"皮弁",是武冠。这里"弁"即泛指帽子。

⑥侧景:指镜面不平,所照形影歪斜不正。景,同"影"。

【译文】

君子有三种事物可以作为鉴照,鉴照于前事,鉴照于他人,鉴照于明镜。世人只将镜子作为鉴照之物。以前事为鉴在于吸取教训,以他人为鉴在于学习贤能,以镜为鉴在于明照己身。夏代和商代的衰亡,就是没有以禹和汤作为鉴照;周朝和秦朝的衰败,就是没有以臣民作为鉴照;歪戴着帽子、脸有污垢，是没有以明镜作为鉴照。所以君子要致力于借鉴省察。至于那些照出的形影歪斜不正的镜子，没有多大的鉴照作用。

　　或问："致治之要，君乎？"曰："两立哉①，非天地不生物，非君臣不成治。首之者天地也，统之者君臣也哉。先王之道致训焉，故亡斯须之间而违道矣②。昔有上致圣，由教戒，因辅弼，钦顺四邻③。故检柙之臣不虚于侧④，礼度之典不旷于目⑤，先哲之言不辍于耳⑥，非义之道不宣于心，是邪僻之气末由入也⑦。有间⑧，必有人之者矣。是故僻志萌则僻事作⑨，僻事作则正塞，正塞则公正亦末由入也矣。不任所爱谓之公⑩，惟公是从谓之明⑪。齐桓公中材也⑫，末能成功业，由有异焉者矣。妾媵盈宫⑬，非无爱幸也；群臣盈朝，非无亲近也。然外则管仲射己⑭，卫姬色衰⑮，非爱也，任之也。然后知非贤不可任，非智不可从也。夫此之举弘矣哉⑯！膏肓纯白⑰，二竖不生⑱，兹谓心宁；省闼清净⑲，嬖孽不生⑳，兹谓政平。夫膏肓近心而处厄㉑，针之不逮㉒，药之不中，攻之不可㉓，二竖藏焉，是谓笃患㉔。故治身治国者，唯是之畏。"

【注释】

①立：成立，成就。

②斯须：须史，片刻。

③钦顺：敬顺。四邻：四辅，天子左右的大臣。

④检柙（xiá）：规矩，法度。

⑤旷：空缺。

⑥辍：停止，中断。

⑦邪僻：乖谬不正。末由：无由。

⑧有间（jiàn）：有空隙。

⑨僻志：邪念。萌：生。

⑩不任所爱：原作"不任不爱"，据《群书治要》改。

⑪惟公是从：即从公，只服从公义，指不徇私情。

⑫齐桓公：姜姓，名小白，春秋时期齐国国君。其兄齐襄公被杀后，出逃他国，后从莒回国取得政权。任用管仲等进行改革，使国力富强。以"尊王攘夷"为号召，团结诸侯国，打退外族游牧部落的侵袭，扩大齐国的势力范围。多次以盟主的身份召集诸侯会议，订立盟约，是春秋时期的第一位霸主。其事见于《史记·齐太公世家》。中材：中庸之材，中等才能的人。

⑬妾媵（yìng）：泛指侍妾。古代诸侯贵族女子出嫁，以侄女和妹妹从嫁，称"媵"。

⑭管仲射己：管仲，名夷吾，字仲，春秋初期齐国颍上（今属安徽）人。齐襄公被杀后，公子纠和公子小白争夺国君之位，当时管仲事公子纠，曾在莒通往齐国的路上拦截并射箭欲杀公子小白，但被带钩所挡，而公子小白佯死，暗地里先入齐国，被立为君主，即齐桓公。后来经鲍叔牙举荐，齐桓公不计前嫌重用管仲，使国力渐强，得以称霸。事见《史记·管晏列传》。

⑮卫姬色衰：此句前应有"内则"二字，与前文相对成文。齐桓公喜女色，内宠很多，得称夫人的有六位，而卫姬虽然人老色衰，仍居六夫人之首，管持内政。《列女传·贤明传》："（齐桓公）立卫姬为夫人，号管仲为仲父。曰：'夫人治内，管仲治外，寡人虽愚，足以立于世矣。'"

⑯弘：光大。

⑰膏肓：古代医学以心尖脂肪为"膏"，心脏与膈膜之间为"肓"。纯白：纯洁。

⑱二竖：二竖子，两个小孩。《左传·成公十年》："公梦疾为二竖子，

曰：'彼良医也，惧伤我，焉逃之？'其一曰：'居肓之上，膏之下，若我何？'医至，曰：'疾不可为也，在肓之上，膏之下，攻之不可，达之不及，药不至焉，不可为也。'"后因以指疾病、病魔。

⑲省闼（tà）：又称"禁闼"，官中，禁中。古代中央政府诸省设于禁中，后因作中央政府的代称。

⑳嬖（bì）孽：受君主宠爱的小人。

㉑厄：险阻之处，险要之地。

㉒逮：原作"远"，据《群书治要》改。及、到的意思。

㉓攻：治疗。

㉔笃患：严重的病患。

【译文】

有人问："使国家大治的关键在于君主吗？"回答说："两方面相辅相成，没有天和地就不会生养万物，没有君和臣就不能使国家得治。创生万物的是天地，统理事物的是君臣。先王之道遵循这一准则，所以没有片刻违背大道的。从前有君主能达到圣明的境界，是因为谨遵教导训诫，依靠左右大臣的辅佐，恭敬地听从左右大臣的谏言。所以坚守法度的臣下常在左右，有关礼法制度的典籍不远离视线，先贤圣哲的言教常响于耳侧，违背正理的思想不在心中漫散，这样那些乖谬不正的风气就无从侵入。如果有空隙的话，那么乖谬不正之气就会乘隙而入了。所以邪念萌生那么邪僻的事就会产生，邪僻的事出现那么正道正理就会被堵塞，正道正理被堵塞那么正直奉公的风气也无从进入君主身侧了。不偏任不徇私叫"公"，一心为公叫"明"。齐桓公只是一个中等才能的人，最终能成就功业，是因为他有异于常人的地方。他的侍妾充盈后宫，不是没有宠爱的人；大臣充满朝堂，不是没有亲近的人。然而齐国的朝政由曾经想要射杀自己的管仲来主持，他的后宫由人老色衰的卫姬掌持，都不是因为徇私而任用他们治理内外。这样才知道不是贤能的人不能委以重任，不是智慧的言论不能听从。这样的举动真可以称得上光明正大了！

膏肓纯净无染，那么疾病不生，这叫内心安宁；宫禁内清净无杂，没有专宠的小人，这叫政治清明安定。膏肓在心脏一带的险要之处，针刺达不到，药力也到不了，无法治疗，疾病深藏在这里，这是严重的病患。所以修身治国的人，对这样的情况会十分忧虑。

或曰："爱民如子，仁之至乎？"曰："未也。"曰："爱民如身，仁之至乎？"曰："未也。汤祷桑林①，邾迁于绎②，景祠于旱③，可谓爱民矣。"曰："何重民而轻身也？"曰："人主，承天命以养民者也。民存则社稷存④，民亡则社稷亡。故重民者，所以重社稷而承天命也。"

【注释】

①汤祷桑林：商汤时逢大旱，太史占卜说要用人作为牺牲来祈雨。于是汤以自身为祭礼的牺牲，祷于桑山之林以祈雨。事见《吕氏春秋·顺民》等。

②邾迁于绎：邾文公把国都迁到了绎。迁都前邾文公命人占卜，太史说迁都利于百姓而不利于君主。邾文公以百姓之利为己之利，君主的设立就是为了使百姓得利，百姓得利那么君主也会随之而利。左右大臣劝他惜命，邾文公说君主活着就是为了养利百姓，长命短命是时运的安排，如果对百姓有利，那么迁都就是了，没有比这更吉利的了，于是便迁都于绎。事见《左传·文公十三年》。

③景祠于旱：齐景公时齐国大旱，齐景公命人占卜，说是山神河伯等高山广水的神灵在作祟。齐景公想祭祀他们来祈雨，晏子说祭祀没有用，君主要是真能离开宫殿而在野外，与山神河伯神灵等共忧患，可能会下雨。于是齐景公前往无所遮蔽的野外，三天后果然下雨了，百姓得以种植。事见《晏子春秋·内篇谏上》。

④社稷：古代帝王所祭的土神和谷神，代指国家。社，土神。稷，谷神。

【译文】

有人问："爱护百姓像爱护自己的子女，是最高的仁德了吗？"回答说："还不是。"又问："爱护百姓像爱护自己的身体，是最高的仁德了吗？"回答说："还不是。商汤以自身为祭品祈雨于桑林，邾文公不顾对自身不利而迁都于绎，齐景公因国家大旱在无所遮蔽的野外祷告祈雨，可以说是爱护百姓了。"问："为什么要重视百姓而看轻自己的身体呢？"回答说："君主是承受天命来爱护长养百姓的。百姓存在那么国家就存在，百姓灭亡那么国家就灭亡了。所以重视百姓，就是为了重视国家并且承受天命。"

或问曰："孟轲①称人皆可以为尧、舜①，其信矣？"曰："人非下愚，则皆可以为尧、舜矣。写尧、舜之貌②，同尧、舜之姓，则否；服尧之制，行尧之道③，则可矣。行之于前，则古之尧、舜也；行之于后，则今之尧、舜也。"或曰："人皆可以为桀、纣乎？"曰："行桀、纣之事，是桀、纣也④。尧、舜、桀、纣之事，常并存于世，唯人所用而已。杨朱哭歧路⑤，所通逼者然也⑥。夫歧路乌足悲哉！中反焉。若夫县度之厄，素举足而已矣⑦。"

【注释】

①孟轲：孟子名轲，字子舆，战国时著名思想家、政治家、教育家。是继孔子之后儒家学派的又一代表人物，被尊为"亚圣"。与弟子万章、公孙丑等人共同编著《孟子》一书，共七篇。人皆可以为尧、舜：语出《孟子·告子下》："曹交问曰：'人皆可以为尧、舜，有诸？'孟子曰：'然。'"

②写：仿效，模仿。

③服尧之制，行尧之道：《孟子·告子下》中，孟子对曹交说："子服尧之服，诵尧之言，行尧之行，是尧而已矣。"依前二句例，此二句疑并脱"舜"字。

④行桀、纣之事，是桀、纣也：《孟子·告子下》中，孟子接着说："子服桀之服，诵桀之言，行桀之行，是桀而已矣。"

⑤杨朱哭歧路：杨朱，战国初期魏国人。相传他反对墨子的"兼爱"和儒家的伦理思想，主张"贵生""重己""全性葆真，不以物累形"等，重视个人生命的保存，反对别人对自己的侵夺，也反对侵夺别人。《韩非子》中称其为"轻物重生之士"。《淮南子·说林训》："杨子见逵路（四通八达的路）而哭之，为其可以南，可以北。"歧路，分岔的路。

⑥逼：狭窄。

⑦"夫歧路乌足悲哉"四句：意指走到岔路还可以转身返回，但走到了险路上却是连一步都无法迈出，强行迈出就会遭险，以此来比喻选择行事。反，同"返"，返回。县度，汉时西域山名。其山溪谷不通，以绳索悬缒而过，故名。厄，险要。素，向来，从来。举足，提脚，跨步。已，停止。

【译文】

有人问："孟轲说人人都可以成为尧、舜，果真是这样吗？"回答说："只要不是极其愚蠢的人，那么都可以成为尧、舜那样的人。模仿尧、舜的形象，随同尧、舜的姓氏，这样是不行的；遵从尧、舜的制度，践行尧、舜的大道，这样就可以了。以前践行尧、舜之道的，就是古代的尧、舜；现在践行尧、舜之道的，就是现在的尧、舜。"有人问："人人都可以成为桀、纣吗？"回答说："做桀、纣所做的事，就是桀、纣了。尧、舜、桀、纣所做的事，常常在世上并存，只是看人怎样选择行事罢了。杨朱遇见岔路而哭，是因为不知岔路是否狭窄难行而不知该何去何从才这样。其实遇到岔路哪里值得悲伤呢！若一路不通，中途返回另行他路就是了。像悬度山那样险厄的地方，向来是刚提步就必须得停下的。"

损益之符①，微而显也②。赵获二城，临馈而忧③；陶朱既富，室妾悲号④。此知益为损之为益者也。屈伸之数，隐而昭也。有仍之困，复夏之萌也⑤；鼎雉之异，兴殷之符也⑥；邵宫之难，隆周之应也⑦；会稽之栖，霸越之基也⑧；子之之乱，强燕之征也⑨。此知伸为屈之为伸者也。

【注释】

①损益：减少、增加，或亏损、盈余。符：征兆。

②微：隐微，不明显。

③赵获二城，临馈而忧：据《史记·赵世家》载，赵孝成王时，田单率领赵国军队打下了燕国的中阳和韩国的注人两座城邑。后来韩国上党守派使者到赵国，说韩国守不住上党，将城割让给了秦国，但上党的官员和民众都想要入赵，愿献十七座城邑给赵国。赵王大喜，告之平阳君赵豹，赵豹认为这种无缘无故的获利，是韩国想要嫁祸给赵国，有患无利而不能接受。赵王不听，与平原君赵禹商议后接受了韩国的城邑。后秦国在长平之战中大败赵国，坑杀了四十多万赵国的降兵。赵王悔，以不听赵豹的劝谏而有长平之祸。按《史记》记载，赵国是获韩国所献的十七座城邑，在此之前田单打下的二城与此献城事关系不大，不知文中"赵获二城"所指。

④陶朱既富，室妾悲号：陶朱，即春秋时越国大夫范蠡。范蠡辅佐越王勾践灭吴后，以越王不可共安乐，弃官远去，泛舟江湖，变名易姓，在齐时称鸱夷子皮，居于陶时称朱公，以经商三致巨富，又仗义疏财，年老后其子孙经营繁息，至于巨万。后来因称富者为"陶

朱"。事见《史记·越王勾践世家》《史记·货殖列传》等。然不见其"室妾悲号"之事。孙启治《申鉴注校补》言《列女传》中有陶答子冶陶三年，名誉不兴而家富三倍，其妻数谏而不听，后其人从车百乘归休，其妻抱子而哭，言陶答子能薄而官大，无功而家昌，会有祸殃，后陶答子家果以盗诛。事与既富而"室妾悲号"合，疑"陶朱"为"陶答"之误。

⑤有仍之困，复夏之萌：有仍，古国名。夏帝相之妃后缗（mín）为有仍氏女，寒浞使有穷君浇灭帝相而篡位，后缗有孕在身，逃归有仍而生少康。少康长大后，逃奔有虞，虞君妻以二女。夏朝旧臣靡收集夏朝旧部，助少康灭了寒浞，恢复了夏朝。事见《左传·哀公元年》《竹书纪年》《史记·夏本纪》等。萌，比喻事情刚刚显露的发展趋势或情况，开端。

⑥鼎雉之异，兴殷之符：武丁设鼎祭成汤，有飞雉停在鼎耳上鸣叫，其臣祖己认为这是灾异的征象，劝武丁敬修王道，后有六国蛮夷来朝。鬼方无道，武丁伐之，三年而克，殷朝中兴。事见《尚书·高宗肜（róng）日》等。

⑦邵宫之难，隆周之应：召穆公虎为召公姬奭之后。周厉王暴虐无度，致使国人暴动，后厉王出奔于彘，太子静藏匿在召公家室中。国人听闻后围住其家索要太子，召公以自己的儿子代替太子，太子得以脱险，在召公家中成长，这一时期由召公与周公二相共同执政，号为"共和"。后二相共立太子为王，即周宣王。宣王执政时，曾北伐猃狁，南征荆蛮、淮夷、徐戎，诸侯来朝，重振周室声威，完成中兴大业。事见《史记·周本纪》。邵宫，即召穆公虎的屋室。

⑧会稽之栖，霸越之基：吴王阖闾因攻打越国，受重伤去世。夫差即位后，大败越军于夫椒，越王勾践仅以五千兵退守于会稽山。范蠡建议勾践向吴王夫差请和，并入吴国为臣。于是勾践令大夫文种去吴国交谈，以美女财宝贿赂吴太宰伯嚭（pǐ），请其劝吴王夫

差准许越国附属于吴。吴王夫差不听伍子胥劝谏,答应了越国的投降,勾践入吴为人质。被释放回国后,勾践卧薪尝胆,发愤图强,任用范蠡、文种等人整顿内政,终于转弱为强,灭亡吴国,迫使夫差自尽。后在徐州大会诸侯,成为春秋时最后一位霸主。事见《史记·越王勾践世家》。栖,保栖,指据山以守。

⑨子之之乱,强燕之征:燕王哙让君位给其相子之,燕国大乱,齐宣王趁机攻破燕国,哙死,子之被杀,中山国也趁机攻占燕国城池数十座。然赵国想吞并中山,不愿燕国就此破灭,于是赵武灵王把流亡在韩国的公子职请到赵国,立为燕王,派将军乐池送其回燕国即位,即燕昭王。后燕昭王筑黄金台以招纳贤士,刻苦求治,改革内政,整顿军队。曾命秦开大破东胡、朝鲜、真番,后又以乐毅为上将军,伐齐,入临淄,下齐七十余城,燕乃复强,使燕国步入鼎盛时期。事见《史记·燕召公世家》。

【译文】

减亏增盈的征兆,由幽微而至显明。赵国获得两座城邑,等得到馈赠城邑的时候有人却有所忧虑;陶朱已经富裕了,他的妻妾悲伤号泣。这是知道获益会转化为受损,受损会转化为获益的道理。屈曲与伸舒的运数,由隐微而至显著。夏朝少康被困于有仍,这是夏朝复兴的开端;武丁时飞雉在鼎耳上鸣叫的奇异之象,这是殷兴盛的征兆;周宣王还是太子时被围困在召公家室中,这是周朝重振的应兆;越王勾践退守于会稽山,这是越国称霸的起始;燕国子之的动乱,这是燕国强盛的预兆。这是知道伸舒会转化为屈曲,屈曲会转化为伸舒的道理。

人主之患,常立于二难之间。在上而国家不治,难也;治国家则必勤身苦思①,矫情以从道②,难也。有难之难,暗主取之③;无难之难,明主居之。大臣之患,常立于二罪之间。在职而不尽忠直之道,罪也;尽忠直之道,则必矫上拂下④,罪也。有罪之罪,邪臣由之;无罪之罪,忠臣置之。人臣之义,不曰"吾君能矣,不我须也,言无补也"⑤,而不尽忠;不曰"吾君不能矣,不我识也,言无益也",而不尽忠。必竭其诚,明其道,尽其义,斯已而已矣。不已,则奉身以退⑥,臣道也。故君臣有异无乖⑦,有怨无憾⑧,有屈无辱。人臣有三罪:一曰导非,二曰阿失,三曰尸宠⑨。以非引上谓之导,从上之非谓之阿,见非不言谓之尸。导臣诛,阿臣刑,尸臣绌⑩。进忠有三术:一曰防,二曰救,三曰戒。先其未然谓之防,发而止之谓之救,行而责之谓之戒。防为上,救次之,戒为下。下不钳口⑪,上不塞耳,则可有闻矣。有钳之钳,犹可解也;无钳之钳,难矣哉⑫。有塞之塞,犹可除也;无塞之塞,其甚矣夫!

【注释】

①勤身:劳苦其身。指努力于职事以致身体劳苦。苦:竭力,尽力。

②矫:抑制。

③有难之难,暗主取之:"有难"与下句"无难"指为君有难与否,为君勤劳身心,则无难而为君,反之则有难而为君。下文"有罪""无罪"同。暗主,昏昧的君主。

④矫:匡正,纠正。拂:逆,违背。

⑤补:裨益。

⑥奉身:养身,守身。

⑦乖:背离,违背。

⑧怨:责备。憾:怨恨。

⑨尸宠:指臣见君的过失而不谏,徒被宠幸。尸,指在其位而无所作为。

⑩绌:通"黜",贬退。

⑪钳口：闭口。

⑫"有钳之钳"四句：有钳之钳，这里是指外在的东西强使人们不能言，而不是人不愿言，这样解除外在的钳制，那么人就可以言语。而"无钳之钳"则是指人因惧怕犯忌等原因，自缄其口而不愿言，如此就很难解决了。下文"有塞之塞""无塞之塞"意近。

【译文】

君主的忧虑，常常产生在两件难事之间。身居上位而国家不能得到良好的治理，这是一件难事；治理国家一定得勤勉职事、竭力思虑，抑制性情来遵从道义，这又是一件难事。使为君艰难的难事，昏昧的君主会去做；使为君不艰难的难事，贤明的君主会去做。大臣的忧虑，常常产生在两种罪责之间。任职而不尽行忠贞正直之道，这是一种罪责；尽行忠贞正直之道，那么一定要匡正君上且违逆众意，这又是一种罪责。使为臣有罪的罪责，邪佞的臣下会去做；使为臣无罪的罪责，忠直的臣下会依此行事。作为臣子的道义，不应该说"我们的君主贤能啊，不需要我，我说话没有用"，因此不去尽忠；也不应该说"我们的君主无能啊，不赏识我，我说话没有用"，因此不去尽忠。一定要竭尽忠贞，彰明正道，恪尽道义，能达到这样的程度才可以。不能如此，那么就守身退位，这是为臣之道。所以君臣之间可以有不同但并不离心离德，可以有责备但不会怨恨，可以有屈抑但不会受到侮辱。作为臣子有三种罪过：一是导非，二是阿失，三是尸宠。以不正的言行引导君上叫"导非"，顺从君上不正之事叫"阿失"，看到君上的过失却不进言叫"尸宠"。导君不正的臣子应当被诛杀，顺君不正的臣子应当受刑罚，见君过而不言的臣子应当被贬退。奉守忠贞有三种方法：一是防，二是救，三是戒。在过错还未发生前就能防范叫"防"，过错发生而能及时制止叫"救"，过错已然造成而告诫警责叫"戒"。预防是上策，其次是救止，劝诫是下策。臣下不闭口不言，君上不塞耳不听，那么君主就可以听到臣下的意见了。有形的钳具夹住了嘴巴，还可以解除；无形的钳具夹住了嘴巴，想要解除就很困难了。有形的东西堵住了耳朵，还可以除去；无形的东西堵住了耳朵，那问题就很严重了！

或曰："在上有屈乎？"曰："在上者以义申①，以义屈。高祖虽能申威于秦、项，而屈于商山四公②；光武能申于莽，而屈于强项令③；明帝能申令于天下，而屈于锺离尚书④。若秦二世之申欲，而非笑唐、虞⑤；若定陶傅太后之申意，而怨于郑⑥，是谓不屈。不然，则赵氏不亡⑦，而秦无愆尤⑧。故人主以义申，以义屈也。喜如春阳，怒如秋霜，威如雷霆之震，惠若雨露之降，沛然孰能御也⑨？"

【注释】

①申：伸展，伸舒。

②高祖虽能申威于秦、项，而屈于商山四公：指汉高祖虽然能对秦朝和项羽大展威势，灭了秦王朝，又打败了项羽，建立了汉朝政权，却要因商山四公而屈抑自己。商山四公，即商山四皓，指东园公、绮里季、夏黄公、甪（lù）里先生，避秦乱，隐商山，须眉皓白，故称"商山四皓"。高祖曾召四公而不应，后高祖宠戚夫人而欲废太子，吕后用张良之计，迎四皓以辅太子，遂使高祖辍废易太子之议。事见《史记·留侯世家》。

③光武能申于莽，而屈于强项令：指东汉光武帝能灭王莽而中兴汉室，却要因强项令董宣屈抑自己。强项令，指光武帝时洛阳令董宣。董宣为洛阳令时，湖阳公主的奴仆在洛阳城中白日杀人，藏匿于公主家。后公主出行，让他做骖乘。董宣候于途，驻车扣马，以刀画地，数公主之失，叱奴下车，因格杀之。公主诉于帝，帝大怒，召董宣欲箠杀（用棍棒打死）之。董宣言："陛下圣德中兴，而纵奴杀良人，将何以理天下乎？臣不须箠，请得自杀。"随即

以头击柱，血流满面，帝令小黄门止之，让董宣向公主叩头道歉，
董宣不从。强使顿之，董宣两手撑地，终不肯屈服。事见《后汉
书·酷吏列传》。强项，即脖颈刚硬，指刚正不为威武所屈。项，
即脖颈。

④明帝能申令于天下，而屈于锺离尚书：明帝，指汉明帝。锺离尚书，
指汉明帝时担任尚书的锺离意。汉明帝即位后，锺离意被征拜为
尚书，当时交阯太守张恢因贪赃千金，被召回处死，把资财登记没
收入大司农府，明帝下令将赃款赐予群臣，锺离意分得珠宝，全部
放置于地而不拜谢。皇帝问其故，锺离意回答说这些不干净的赃
款，他不敢接受。皇帝因叹尚书清白，于是以库钱三十万赐之，转
迁为尚书仆射。明帝常至广成苑游猎，锺离意认为这是荒废朝政
之举，于是常常阻拦车驾当面劝谏，明帝为此立即回宫。事见《后
汉书·第五锺离宋寒列传》。

⑤秦二世之申欲，而非笑唐、虞：右丞相冯去疾、左丞相李斯、将军冯
劫因群盗并起，虽杀众而不能止，劝谏秦二世胡亥停止修建阿房
宫，减轻戍务差役。而胡亥认为尧、舜、禹生活节俭，亲身劳事，
即使是看门人与奴隶也不至于此，认为统御天下的人可以肆意极
欲，只要严明法令就可以约束天下，统御海内。而舜、禹虽贵为天
子，却亲身劳苦而顺从百姓，那要法令有什么用呢？其言见于《史
记·秦始皇本纪》。非笑，讥笑。

⑥定陶傅太后之申意，而怨于郑：傅太后，汉元帝刘奭的妃嫔，定陶
恭王刘康生母，汉哀帝刘欣的祖母。汉元帝即位后，立傅氏为婕
好，生定陶恭王刘康，后被封为昭仪。汉元帝去世后，傅氏随子刘
康归定陶国，称定陶太后。刘康去世，其子刘欣继王位。时汉成
帝无子，傅氏多贿赂赵昭仪等，使刘欣得立为太子。刘欣继位后，
尊祖母傅氏为恭皇太后，后改称帝太太后，又改皇太太后。太后
既尊，后尤为骄纵，傅氏之戚多有封侯者。郑，指郑崇，哀帝时为

尚书仆射,帝欲封傅太后堂弟傅商,郑崇以坏乱制度、逆天人心而非傅氏之福谏止。傅太后大怒,帝仍封傅商为汝昌侯。后郑崇被诬,下狱而死。事见《汉书·郑崇传》。傅太后去世后,与汉元帝合葬在渭陵,哀帝逝后,王莽掌权,掘傅氏坟重葬,贬傅太后尊号为定陶恭王母。

⑦赵氏不亡:赵氏,指汉成帝皇后赵飞燕及其妹昭仪赵合德等赵氏之人,傅太后贿赂赵氏姊妹,二人帮助哀帝继嗣为太子。成帝去世后,赵昭仪呕血而死。哀帝即位尊赵皇后为皇太后,哀帝去世后,赵皇后被贬为孝成皇后,复又被贬为庶人,令其看守陵园,亦自杀。事见《汉书·外戚传》。

⑧愆尤:过失,罪咎。

⑨沛然:充盛、盛大的样子。

【译文】

有人问:"身居上位的人有屈抑自己的时候吗?"回答说:"身居上位的人因道义而伸舒,因道义而屈抑。汉高祖虽然能施威于秦朝和项羽,却因商山四公而屈抑自己;汉光武帝能灭王莽而中兴汉室,却因洛阳令董宣刚正不屈而屈抑自己;汉明帝能推明法令于天下,却因尚书钟离意而屈抑自己。至于秦二世胡亥肆意极欲,而讥笑尧、舜;至于定陶傅太后肆意骄纵,而怨怒于郑崇,这些都是不屈抑自己的事。但如果不这样的话,那么赵氏姐妹就不会身亡,而秦朝也不会有罪咎。所以君主应因道义而伸舒,因道义而屈抑。高兴时如同春日的暖阳,愤怒时如同秋日的寒霜,发威时如雷霆震动,施惠时如雨露普降,浩荡而盛大,又有谁能够抗御呢?"

　　或曰难行。曰:"若高祖听戍卒不怀居,迁万乘不俟终日①;孝文帝不爱千里马②;慎夫人衣不曳地③;光武手不持珠玉④,可谓难矣。抑情绝欲不如是,能成功业者鲜矣。人臣若金日磾以子私谩而杀之⑤,丙吉之不伐⑥,苏武之执节⑦,可谓难矣。"

【注释】

① 高祖听戍卒不怀居,迁万乘不俟(sì)终日:汉高祖刘邦初定都洛阳,刘敬(娄敬)奉命戍守陇西,途经洛阳,请求拜见刘邦,劝其将都城建在关中。张良分析形势,肯定了定都关中的说法,高祖即日便车驾关中,迁都长安。事见《史记·刘敬叔孙通列传》及《留侯世家》等。怀居,留恋安逸,怀念故居。万乘,周制,天子地方千里,能出兵车万乘,因以"万乘"指天子、帝王。俟,待。

② 孝文帝不爱千里马:汉文帝时有人进献千里马,文帝说:"天子仪仗的鸾旗在前,侍从车驾在后,为吉事每天可行五十里,因军事每天可行三十里,我骑乘着千里马一人当先,又到哪里去呢?"下诏不受。事见《史记·孝文本纪》《汉书·贾捐之传》。

③ 慎夫人衣不曳地:慎夫人为汉文帝宠妃,其所穿衣裳下不拖曳于地,以示简朴。事见《史记·孝文本纪》。曳,拖。

④ 光武手不持珠玉:《后汉书·循吏列传》载光武帝身穿粗帛,不着色彩华美之服,耳不听郑卫之音,手不持珠玉之玩,宫房无私爱,左右无偏恩。

⑤ 金日磾(mì dī)以子私谩而杀之:金日磾,字翁叔,本为匈奴休屠王太子,兵败为霍去病所降,入长安,赐姓为金。有子受武帝宠爱,为其弄儿,后来弄儿长大,行为不谨慎,在宫殿内与宫女戏闹,金日磾正好看见,厌恶他的淫乱,便杀了他。事见《汉书·金日磾传》。私谩,指私下行为亵慢不谨。谩,通"慢",轻慢。

⑥ 丙吉之不伐:丙吉,字少卿。本为汉时鲁国狱史,累迁廷尉监,治武帝时卫太子巫蛊之狱,时卫太子之孙,武帝曾孙才生数月,也被牵连下狱。丙吉哀其无辜,多方救护皇曾孙(即宣帝),使其得以

保全。宣帝即位后，丙吉绝口不提从前对他的恩情，宣帝偶然从曾对他有阿保之功的宫女处得知丙吉之事，亲自问询，才知旧恩。宣帝大贤之，后丙吉被封博阳侯，进任丞相，为政宽大。事见《汉书·丙吉传》。伐，自我夸耀。

⑦苏武之执节：苏武，字子卿，杜陵（今陕西西安）人。西汉武帝时奉命持节出使匈奴，被扣押，匈奴对他多方威胁诱降，均遭拒绝。后被迁到北海无人区牧羊，匈奴言称公羊生子方可释放回国。他手持汉节牧羊，历尽艰辛，十九年不肯屈服，而节旄尽脱。后匈奴与汉和好，遂被释放，终回长安。苏武以强壮出使匈奴，及归，须发尽白，拜为典属国。事见《汉书·苏武传》。执节，拿着旌节，指坚守节操。

【译文】

有人问不容易做到的事。回答说："像汉高祖听从戍卒之言不留恋安逸，不到一天就决定迁都；汉文帝不爱千里马；慎夫人衣裳不拖曳于地；光武帝手中不持玩珠玉，可以说都是不容易做到的事了。不像这样屈抑情性弃绝私欲的话，能够成就功业的是十分少见的。作为臣子像金日磾因儿子私行亵慢而将其杀死，丙吉从不夸耀自己的功劳恩情，苏武持拿汉节坚守节操，可以说也都是不容易做到的事了。"

或问厉志①。曰："若殷高宗能茸其德，药瞑眩以疗疾②；卫武箴戒于朝③；勾践悬胆于坐④，厉矣哉。"

【注释】

①厉志：激励意志，磨炼意志。厉，同"砺"。

②殷高宗能茸（qì）其德，药瞑眩以疗疾：殷高宗，即殷王武丁。茸其德，指殷高宗祭成汤，有雉飞上鼎耳而鸣，凶兆出现后修政行德，复兴殷室。茸，修。药瞑眩以疗疾，《国语·楚语上》载，武丁对

大臣傅说言:"敞开你的心,来忠告辅佐于我,如果药性发作没有头晕目眩的反应,那么疾病就治不好。"瞑眩,指用药后而产生的头晕目眩的强烈反应。

③卫武箴(zhēn)戒于朝:卫武公卫和,卫釐侯之子,卫共伯之弟。在其九十五岁高龄时,告诫全国说:"从卿以下到大夫和众士,只要在朝中,不要见我年老就舍弃我,要时时规诫我,哪怕听到一两句谏言,一定要背诵记住,转达给我,来训导我。"卫武公还作《懿》(即《诗经·大雅·抑》)这首戒诗来自我警戒。卫武公去世后,人们称他为"睿圣武公"。事见《国语·楚语上》。箴戒,规劝儆戒。

④勾践悬胆于坐:越王勾践被吴王夫差打败后,退守会稽,立志报仇,刻苦图强。把苦胆悬挂在居处,坐卧常常仰视,饮食时也要尝其苦味,用以自警,终败吴国而灭之。事见《史记·越王勾践世家》。

【译文】

有人问磨炼意志。回答说:"像殷高宗武丁修治德行,将忠谏比作药性发作后能治疗疾病的头晕目眩;卫武公让朝臣们规劝儆戒自己;越王勾践悬挂苦胆在坐卧之处,这些都是磨炼意志了。"

"宠妻爱妾幸矣,其为灾也深矣。灾与幸同乎?"曰:"得则庆①,否则灾。戚氏不幸不人豕②,赵昭仪不幸不失命③,栗姬不幸不废④,钩弋不幸不忧殇⑤,非灾而何?若慎夫人之知⑥,班婕妤之贤⑦,明德皇后之德⑧,邵矣哉⑨。

【注释】

①得:通"德",德行。

②戚氏不幸不人豕:戚氏指汉高祖的宠姬戚夫人,生赵王如意,高祖屡欲立赵王为储君,不果。高祖崩,吕后鸩杀赵王,断戚夫人手足,剜眼熏耳,使饮哑药,关在地下室中,称为"人彘(zhì)"。事见《史

记·吕后本纪》《汉书·外戚传》等。豕，即彘。

③赵昭仪不幸不失命：赵昭仪，即汉成帝皇后赵飞燕之妹赵合德，皇后宠衰后，成帝专宠赵昭仪十余年。成帝崩，天下归罪于赵昭仪，皇太后诏令王莽等治问皇帝起居发病状况，赵昭仪被迫自杀。事见《汉书·外戚传》。

④栗姬不幸不废：栗姬为汉景帝刘启的妃子。景帝初立栗姬所生长子刘荣为太子，长公主刘嫖有一女欲与太子为妃，栗姬因汉景帝几位美人都由长公主所荐，不许婚事。长公主恼怒，与王夫人等不时谗诬之。景帝又曾要求栗姬在他百年之后善待其他妃子及所生之子，栗姬怒，不肯答应，且出言不逊，景帝心中愤怒而没有发作。后王夫人暗使大臣奏立栗姬为皇后，景帝大怒，处死大臣，废太子为临江王。栗姬愤恨，然不得见景帝，忧怨而死。事见《史记·外戚世家》。

⑤钩弋不幸不忧殇：钩弋，即钩弋夫人，汉武帝宠妃赵氏的称号。赵氏晋为婕妤，居于钩弋宫，颇为受宠，生子刘弗陵，号钩弋子，武帝欲立为太子，然恐子幼母少，女主转恣乱国，犹豫未决。后赵氏随侍武帝于甘泉宫，犯有过错，受武帝斥责，致使赵氏忧郁而死。后其子刘弗陵即位，即汉昭帝。事见《汉书·外戚传》。殇，本指未至成年而死，这里指赵氏未尽天年而亡。

⑥慎夫人之知：汉文帝宠妃慎夫人在宫中曾与皇后同席而坐，中郎将袁盎欲引慎夫人坐下席，文帝及夫人皆怒。袁盎说："尊卑有序而上下和睦，现在已立皇后，慎夫人为妾，怎可同坐？陛下您看似为慎夫人，实际上会使其遭祸，难道未见'人彘'吗？"文帝悦，召语慎夫人，夫人赐袁盎金五十斤。事见《史记·袁盎晁错列传》。知，明理，明智。

⑦班婕妤（jié yú）之贤：班婕妤，为班况之女，班彪之姑。汉成帝时受宠，成帝曾欲与班婕妤同乘辇车，班婕妤以古时图画中圣贤明

君皆有名臣在侧,而三代末主才有宠妃在旁加以辞止。王太后听闻,以春秋楚庄公夫人樊姬比之。班婕妤常诵《诗经》《德象》《女师》等书,觐见皆遵古礼。后赵飞燕姐妹专宠,班婕妤因许皇后巫蛊案受诬,虽因善对而免,然恐久而遭危,自请入长信宫侍奉王太后。事见《汉书·外戚传》。

⑧明德皇后之德:明德皇后,东汉明帝马皇后,伏波将军马援之小女。明帝即位后,马氏异母姊贾氏选入后宫,贾氏生子刘炟,明帝以马氏无子而养之。马氏尽心抚育,胜过亲子。皇太后赞其德冠后宫,立为皇后,愈发自谦,能诵《周易》,好读《春秋》《楚辞》,尤喜《周礼》及董仲舒之书。常穿粗帛,衣裙不加边。侍奉明帝时,言及政事,则多有裨补,未尝以家私干求。故明帝宠敬日隆,始终无衰。事见《后汉书·皇后纪上》。

⑨邵:美好,高尚。

【译文】

有人问:"宠妻爱妾们得到君主的宠爱应该是幸运的事了,但她们遇到的灾祸往往也十分深重。灾祸与幸运是同时并存的吗?"回答说:"有德就会有福善,否则就会遭灾祸。戚夫人不受宠就不会成为人彘,赵昭仪不受宠就不会失掉性命,栗姬不受宠就不会遭到废弃,钩弋夫人不受宠就不会忧郁而亡,这些不是灾祸又是什么呢?像慎夫人的明理,班婕妤的贤良,明德马皇后的德行,这些都是美好高尚的啊!"

　　为世忧乐者,君子之志也;不为世忧乐者,小人之志也。太平之世,事闲而民乐遍焉。

【译文】

为世事同忧虑共快乐,是君子的志向;不为世事同忧虑共快乐,是小人的心意。太平盛世,清闲少事而百姓都能安乐。

　　使籧者揖让百拜①,非礼也;忧者弦歌鼓瑟,非乐也。礼者,敬而已矣;乐者,和而已矣。匹夫匹妇,处畎亩之中②,必礼乐存焉尔。

【注释】

①籧(qú):籧篨(chú),指有疾在身而不能俯身的人。揖让:宾主相见的礼仪。百拜:指多次行礼。

②畎(quǎn)亩:田地,田野。

【译文】

让有疾而不能俯身的人多次行拜礼,这不是因恭敬而行礼;让忧愁的人和弦而歌、弹瑟而唱,这也不是因和谐而成乐。行礼只是因为恭敬罢了,成乐只是因为和谐罢了。即使是平民百姓,身处田间地边,其中也一定存在着礼和乐。

　　违上顺道,谓之忠臣;违道顺上,谓之谀臣。忠所以为上也,谀所以自为也。忠臣安于心,谀臣安于身。故在上者,必察乎违顺,审乎所为,慎乎所安。广川王弗察,故杀其臣①;楚恭王察之而迟,故有遗言②;齐宣王其察之矣,故赏谏者③。

【注释】

①广川王弗察,故杀其臣:广川王,指汉景帝子广川惠王之孙刘去,其人极为荒淫残暴。刘去十四五岁时,随师学《易经》,其师多次规谏。刘去长大后将师逐走,其师又多次让内史规劝制约,后刘去派家奴将其师父子杀死。事见《汉书·景十三王传》。

②楚恭王察之而迟,故有遗言:楚恭(共)王熊审,为春秋时楚庄王之子。恭王率军攻晋救郑,楚国大夫申叔时认为楚国此战将败,劝

于恭王，恭王不听，后楚果大败于鄢陵，恭王也被射伤眼睛。后恭王病，临死前对于自己丧师于鄢陵十分痛悔，遗言自请谥"灵"或"厉"，请大夫择之。恭王逝世后，大夫们以其有安抚征伐之功而又认识到自己的过失，最后定谥号为"共（恭）"。事见《左传·成公十六年》及《襄公十三年》。

③齐宣王其察之矣，故赏谏者：战国时齐宣王喜爱文学游说之士，邹衍、淳于髡、田骈、接子、慎到、环渊等人，皆被封为上大夫，还为他们建造高门大屋以尊宠他们，让他们不具体治理政务而只议论政治得失。事见《史记·田敬仲完世家》。

【译文】

违逆上意而遵顺正道的，这称为忠贞之臣；违逆正道而阿顺上意的，这称为谄谀之臣。忠贞是为了君上，阿谀是为了自己。忠贞之臣内心安定，谄谀之臣身体安泰。所以身居上位的人，一定要明察臣下的违逆与顺从，详究他们所行的是为了谁，审察他们所安的是什么意。广川王不能明察，所以滥杀臣下；楚恭王能明察时已经迟了，所以留有痛悔的遗言；齐宣王能够明察这些问题，所以赏赐进谏议论的人。

或问人君、人臣之戒。曰："莫匪戒也①。""请问其要。"曰："君戒专欲，臣戒专利。"

【注释】

①匪：同"非"。

【译文】

有人问君主和臣子应当戒备的事。回答说："没有什么不能引以为戒的。""请问什么是最需要戒备的。"回答说："君主需防戒独肆其欲，臣子需防戒独占其利。"

或问①："天子守在四夷，有诸？"曰："此外守也。天子之内守在身。"曰："何谓也？"曰："至尊者，其攻之者众焉。故便僻御侍攻人主而夺其财②，近幸妻妾攻人主而夺其宠③，逸游伎艺攻人主而夺其志④，左右小臣攻人主而夺其行，不令之臣攻人主而夺其事⑤，是谓内寇。自古失道之君，其见攻者众矣⑥，小者危身，大者亡国。鲧、共工之徒攻尧⑦，仪狄攻禹⑧，弗能克，故唐夏平。南之威攻文公⑨，中侯伯攻恭王⑩，不能克，故晋楚兴。万众之寇凌疆场⑪，非患也；一言之寇袭于膝下⑫，患之甚矣。八域重译而献珍⑬，非宝也；腹心之人匍匐而献善⑭，宝之至矣。故明王慎内守，除内寇，而重内宝。

【注释】

①"或曰"至"一言之寇"：原本脱，清钱培名据《群书治要》补，今据补。

②便僻：亦作"便辟"，谄媚逢迎。御侍：帝王的侍从。

③近幸：受到帝王宠爱。

④逸游：放纵游乐。伎艺：指有技艺的人。伎，才技，才艺。

⑤不令：不善。事：这里指政事，即政权。

⑥见：被。

⑦鲧（gǔn）、共工之徒攻尧：鲧、共工皆为尧臣，和谨兜、三苗并称为"四凶"，鲧被舜杀死在羽山，共工被流放于幽州。事见《尚书·舜典》《史记·五帝本纪》等。

⑧仪狄攻禹：仪狄，传说为夏禹时善酿酒者。《战国策·魏策二》："昔者帝女令仪狄作酒而美，进之禹，禹饮而甘之，遂疏仪狄，绝旨酒，曰：'后世必有以酒亡其国者。'"

⑨南之威攻文公：南之威，即南威，春秋时晋国的美女。《战国策·

魏策二》："晋文公得南之威，三日不听朝，遂推南之威而远之，曰：
'后世必有以色亡其国者。'"

⑩申侯伯攻恭王：《吕氏春秋·仲冬纪·长见》载："（荆文王曰：）'申
侯伯善持养吾意，吾所欲则先我为之，与处则安，旷之而不穀丧
焉。不以吾身远之，后世有圣人，将以非不穀。'于是送而行之。
申侯伯如郑，阿郑君之心，先为其所欲，三年而知郑国之政也，五月
而郑人杀之。"荆文王即楚文王。《新序》中将事属之楚共（恭）王。

⑪凌：侵犯，欺压。疆埸（yì）：边界，边境。

⑫一言之寇：指以言语侵害蛊惑君主之人。膝下：这里指近前。

⑬重译：辗转翻译。这里指异域道路绝远，风俗殊隔，言语不通，所
以需要辗转递相翻译其语言，方能通晓其意。

⑭匍匐：尽力。

【译文】

有人问："天子的守御在于防范四方夷狄外族，是这样吗？"回答说：
"这只是对外的守御。天子对内的守御在于自身。"问："什么意思呢？"
回答说："身居至尊之位的人，攻击侵害他的人是很多的。所以谄媚逢迎
的侍从蛊惑君主以夺取他的财物，受到君主宠爱的妻妾媚惑君主以夺得
他的擅宠，纵情游乐而有技艺的人迷惑君主以荒废他的志向，左右小臣
佞惑君主以损坏他的德行，不善之臣侵害君主以夺取他的权力，这些可
以说是内部的敌寇了。自古以来失道的君主被侵害蛊惑的情况是很多
的，小到危及自身，大到国家灭亡。鲧、共工等人侵害尧，仪狄侵害禹，不
能得逞，所以唐尧、夏禹之世治平。南威媚惑晋文公，申侯伯谄惑楚恭王，
不能得逞，所以晋国和楚国兴盛。千万人的敌寇侵犯边境，不是大的祸
患；在君主近旁一句话就能蛊惑他的人，才是极大的祸患。八方异域辗
转翻译而进献珍宝，这不算宝物；君主的心腹之人尽力进献忠谏善言，这
是最可贵的珍宝。所以圣明的君主谨慎地守御内部，除掉内部的敌寇，
而看重内部的珍宝。"

　　云从于龙，风从于虎①，凤仪于《韶》②，麟集于孔③，应也。出于此，应于彼，善则祥，祥则福；否则眚④，眚则咎，故君子应之⑤。

【注释】

①云从于龙，风从于虎：《周易·乾卦》文言："云从龙，风从虎。"意谓龙起生云，虎啸生风，同类的事物相互感应。

②凤仪于《韶》：《尚书·益稷》曰："《箫韶》九成，凤皇来仪。"仪，匹配。《韶》，指《箫韶》，虞舜时的乐曲名。

③麟集于孔：《左传·哀公十四年》载鲁哀公在此年春天西狩获麟。刘向、尹更始等认为麒麟是感应孔子而至。

④眚（shěng）：败，损坏。

⑤故君子应之：此句前疑有脱文。

【译文】

龙起云随，虎啸风生，凤凰应《箫韶》之乐而来，麒麟的祥瑞聚集在孔子身上，这是感应而生。这边出现的事物，感应着那边的事物，美善的事物则会有吉祥的感应出现，吉祥的感应出现就会带来福泽；不好的事物则会有坏损的感应出现，坏损的感应出现就会带来灾祸，所以君子对这些事物有所感应。

　　君子食和羹以平其气①，听和声以平其志，纳和言以平其政，履和行以平其德。夫酸咸甘苦不同，嘉味以济②，谓之和羹；宫商角徵不同③，嘉音以章④，谓之和声；臧否损益不同⑤，中正以训⑥，谓之和言；趋舍动静不同⑦，雅度以平⑧，谓之和行。人之言曰"唯其言而莫予违也"⑨，则几于丧国焉。孔子曰："君子和而不同⑩。"晏子亦云⑪："以水济水，谁能食之？琴瑟一声，谁能听之⑫？"《诗》云："亦有和羹，既戒且平。奏假无言，时靡有争⑬。"此之谓也。

【注释】

①和羹：以不同调味品调制而成的羹汤。

②嘉味：美味。济：调配，调和。

③宫商角徵（zhǐ）：指宫、商、角、徵、羽，我国古代五声音阶中的五个音级。

④嘉音：悦耳的乐音。章：诗歌或乐曲的段落。这里指相互配合协调。

⑤臧否：褒贬。

⑥训：顺从，遵循。

⑦趋舍：进退，动止。

⑧雅度：正度。

⑨唯其言而莫予违也：语出《论语·子路》："曰：'一言而丧邦，有诸？'孔子对曰：'言不可以若是其几也！人之言曰："予无乐乎为君，唯其言而莫予违也。"如其善而莫之违也，不亦善乎？如不善而莫之违也，不几乎一言而丧邦乎？'"

⑩君子和而不同：语出《论语·子路》："君子和而不同，小人同而不和。"

⑪晏子：名婴，字平仲，春秋时齐国大夫。著名贤臣，历仕灵公、庄公、景公三君。长于辞令，关心民事，节俭力行，尽忠直谏。传世《晏子春秋》一书，为后人搜集其言行编辑而成。

⑫"以水济水"四句：《晏子春秋·外篇第七》载景公言梁丘据能与己和，晏子以"同"异于"和"而发出谏言，中有："若以水济水，谁能食之？若琴瑟之专一，谁能听之？"

⑬"亦有和羹"四句：语出《诗经·商颂·烈祖》。戒，齐备。《烈祖》"奏假（gé）"作"鬷（zōng）假"，指祭祀时精诚上达于神。鬷，通"奏"。假，到，至，致。

【译文】

君子食用调和的羹汤以平和血气,听和谐的声音以舒和情志,采纳中和的言论以调和政事,遵循合度的行止以端和德行。酸、咸、甜、苦等味道虽然不同,却能以多种味道调配成美味,这叫"和羹";宫、商、角、徵等音阶声调虽然不同,却能以不同的音声协奏出悦耳的乐音,这叫"和声";善、恶、褒、贬虽然不同,却能在不同的言语中遵循中正不偏的言语,这叫"和言";进、退、动、静虽然不同,却能以正度纠正调和行为举止,这叫"和行"。有人说"只是我说的话没有人违背",这样的话就已经近乎于亡国了。孔子说:"君子和衷同心相互帮助,而又各有所见不苟同于人。"晏子也说:"用水来调剂水,有谁会食用呢? 琴瑟只能发出同样的声音,又有谁会听呢?"《诗经》说:"有调和美味的羹汤,众味齐备且调和。众人祭神不说话,和恰而没有争端。"说的就是这样的情况。

杂言下第五

【题解】

本篇论及德行树立、才德关系、进谏受谏、知人知己、标新求异、文辞写作、性命关系、天命人事、善恶情性、法制教化、立志修德等方面的问题。其中对于天命人事和性命、善恶性情的论述稍详。对于天命人事和性命关系的问题,作者认为性命有其数,君子当循性以辅命;对于性情善恶的问题,作者批判了前人关于性善性恶的不同主张,赞同刘向的观点,即性、情相应相契,性不独善,情不独恶,继而由性之善恶引出法教之用。然作者对于前人性善性恶主张的批判,尤其是对孟子、荀子二人主张的批判,是有些断章取义的。

衣裳①,服者不昧于尘途②,爱也③;衣裳爱焉,而不爱其容止,外矣;容止爱焉,而不爱其言行,末矣;言行爱焉,而不爱其明④,浅矣。故君子本神为贵,神和德平而道通,是为保真⑤。人之所以立德者三:一曰贞,二曰达,三曰志。贞以为质⑥,达以行之,志以成之,君子哉。必不得已也,守一于兹⑦,贞其主也。人之所以立检者四⑧:诚其心,正其志,实其事,定其分。心诚则神明应之,况于万民乎?志正则天地顺之，况于万物乎？事实则功立，分定则不淫⑨。曰："才之实也，行可为，才不可也。"曰："古之所以谓才也本，今之所谓才也末也⑩。然则以行之贵也，无失其才，而才有失。先民有言，适楚而北辕者曰'吾马良，用多，御善'⑪。此三者益侈⑫，其去楚亦远矣。遵路而骋，应方而动，君子有行，行必至矣。"

【注释】

①衣裳：古时，"衣"指上衣，"裳"指下衣。后亦泛指衣服。

②昧：暗。

③爱：爱惜，珍惜。

④明：明察，明辨。指心中对于事理人物等的明察。

⑤保真：保全人的本性、天性，不受外在不好事物影响。

⑥质：主，主体。

⑦兹：这。

⑧检：约束。

⑨淫：过度，恣肆。

⑩本、末：这里指有德之才、无德之才。

⑪适楚而北辕者曰"吾马良，用多，御善"：《战国策·魏策四》载魏王欲攻邯郸，季梁劝曰："今者臣来，见人于大行，方北面而持其驾，告臣曰：'我欲之楚。'臣曰：'君之楚，将奚为北面？'曰：'吾马良。'臣曰：'马虽良，此非楚之路也。'曰：'吾用多。'臣曰：'用虽多，此非楚之路也。'曰：'吾御者善。'此数者愈善，而离楚愈远耳。今王动欲成霸王，举欲信于天下。恃王国之大，兵之精锐，而攻邯郸，以广地尊名，王之动愈数，而离王愈远耳！犹至楚而北行也。"辕，本指车前驾牲口用的直木，压在车轴上，伸出车舆的前

端。这里代指车。御善,指驾车者的驾驭技术高超。

⑫侈(chǐ):大,多。

【译文】

衣和裳,穿上的人不愿意看到它们在遍布灰尘的道路上被弄脏,这是因为爱惜它们。爱惜衣裳,却不爱惜自己的容仪举止,这是内外倒置了;爱惜自己的容仪举止,却不爱惜自己的言行,这是本末倒置了;爱惜自己的言行,却不爱惜自己心中对事理、人物等的明察,这是流于表面了。所以君子注重以精神意识为根本,神智和泰、德行平和而通达大道,这就是保全人的本性。人们用来树立德行需要注意三个方面:一是坚贞,二是通达,三是立志。以坚贞纯一为主体,以通达事理来行事,以立志来成就德行,这样就能成为君子了。如果三者确实无法兼立,要坚守这三者中的一个,那就以坚贞纯一为主。人们要约束自己需要注意四个方面:真诚内心,端正志向,务实行事,明定本分。心诚那么神明都会有所感应,又何况万民呢?志向端正那么天地都会有所顺应,又何况万物呢?做事务实那么事业就会有所成就,本分明定那么就不会恣肆过度。有人说:"才能是实在的,德行可以通过修治而成,才能却不可以。"回应说:"古时所说的才能是以德为本的才能,现在所说的才能不是以德为本的才能。这样说来德行是很宝贵的,人有德行那么才能不会失其所用,无德行那么才能就会失其所用。前人曾说,要到南方的楚地却驾车往北方走的人说'我的马好,物用多,驾车技术高'。这三者越是多,他离楚国也就越远了。要沿着正路驰骋,选对方向行动,所以君子有所行动,就一定能达到目的。"

或问:"圣人所以为贵者,才乎?"曰:"合而用之,以才为贵;分而行之,以行为贵。舜、禹之才,而不为邪,甚于□矣①。舜、禹之仁,虽亡其才②,不失为良人哉。"

【注释】

①甚于□矣：各本"□"处皆缺字。

②亡：无，没有。

【译文】

有人问："圣人认为可贵的是才能吗？"回答说："才能和德行结合起来用，那么就会推重才能；才能和德行分开运用，那么就会推重德行。有舜、禹那样的才能而不去做邪事……有舜、禹那样的仁德，即使没有他们那样的才能，也不失为良善之人。"

或问："进谏、受谏孰难？"曰："后之进谏难也，以受之难故也。若受谏不难，则进谏斯易矣①。"

【注释】

①斯：则，就。

【译文】

有人问："臣子向君主直言规劝，君主接受规劝，哪一个更难？"回答说："后世进谏困难，是因为受谏很困难。如果受谏不难的话，那么进谏也就容易了。"

或问："知人、自知孰难？"曰："自知者，求诸内而近者也；知人者，求诸外而远者也，知人难哉。若极其数也明①，有内以识，有外以暗，或有内以隐，有外以显。然则知人、自知，人则可以自知，未可以知人也，急哉②。"

【注释】

①极：尽。数：道理。

②急：困难。

【译文】

有人问："了解别人和认识自己哪一个更难？"回答说："认识自己，是向内向近处探求；了解别人，是向外向远处探求，了解别人更难一些啊。如果尽言这其中的道理也就明白了，有的人内有自己的想法却不会表明在外，有的人隐匿自己真实的想法，显露在外的却是其他的意思。这样说来认识自己和了解别人这两者，人可以自我认识，但未必可以了解别人，知人是很困难的。"

用己者不为异则异矣①，君子所恶乎异者三：好生事也，好生奇也，好变常也。好生事则多端而动众，好生奇则离道而惑俗，好变常则轻法而乱度。故名不贵苟传，行不贵苟难。

【注释】

①用己：行己，指立身行事。

【译文】

立身处事不为故意追求不同而不同，君子憎恶故意追求不同的有三种：喜欢制造事端，喜欢追求怪奇，喜欢改变常道。喜欢制造事端那么就会导致事情纷乱多绪而扰动众人，喜欢追求怪奇那么就会背离常道而迷惑民众，喜欢变更常道那么就会轻视法律而扰乱制度。所以名声不以随便流传为可贵，行为也不以任意做难做之事为可贵。

权为茂矣①，其几不若经②；辩为美矣，其理不若绌③；文为显矣，其中不若朴④；博为盛矣，其正不若约。莫不为道⑤，知道之体，大之至也；莫不为妙，知神之几，妙之至也；莫不为正，知□之□⑥，正之至也。故君子必存乎三至，弗至，斯有守无诐焉⑦。"

【注释】

①茂：盛。这里指显盛、显耀。下文"美""显""盛"意近。

②几：机要，关键。经：常法，常道。

③绌：不足，短缺。这里指相对于巧辩美言的朴实真直的言语。

④中：合适，恰当。

⑤道：疑为"大"。

⑥知□之□：各本皆缺二字。

⑦诐（bèi）：违背。

【译文】

权变能显盛一时，但对行事的关键来说是不如常法的；巧辩让人觉得美善悦耳，但对道理的阐释不如朴实真切的言语；文饰显得光耀，但却不如质朴合宜更加允当；广博显得弘盛，但却不如精约更能得其正理。没有不求道的，而知晓道的体要，这才达到了大的极致；没有不求玄妙的，而知道神妙的关键，这才达到了玄妙的极致；没有不求正的，……这才达到了正的极致。所以君子一定要存守至大、至妙、至正，不能达到这"三至"，也要有所存守而不违背。

或问守。曰："圣典而已矣①。若夫百家者，是谓无守。莫不为言，要其至矣②；莫不为德，玄其奥矣③；莫不为道，圣人其弘矣。圣人之道，其中道乎？是谓九达④。"

【注释】

①圣典：圣人的经典。作者这里主要指儒家经典。

②要：精要。

③玄：幽远。奥：深。

④九达：四通八达，无所不达。

【译文】

有人问应当执守什么的问题。回答说："圣人的典籍就可以了。至于其他诸子百家，这些都不用执守。没有不著述发言的，而辞约意深才是为言的极致；没有不修德的，而德行幽远不显扬才是深厚的德行；没有不求道的，而圣人之道最为宏大。圣人之道，应该是中正之道了吧？此道无所不达。"

或曰："辞达而已矣①。""圣人以文，其隩也有五②：曰玄、曰妙、曰包、曰要、曰文。幽深谓之玄，理微谓之妙③，数博谓之包，辞约谓之要，章成谓之文④。圣人之文，成此五者，故曰不得已。"

【注释】

①辞达：文辞或言辞的表述明白畅达。

②隩：通"奥"，精奥，奥妙。

③微：精深，精妙。

④章：原指花纹、彩色（绚丽的颜色），这里指文采。

【译文】

有人说："文辞能明白畅达就可以了。"回应说："圣人作文，精奥的地方有五处：玄、妙、包、要、文。幽远深奥叫'玄'，道理精妙叫'妙'，内容广博叫'包'，言辞精约叫'要'，文采繁盛叫'文'。圣人的文辞，有这五点精奥之处，所以不能说文辞明白畅达就可以了。"

君子乐天知命，故不忧①；审物明辨，故不惑；定心致公，故不惧。若乃所忧惧则有之，忧己不能成天性也②，惧己惑之,忧不能免,天命无惑焉。

【注释】

①乐天知命,故不忧:语出《周易·系辞上》。

②天性:天命。

【译文】

君子乐顺天道而知晓天命,所以不会忧愁;审察事物而明辨事理,所以不会迷惑;内心安定努力奉公,所以不会惧怕。至于所忧愁惧怕的事是有的,忧愁自己不能尽通天命,惧怕自己不能明察明辨而会感到迷惑,这样的忧愁不能避免,但正因为有这样的忧愁所以对于天命也就不会感到迷惑了。

或问性命。曰:“生之谓性也①,形神是也;所以立生、终生者之谓之命也,吉凶是也。夫生我之制②,性命存焉尔。君子循其性,以辅其命。休斯承③,否斯守④。无务焉,无怨焉。好宠者乘天命以骄⑤,好恶者违天命以滥⑥。故骄则奉之不成,滥则守之不终。好以取怠⑦,恶以取甚⑧,务以取福,恶以成祸,斯惑矣。”

【注释】

①生之谓性:语见《孟子·告子上》。

②制:定制。这里指形体之制。

③休:美善,福吉。

④否:困厄,阻塞。

⑤宠:贵宠,荣耀。

⑥滥:这里指没有操守,胡作非为。

⑦好：疑当作"宠"。怠：通"殆"，危险。

⑧甚：这里指过分的行为，即上文所言的"滥"。

【译文】

有人问性和命的事。回答说："天生所禀受的叫'性'，如形体与精神；借以生存和死亡的叫'命'，如吉与凶。天生我则有形体，性与命都存在于其中。君子顺应其天赋禀性，来辅助尽得其命。吉善通达就承顺，凶恶困阻就自守。不刻意追求富贵，也不抱怨贫困。喜好荣耀的人承恃天命而骄纵，喜好为恶的人违背天命而胡作非为。然而骄纵那么终不能成就美善之命，胡作非为那么终不能守全己身。喜好荣宠而招致危险，作恶而至于胡作非为，一味追求富贵来求取福善，行恶滥为而造成祸患，这些都是糊涂昏乱的做法啊。"

或问天命人事①。曰："有三品焉。上下不移，其中则人事存焉尔。命相近也，事相远也，则吉凶殊矣。故曰：'穷理尽性，以至于命②。'"孟子称性善③，荀卿称性恶④，公孙子曰"性无善恶"⑤，扬雄曰"人之性，善恶浑"⑥，刘向曰"性情相应，性不独善，情不独恶"⑦。曰："问其理。"曰："性善则无四凶⑧，性恶则无三仁⑨。人无善恶，文王之教一也，则无周公、管、蔡⑩。性善情恶⑪，是桀、纣无性，而尧、舜无情也。性善恶皆浑，是上智怀惠而下愚挟善也⑫。理也未究矣。唯向言为然。"

【注释】

①人事：人的所作所为，人力所能及的事。

②穷理尽性，以至于命：语出《周易•说卦》。穷理，穷究事情的道理。尽性，洞彻人与物的本性。

③孟子称性善：《孟子·告子上》："水信无分于东西，无分于上下
乎？人性之善也，犹水之就下也。人无有不善，水无有不下。今
夫水搏而跃之，可使过颡，激而行之，可使在山，是岂水之性哉？
其势则然也。人之可使为不善，其性亦犹是也。""仁义礼智，非
由外铄我也，我固有之也，弗思耳矣。"《孟子·滕文公上》："孟
子道性善，言必称尧、舜。"

④荀卿称性恶：荀卿，即荀子，名况，战国赵人。世称"荀卿"，汉时
为避宣帝讳称之"孙卿"。曾在齐国游学稷下，三为祭酒。去齐至
楚，春申君任以兰陵令。晚年专事著述，终老兰陵。今传《荀子》
十二卷三十二篇。其事见于《史记·孟子荀卿列传》。《荀子·性
恶》："人之性恶，其善者伪也。今人之性，生而有好利焉，顺是，
故争夺生而辞让亡焉；生而有疾恶焉，顺是，故残贼生而忠信亡
焉；生而有耳目之欲，有好声色焉，顺是，故淫乱生而礼义文理亡
焉。然则从人之性，顺人之情，必出于争夺，合于犯分乱理而归于
暴。故必将有师法之化，礼义之道，然后出于辞让，合于文理，而
归于治。用此观之，然则人之性恶明矣，其善者伪也。"

⑤公孙子曰"性无善恶"：公孙子，即公孙尼子。《汉书·艺文志》言
其为孔子的再传弟子，有《公孙尼子》二十八篇，列儒家，然其书
不传。南朝梁沈约言《礼记》中的《乐记》为他所作。《论衡·本
性》篇中说公孙尼子与宓子贱、漆雕开等人认为人性有善有恶，而
非本文所谓的无善恶。而告子认为人性无善恶之分，《孟子·告
子下》："告子曰：'性，犹湍水也，决诸东方则东流，决诸西方则西
流。人性之无分于善不善也，犹水之无分于东西也。'"

⑥扬雄曰"人之性，善恶浑"：扬雄，字子云，蜀郡成都（今四川成都
郫都区）人。西汉时著名文学家、哲学家、语言学家。有《甘泉赋》
《长杨赋》《校猎赋》《反离骚》等辞赋名篇。曾仿《论语》和《易
经》作《法言》和《太玄》。另有研究语言学的《方言》等。扬雄《法

言·修身》:"人之性也,善恶混。修其善则为善人,修其恶则为恶人。气也者,所以适善恶之马也与?"

⑦刘向曰"性情相应,性不独善,情不独恶":刘向,字子政,沛县(今属江苏)人,西汉经学家、目录学家、文学家。著有《新序》《说苑》等。《论衡·本性》:"刘子政曰:'性,生然而然者也,在于身而不发;情,接于物而然者也,形出于外。形外则谓之阳,不发者则谓之阴。'"

⑧四凶:相传为尧、舜时代四个恶名昭彰的部族首领,即浑敦、穷奇、梼杌、饕餮,见《左传·文公十八年》。一说"四凶"为共工、骧兜、三苗、鲧,见《尚书·舜典》

⑨三仁:三位仁人,指殷末的微子、箕子、比干。《论语·微子》载孔子言:"殷有三仁焉。"

⑩周公、管、蔡:周公、管叔鲜与蔡叔度,三者都是周文王之子,周武王的同母弟。武王崩,成王幼,周公摄政,管、蔡二人流言于国,说周公将对成王不利,于是周公避居东都。后成王迎周公归,管、蔡惧,挟殷纣王之子武庚叛乱,成王命周公讨伐,诛杀武庚与管叔鲜,流放蔡叔度,平其叛乱。其事见于《尚书·金縢》及《史记·管蔡世家》。

⑪性善情恶:上文并无列举何人有"性善情恶"之说,疑似前文有脱。

⑫怀惠:依文义,"惠"当作"恶"。

【译文】

有人问天命和人事的关系。回答说:"天命有三等。上等和下等的是不会改变的,中等的就与人的所作所为有很深的关系了。天命相近,但人的所作所为相差很大,那么是吉还是凶就大不相同了。所以说:'穷究道理洞彻本性,以尽达天命。'"孟子说人性本善,荀子说人性本恶,公孙尼子说"人的本性无善无恶",扬雄说"人的本性中善恶相互浑融",刘向说"性和情是相应的,性不单独是善的,情也不单独是恶的"。有人问:"请问其中的道理。"回答说:"本性若善那么就不会有四凶了,本性若恶那么就不会有三位仁人了。人性如果无善无恶，周文王的教化是一样的，那么就不该有周公与管叔鲜、蔡叔度的不同了。如果性善而情恶，这样的话，夏桀与殷纣就无善的性，而尧与舜也无恶的情。如果性的善与恶相互浑融，这样的话有大智的人本性中也含有恶，而极为愚蠢的人本性中也含有善。以上几种说法都没能尽究人性的道理。只有刘向的说法是正确的。"

或曰："仁义，性也；好恶，情也。仁义常善，而好恶或有恶，故有情恶也。"曰："不然。好恶者，性之取舍也，实见于外，故谓之情尔，必本乎性矣。仁义者，善之诚者也，何嫌其常善^①？好恶者，善恶未有所分也^②，何怪其有恶？凡言神者，莫近于气^③。有气斯有形，有神斯有好恶喜怒之情矣。故人有情^④，由气之有形也。气有白黑^⑤，神有善恶，形与白黑偕^⑥，情与善恶偕。故气黑非形之咎，情恶非情之罪也^⑦。

【注释】

①嫌：怀疑。

②善恶未有所分也：这里指好恶中有时有恶，然有时也有善，善恶无有所区分。

③气：这里指精气，阴阳精灵之气。精气氤氲积聚而为万物。气聚而有形，有形则有神。

④人：疑当作"神"。

⑤白黑：这里是以"白黑"喻清浊、和乖、善恶等相反的性质。

⑥偕：相应，相合。

⑦情恶非情之罪也：疑当作"神恶非情之罪也"。

【译文】

有人说："仁与义，是本性中自有的；喜好与厌憎，是人情中自有的。

仁义总是善的，而喜好、厌憎有时会有恶，所以情是恶的。"回应说："不是这样的。喜好和厌憎是由于本性的选择，本性的内在实质显露在外，因此叫'情'，情一定本源于性。仁义是真实的善，为什么要怀疑它总是善的？喜好和厌憎，在善恶没有区分的情况下，又怎么会奇怪人情有恶的呢？凡是说到神智，没有比气与它联系更紧密的了。有气就能积聚成形，有神就有喜好、厌憎、喜悦、愤怒的情了。所以人有情，是因为聚气而有形。气有白黑，因而神有善恶，形的白黑与气的白黑相应相偕，情的善恶与神的善恶相应相偕。所以因为气黑而导致形不善，这不应该是形的过错，情有恶那么也不应该是情本身的罪过了。"

　　或曰："人之于利，见而好之。能以仁义为节者，是性割其情也①。性少情多，性不能割其情，则情独行为恶矣。"曰："不然。是善恶有多少也，非情也。有人于此，嗜酒嗜肉，肉胜则食焉，酒胜则饮焉。此二者相与争，胜者行矣，非情欲得酒，性欲得肉也。有人于此，好利好义，义胜则义取焉，利胜则利取焉。此二者相与争，胜者行矣，非情欲得利，性欲得义也。其可兼者，则兼取之；其不可兼者，则只取重焉②。若苟只好而已，虽可兼取矣③。若二好均平，无分轻重，则一俯一仰，乍进乍退④。"

【注释】

①割：断绝，舍弃。

②只：单，单独。

③若苟只好而已，虽可兼取矣：其下疑有脱文。依文义及上下文，这里是说如果单好两者中的一者，那么即使可以兼取，也只取一者。

④一俯一仰，乍进乍退：这里指左右为难，取舍犹豫的样子。乍，忽然。

【译文】

　　有人说:"人对于有利于自己的东西,看见了就会喜欢。能够用仁义来节制自己的人,这是用善性来割绝好利之情。性少而情多,性无法割绝这样的情,那么好利之情就会独断肆行而任情作恶了。"回应说:"不是这样的。是要看善恶有多少,而不是情的缘故。比如这里有个人,爱喝酒也爱吃肉,喜欢吃肉胜过喜欢喝酒,那么他就会吃肉,喜欢喝酒胜过喜欢吃肉,那么他就会喝酒。吃肉和喝酒这两个喜好相互矛盾,人会选择更喜欢的,并不是情想要喝酒,而性想要吃肉。比如这里又有个人,喜好利也喜好义,喜好义胜过喜好利那么会选择义,喜好利胜过喜好义那么会选择利。喜好利与喜好义二者相互矛盾,那么会选择更喜好的,并不是情想要得利,而性想要得义。如果两者可以兼得,那么就两者兼选;如果两者不可兼得,那么就单选自己更看重的。如果说单好两者中的一者,那么可以兼选。如果对于两者的喜好相等,没有所看轻和看重的,那么就会或低头或抬头,忽然进忽然退,取舍犹豫而左右为难。"

　　或曰:"请折于经①。"曰:"《易》称:'乾道变化,各正性命②。'是言万物各有性也。'观其所感,而天地万物之情可见矣③。'是言情者应感而动者也。昆虫草木,皆有性焉,不尽善也;天地圣人,皆称情焉,不主恶也。又曰'爻象以情言'④,亦如之。凡情、意、心、志者,皆性动之别名也。'情见乎辞'⑤,是称情也;'言不尽意'⑥,是称意也;'中心好之'⑦,是称心也;'以制其志'⑧,是称志也。惟所宜,各称其名而已,情何主恶之有? 故曰:'必也正名⑨。'"

【注释】

　　①折:判断,裁决。

②乾道变化,各正性命:语出《周易·乾卦》彖辞。乾道,天道,阳刚之道。

③观其所感,而天地万物之情可见矣:语出《周易·咸卦》彖辞。

④爻象以情言:语出《周易·系辞下》:"八卦以象告,爻象以情言。"爻象,指爻辞和象辞。"爻"是构成《周易》卦的基本符号,分阳爻、阴爻两种。每三爻合成一卦,可得八卦,称为"经卦"。两卦六爻相重则得六十四卦,称为"别卦"。卦的变化取决于爻的变化,所以爻含有交错和变动的意思。"象"即《周易》中的断卦之辞,是统论一卦之语。

⑤情见乎辞:语出《周易·系辞下》:"圣人之情见乎辞。"见,同"现"。

⑥言不尽意:语出《周易·系辞上》:"书不尽言,言不尽意。"

⑦中心好之:《诗经·小雅·彤弓》:"我有嘉宾,中心好之"。《诗经·唐风·有杕之杜》:"中心好之,曷饮食之?"

⑧以制其志:疑当作"以制六志"。《左传·昭公二十五年》:"民有好、恶、喜、怒、哀、乐,生于六气,是故审则宜类,以制六志。"

⑨必也正名:语出《论语·子路》:"子曰:'必也正名乎。'"指辨正名称,使名称和实质相对应。

【译文】

有人说:"请用经典中的话来断定你有关性情的说法。"回应说:"《周易》说:'天道运行变化,万物各能正定性命。'这是说万物各有其本性。'观物而有所感应,天地万物之情都能从中得见。'这是说情是感应于物而生发出来的。昆虫草木都有各自的本性,所以本性不全是善的;天地圣人,都有其情,所以情不专是恶的。又说'爻辞和象辞是根据具体事物之情而言说的',说的也是这个意思。凡是说到情、意、心、志四者,都是性在感物而动之后的别称。'情从言辞中显现流露',这是称为情的;'言语不能完尽地表达思想意思',这是称为意的;'心中喜爱',这是称为心的;'来节制其志',这是称为志的。称情、意、心、志等只是因为各随所宜,各称其名罢了,情有什么专为恶的呢? 所以说:'一定要辨正名称而使名与实相符。'"

或曰:"善恶皆性也,则法教何施?"曰:"性虽善,待教而成;性虽恶,待法而消。唯上智下愚不移①,其次善恶交争。于是教扶其善②,法抑其恶。得施之九品③,从教者半,畏刑者四分之三,其不移大数九分之一也④,一分之中,又有微移者矣。然则法教之于化民也,几尽之矣。及法教之失也,其为乱亦如之。"

【注释】

①唯上智下愚不移:语本《论语·阳货》。

②扶:扶持,帮助。

③九品:《汉书·古今人表》将古今人物列等分品,从"上上圣人"至"下下愚人"共九等。品,等级,等第。

④大数:大计,大略。

【译文】

有人问:"既然善恶都是本性,那么为什么还要实施法制和教化呢?"回答说:"本性即便是善的,也有待于教化而成就;本性即便是恶的,也有待于法制而消除。只有最上等的智者和最下等的愚人不会改变,其余的人本性中善恶互相斗争。于是用教化来扶持他的善,用法制来抑制他的恶。对九等人施用教化法制,能接受教化的约有一半,惧怕刑法的有四分之三,不会改变的大略只有九分之一,在这九分之一的人中,又有些人稍微有所改变。这样说来,法制和教化对于引导教化民众来说,几乎把他们全都包括在内了。而到了法制和教化失当的时候,其所造成的混乱也是这样。"

　　或曰："法教得则治，法教失则乱，若无得无失①，纵民之情，则治乱其中乎？"曰："凡阳性升，阴性降，升难而降易。善，阳也；恶，阴也。故善难而恶易。纵民之情，使自由之，则降于下者多矣。"曰："中焉在？"曰："法教不纯，有得有失，则治乱其中矣。纯德无慝②，其上善也；伏而不动，其次也；动而不行，行而不远，远而能复，又其次也；其下者，远而不近也。凡此皆人性也，制之者则心也。动而抑之，行而止之，与上同性也；行而弗止，远而弗近，与下同终也。"

【注释】

①无得无失：这里指不施法教。

②慝（tè）：邪恶。

【译文】

　　有人问："法制和教化得当那么天下就会安定，法制与教化失当那么国家就会混乱，如果不施法教，放纵百姓任情而行，那么就会处在安定和混乱的中间吗？"回答说："大凡阳性会上升，阴性会下降，上升困难而下降容易。善是阳性的，恶是阴性的。所以行善困难而作恶容易。放纵百姓任情行事，让他们各自随由其性情，那么下降为恶的人就会越来越多了。"又问："那么处于治与乱中间的情况又在哪里呢？"回答说："法制和教化不纯正，有得当的地方也有失当的地方，那么就会处在安定与混乱的中间了。德行纯正无邪，这是最好的；恶隐伏而不萌动，这是次一等的；邪恶有所萌动而不显露于外，显露于外而不深远，深远而能回归改正，这是再次等的；最下等是恶行深远而不回向正道的。这些都是人的本性，能对其加以控制的就是自己的心了。恶有所萌动就抑制它，有所显露就制止它，这样与上等的本性是相同的；有所显露而不加制止，行恶深远而不加归正，这样就会与下等本性的结果相同了。"

君子嘉仁而不责惠①，尊礼而不责意，贵德而不责怨。其责也先己，而行也先人。淫惠、曲意、私怨，此三者实枉贞道②，乱大德。然成败得失，莫匪由之。救病不给③，其竟奚暇于道德哉④？此之谓末俗。故君子有常交，曰义也；有常誓，曰信也。交而后亲，誓而后故，狭矣。太上不异古今，其次不异海内，同天下之志者，其盛德乎？大人之志不可见也⑤，浩然而同于道⑥；众人之志不可掩也，察然而流于俗⑦。同于道，故不与俗浮沉。

【注释】

①嘉：乐，喜欢。责：要求，责求。

②枉：违背，歪曲。贞道：正道。

③不给：不暇，来不及。

④奚暇：何暇，哪有空闲。奚，何，哪里。

⑤大人：这里指德行高尚、志趣高远的人。

⑥浩然：广大壮阔的样子。

⑦察然：明显的样子。

【译文】

君子乐施恩惠而不责求人滥施恩惠，尊奉礼仪而不责求人曲意逢迎，推重德行而不责求人毫无私怨。君子首先责求于自身，行事在他人之前。滥施恩惠、曲意逢迎、私人怨恨，这三者确实是违背正道，坏乱高尚德行的事。而成败得失，又无不由此而致。救治这些弊病都来不及，又怎么会有时间来修养道德呢？这就是低下的习气。所以君子与人有长久的交谊叫"义"，有恒守的诺言叫"信"。先与人交往而后才亲近，先盟立誓言而后才熟悉，这是十分狭隘的。最上等的是不分古今，其次的是不别地域，能将自己的志向同于天下人的志向，这不是崇高的德行吗？

德行高尚之人的志向是难以看到的,因为他的志向广阔远大已经与大道相和;一般人的志向无法掩藏,因为已经明显地流顺于世俗。志向与道相和,所以不会随俗世而浮沉。

或曰:"修行者,不为人耻诸神明①,其至也乎②?"曰:"未也。自耻者,本也;耻诸神明,其次也;耻诸人,外矣。夫唯外,则慝积于内矣。故君子审乎自耻③。"

【注释】

①耻:羞愧。诸:之于。

②至:极,最。

③审:察知,明晓。

【译文】

有人问:"修养德行的人,为人无愧于神明,这是修德的最高境界了吗?"回答说:"还不是。自己内心知道羞愧,这才是根本;知道有愧于神明,这是其次;知道有愧于他人,这只停留在外在表面。只知道外在表面的羞愧,那么恶念就会积聚在心中。所以君子自己的内心能知道羞愧。"

或曰:"耻者,其志者乎?"曰:"未也。夫志者,自然由人,何耻之有?赴谷必坠,失水必溺,人见之也;赴阱必陷,失道必沉,人不见之也。不察之,故君子慎乎所不察。不闻大论,则志不弘;不听至言,则心不固。思唐、虞于上世①,瞻仲尼于中古,而知夫小道者之足羞也;想伯夷于首阳②,省四皓于商山③,而知夫秽志者之足耻也;存张骞于西极④,念苏武于朔垂⑤,而知怀闾室者之足鄙也⑥。推斯类也,无所不至矣。德比于上,欲比于下。德比于上,故知耻;欲比于下,故知足。耻而知之，则圣贤其可几；知足而已，则固陋其可安也⑦。圣贤斯几，况其为慝乎？固陋斯安，况其为侈乎⑧？是谓有检⑨。纯乎纯哉，其上也。其次得概而已矣。莫匪概也⑩，得其概，苟无邪，斯可矣。君子四省其身，怒不乱德，喜不□义也⑪。"

【注释】

①唐、虞：指尧、舜。上世：远古时代。

②伯夷于首阳：周武王灭商后，伯夷、叔齐耻食周粟，采薇而食，饿死于首阳山。见前注。

③四皓：即商山四公。见前注。

④存张骞于西极：张骞，字子文，汉中成固（今陕西城固）人。丝绸之路的开拓者。奉汉武帝之命，先后两次出使西域。第一次出使大月氏，相约共同夹击匈奴。从建元二年（前139）出发到元朔三年（前126）归国，历经大宛、康居、大月氏、大夏等地，途中被匈奴扣留十一年，出发时有一百多人，回来时仅有二人。元狩四年（前119）又奉命出使乌孙，并派副使至大宛、康居、大夏、安息等地。加强了中原和西域少数民族的联系，发展了汉朝与中亚各地的交往。事见《史记·大宛列传》《汉书·张骞李广利传》等。存，思念，怀念。西极，西方极远之地。

⑤苏武：见前注。朔垂：指北方边远的地区。

⑥闾室：乡里家室。闾，原指里巷的大门，后代指里巷、屋室。鄙：轻视。

⑦固陋：困厄简陋。

⑧侈：过分，奢侈，放纵。

⑨检：约束，限制。

⑩莫匪：同"莫非"。匪，同"非"。

⑪"君子四省其身"三句：四省，或指再三反省后继续反省。"喜不
□义"，"□"处各本皆缺字。孙启治《申鉴注校补》言《四库全书》
中辑自《永乐大典》的《傅子·仁论》篇引《申鉴》此节之语，此
三句作"君子内省其身，怒不乱德，善不乱义也"，"内省"较之"四
省"则更为常见，文义亦通，兹备一说。

【译文】

有人问："知道羞愧的人就是有志向的人吗？"回答说："还不一定。
志向是由人自然而然生出的，怎么会感到羞愧呢？奔向山谷一定会坠
落，跌入水中一定会沉溺，这是人们都看得见的；踩到陷阱一定会沉陷，
失掉道义一定会沉沦，这是人们所看不见的。正是看不见而难以察觉这
些，所以君子谨慎地对待难以察觉的事。不听正大的理论，那么志向就
不会宏远广大；不听高明的言论，那么心意就不会坚固安定。怀思远古
时代的唐尧和虞舜，仰观中古时代的孔子，才知道只了解一点微末的道
理是足以令人感到羞愧的；想到首阳山上采薇的伯夷，念及隐居于商山
的四公，才知道志操卑下是足以令人感到羞耻的；思及张骞出使到西方
极远之地，想起苏武身陷北方边远之地，才知道仅仅心存家室是足以令
人感到鄙薄的。以此类推，那么没有什么不能达到很高的境界。将德行
与品德高尚的人相比较，将欲望与不如自己的人相比较。德行与品德高
尚的人比较，因而能知道羞愧；欲望与不如自己的人比较，因而能懂得
满足。羞愧而认识到自己的不足，那么圣贤的境界也有望达到；懂得知
足而止，那么处于困厄简陋也能身心安乐。圣贤的境界都有望到达，何
况是消除邪念恶事呢？困厄简陋都能安乐处之，又何况是对待放纵奢侈
呢？这就是能够检点约束己身。德行纯之又纯，这是最上等的。其次一
等的是得其大要就可以了。所追求的无外于大要，得到大要，如果没有
邪念，这样就可以了。君子要反复省察己身，愤怒时不坏乱德行，喜悦时
不……道义。"

中　论

前言

　　徐幹，字伟长，北海剧（今山东寿光东南）人。"建安七子"之一。徐幹传附见《三国志·魏书·王粲传》。《传》称徐幹生于灵帝建宁四年（171），卒于建安二十二年（217）。关于徐幹的卒年有一点质疑，据无名氏《序》云："年四十八，建安二十三年春二月，遭厉疾，大命殒颓。"与史互异。原《序》前言："未至弱冠，言则成章，操翰成文，此灵帝末年也。"据此，汉灵帝末年，为中平六年（189），徐幹年十九岁。徐幹生于灵帝建宁四年（171），至献帝建安二十三年（218），年四十八，前后相符。而据宋陈振孙考证，原序为徐幹同时人作，此说较为真实可信，亦可订陈寿之误。

　　关于《中论》的卷帙。《隋书·经籍志三》、新旧《唐书·经籍志》《意林》及《崇文总目》，皆称六卷。今本二卷，凡二十篇，与宋晁公武《郡斋读书志》、宋陈振孙《直斋书录解题》著录本合，由此可知为自宋以来相传本子，并前有宋曾巩《序》。晁、陈并谓，据《贞观政要》，唐太宗曾见徐幹《中论》的《复三年丧》篇，然而宋时馆阁本已阙。又《三国志·魏书》文帝称徐幹著《中论》二十余篇，则知二十篇并非全书。晁公武又说，"今此本亦止二十篇，中分为上、下两卷，按《崇文总目》六卷，不知何人合之。李献民云：'别本有《复三年》《制役》二篇。'乃知子固时尚未亡，特不见之尔。"由此可知《中论》在北宋时，虽已残缺，而尚有全书，至南宋时已经不可考了。到了清代，当时通行的明程荣的《汉魏丛书》本，可以说其脱漏、讹误几不可读。直至咸丰年间钱培名根据《群书治要》《意林》及唐宋人类书加以整理校勘，并将《复三年丧》《制役》二篇作为逸文附于卷末，这样，基本上恢复了全貌，虽中间不无删节，但首尾完具，基本上可算是一个较好的本子。本书所依据的本子，即为清钱培名的校补本。在此基础上，又据清俞樾《中论札记》再加以校勘订正。

关于《中论》一书的思想。徐幹生于东汉末年，"汉自桓、灵以后，奸雄浊乱海内，俗儒骛于曲说，党权营利，求其究观道妙而不污于世者，盖寡矣。伟长独能恬淡体道，不耽荣禄，逡巡浊世，而去就显晦之节皭然不污"（明杜思《刻徐幹〈中论〉序》）。两汉经学的崩颓、衰乱的现实，在社会变动时代，常使人们困惑，国家该如何选择出路，为君者如何治民，为臣者如何事君，为民者如何与变动社会相适应，又不妨碍个体的社会生存，等等，作为一个有社会责任感的学者，所有这一切都使他焦灼与深思，因此他回到先秦哲学中去寻找答案。徐幹的思想主要继承孔、孟、荀先秦儒家思想，特别是荀子思想。对于荀学，虽两汉儒者之学大多肇源于它，但往往"因其短而没其长，袭其文而讳其名"（徐仁甫《读〈中论〉札迻》），而徐幹则能舍短取长，"有所法而后能入，入而能出者"（同上），并扬其精华，"上求圣人之中，下救流俗之颇"（同上）。

徐幹对于古文化有一种自觉地继承意识。这个继承还不仅仅是从先秦文化典籍中去发掘，也不仅仅是对孔子、孟子、荀子学说的引经据典或照搬理论，更重要的是对先哲、圣贤、历史人物的言行进行研究和提升，从中发掘出有价值的具有实践指导意义的思想，而后者对于一个思想家思想的形成更具有理论上的意义。这个理论意义可以从徐幹的"中论"思想中看出。徐幹提出的"中道"观并不是他个人的创见，而是他继承孔、孟、荀思想的核心精华又加以生发的东西，并以此用于指导实践，下救流俗，纠正时弊。

在徐幹《中论》之前，还有一部《中庸》也是论孔、孟"中"的思想。据说《中庸》是孔子的孙子子思撰成的，但在两汉经生中并不占有重要地位。也就是说,孔子"尚中"的思想在两汉并没有引起重视,而且《中庸》"本以阐天人之奥"(《四库全书总目·中庸辑略》)为指归,着重述性、天命、天道,而这些在孔子学说中是"罕言"的。真正对《中庸》思想的发掘和研究是在唐、宋以后,尤其是宋代才为人所重视。所以,可以说徐幹的《中论》成书虽然在《中庸》之后,但在汉魏之际却盛行一时,它是从实践理性的角度阐发和运用了孔、孟、荀"中庸"思想,与《中庸》并行不悖,有互为补充、相互生发的作用。如果说《中庸》一书是思孟学派对儒家形而上之"本体"哲学的发挥和继承做出的重要贡献,那么《中论》一书则是在实践理性和方法论上继承孔、孟、荀学说的精髓并有所拓展,而后者与孔子"中庸"思想之本意更有着直接的联系。《中论》一书涉及面较广,政治、道德、礼制、天文、历史、周易、艺术、人际关系等无所不包,但"中"的思想可以说是"一以贯之"的。

一　关于"中"

1."中"的原始意义

在论述徐幹的《中论》思想之前,有必要对"中"的思想发展渊源做一系统的清理。我们首先来考察一下"中"的原始意义。"中"作为一个哲学范畴和道德范畴,最早出现在商代遗文中。《尚书·盘庚》:"各设中于乃心。"《大禹谟》:"允执厥中。"其"中"俱表"正"之义。《吕刑》:"民之乱,罔不中听狱之两辞。"即公正地听取对立双方的申述。清段玉裁《说文解字注》:"中,别于外之辞也,别于偏之辞也,亦合宜之辞也。"由此可知,"中"即正确合理之谓。除《盘庚》《大禹谟》之外,《尚书》的《立政》等篇也多处提到"中"或"中正""中德"等,"中"的意思基本上都指正确合理。这表明古代先民早就有了尚"中"的观念。

2.孔子的"中庸"思想

既然"中"是正确合理的意思,尚"中"思想就是对正确合理公正的崇尚和追求,那么这个"中"自然会与仁、义、德、礼、智这些道德观念联系起来。所以,"尚中崇德"思想最早是由孔子提出来的:"中庸之为德也,其至矣乎!民鲜久矣!"(《论语·雍也》)这句话历来被看作孔子对"中庸"的理解,"中庸"是一种"美德",它是至高无上的,世人缺少它已经很久了。"中庸"一词在孔子那里虽仅一处提到,却是中庸之道最基本的内容,具有统领诸德的作用。

"仁"与"礼",它们也是孔子学说中至关重要的组成部分。在孔子看来,"仁""礼"虽为核心或居主位,但也必须贯以"中庸"的原则才能合于道。"好仁不好学,其蔽也愚"(《论语·阳货》),意谓只守"仁"之一端而不好学问,就无法明其事理。又如:"礼,与其奢也,宁俭。"(《论语·八佾》)"麻冕,礼也;今也纯,俭。吾从众。"(《论语·子罕》)由此可见,对于礼,孔子也提倡加以"损益",麻冕代之以丝帽,奢侈易之以节俭,虽与旧礼有异,然而更合时宜,故从众而改。可见孔子在许多方面都要求原则性与灵活性的统一,要求做得适度,就符合"中庸"原则。

孔子把"中庸"作为最基本的方法和原则,以反对"过"与"不及"。《论语·先进》:"子贡问:'师与商也孰贤?'子曰:'师也过,商也不及。'曰:'然则师愈与?'子曰:'过犹不及。'"孔子的弟子师往往把事做过了头,而商做事往往到不了火候,孔子认为这两种类型的表现形式虽然相反,但都不能恰到好处,即都不合乎"中庸"原则。因为要做成任何事物,只要达到成其为这一事物的"度"(即质)就行了,"不及"则达不到成其为这一事物的"度";"过"则超过了成其为这一事物的"度",因此他反对"过",也反对"不及"。他在《子路》篇中也说道:"不得中行而与之,必也狂狷乎!狂者进取,狷者有所不为也。"孔子认为,人的思想和行动冒进或保守都不好,与之同流合污也不符合"中庸"原则。因此,必须在"过"与"不及"之间寻求一个正确合理之点,以做到恰如其分。这种处理矛盾的方法包含着先儒对事物矛盾的特殊认识,显然是有合理辩证因素的。因为真理之所以为真理,就在于它符合实际,恰到好处。向前多走一步或退后一步,真理就变成了谬误。

从这个原则出发，所以孔子在政治上主张"君子惠而不费，劳而不怨，欲而不贪，泰而不骄，威而不猛"（《论语·尧曰》）；在处世上要求"邦有道，则仕；邦无道，则可卷而怀之"（《论语·卫灵公》）；对于人际争端，孔子提出"君子和而不同，小人同而不和"（《论语·子路》）；在审美上，他赞扬"乐而不淫，哀而不伤""尽善尽美"（《论语·八佾》）；在教育方法上，他采取"求也退，故进之；由也兼人，故退之"（《论语·先进》）。这样，从个人修养到治国安邦，乃至稳定社会秩序，都离不开"中庸"这一具有普遍意义的方法。由此，我们可以看出，在孔子的学说中，"中庸"的哲学基本精神事实上被提升到了世界观和方法论的高度，它贯穿了孔子学说的几乎所有方面，成了孔子认识、处理事物的方法和准绳。

3.孟子的"中庸"思想

孟子对孔子"中庸"思想有了进一步的发挥。首先，他把孔子以礼乐致"中和"的思想发展为以"义"致"宜"。"义"除了有正义之德和圣人之道的意义外，还有"宜"的含义。"义者，宜也"（《中庸》），"义"就是合宜适中，正确合理。

其次，孟子并不主张墨守礼仪，而是根据具体情况灵活变通，把握礼仪精神。这就使他在分析王霸、义利、善恶、治乱、进退、贤愚等矛盾时，坚持"执中"，这是对孔子和《中庸》"执中"观点的继承。不仅如此，孟子还把礼仪中某些固定不变和《中庸》不允许动摇和改变的"固执"发展为权变，从而提出"执中无权，犹执一也"（《孟子·尽心上》）的重要命题。主张"执中"的同时，也要懂得权变，因为绝对的"中"只是中央之点或某一固定之点，却未必是正确合理之点，在孟子看来，必须依据不同的情况有所变化，亦即"执中"有"权"，才能恰到好处地坚守圣人之道。比如，齐人淳于髡问孟子，男女授受不亲，这是礼制；但是若嫂子掉进池塘里，能用手去拉她吗？孟子毫不犹豫地回答，嫂子掉进水里而不去救她，这简直是豺狼。男女授受不亲固然是礼制，援手救嫂这是变通的办法（《孟子·离娄上》）。在孟子看来，礼制是可以变通的，当它与"仁"相违时，就可以和应该冲破它。可见,孟子在礼仪上"权变"的主张较之孔子对于礼仪的"固执",显然有较大的灵活性、合理性和务实性。

再次,强调"时中"。孔、孟皆认为"中"的正确合理原则是处理矛盾的普遍标准,但由于"中"具有概括性和抽象性,所以在具体情况下还必须有具体标准。他们提出了一系列具体标准,如仁、义、礼、智、信、善、贤、直等等,各有其不同的应用范围,并非一成不变,而是必须灵活变通,这就是所谓"权"。孔子首先提出"可与立,未可与权"(《论语·子罕》),意思是可以与之以礼而行,未必可以与之通权达变,可见"权"有多么重要。《论语·微子》篇说:"虞仲、夷逸,隐居放言,身中清,废中权。我则异于是,无可无不可。"孔子认为虞仲、夷逸逃世隐居,放言直行,只是行为廉洁而已,却不知通权达变,故不合时宜。只有"无可无不可",视不同情况采取不同的"中庸"标准,方能适其可。但是孔子在遵守礼仪方面比较谨小慎微,一丝不苟,因此"权变"思想在他那里不够明确和突出。《中庸》据此进一步提出"时中"观念:"君子之中庸也,君子而时中。""时中",即随时而处中之义。孟子称孔子为"圣之时者"(《孟子·万章下》),认为"可以仕则仕,可以止则止,可以久则久,可以速则速,孔子也"(《孟子·公孙丑上》)。荀子也主张"与时屈伸"(《荀子·不苟》)。总体来看,儒家"中庸"观念中的"时中"精神,既强调"中"因"时"变,又强调因"时"用"中",因此"中"的灵活性和多变性不是随心所欲,而是以矛盾的复杂性、运动性为基础的,显然具有历史辩证因素。

需要说明的是,孔、孟"中庸"之道,并非如某些人所理解的"和稀泥"、无原则的折中调和,这可能是一种误解。孔子称:"乡原,德之贼也。"(《论语·阳货》)所谓"乡原",《孟子·尽心下》有一段精彩的解释:"非之无举也,刺之无刺也。同乎流俗,合乎污世,居之似忠信,行之似廉洁。众皆悦之,自以为是,而不可与入尧、舜之道。故曰'德之贼'也。"这就是说"乡原"只是地方上不讲原则是非,伪善欺世的和事佬,此类人最主张折中调和,孔子骂他们是"德之贼",孟子指责他们"同乎流俗,合乎污世"，可见"乡原"是最不讲原则性是非的，而孔、孟的"中庸"与之不同，处理事务必须遵守"过犹不及"原则。这正是"中庸"之道与折中主义相区别的根本点。

4.荀子的"中道"观 [①]

和孔、孟思想的演进过程一样，从"隆礼"到"本仁"，由"本仁"而"立中"，达到先秦儒家"中"论的高峰，所以荀子的"立中制节"（《荀子·礼论》）是其思想的核心。他所立之"中"，实际上包括"仁之中""礼之中"和"礼乐之中"。对于仁，他说："言而非仁之中也，则其言不若其默也，其辨不若其呐也；言而仁之中也，好言者上矣，不好言者下也。"（《荀子·非相》）对于礼，他则主张"文理、情用相为内外表里，并行而集，是礼之中流也"（《荀子·礼论》）。对于礼乐关系，他则认为"乐合同，礼别异，礼乐之统，管乎人心矣"（《荀子·乐论》），即礼和乐是分与合的对立统一。"故乐行而志清，礼修而行成"，礼乐统一，则"天下皆宁，美善相乐"（同上）。由此可以看出，他的"立中"，强调的是"制节"，并要求"中"要落实于"当"。在《不苟》篇中他说："君子行不贵苟难，说不贵苟察，名不贵苟传，唯其当之为贵。"所谓"当"与"不当"，其标准是合与不合"礼义之中"，符不符合实际需求，因此他要求君子应"言必当理，事必当务"（《荀子·儒效》），此谓之"当"。在"立中"这个问题上，孟子主张的是"中权"，即执中而权变，而荀子主张"中当"，重"辨合符验"（《荀子·性恶》），更向实践迈进了一步，这一思想尤其对徐幹影响极大。再者，他把"中和察断"作为治国听政的重要环节。他说："恭敬以先之，政之始也；然后中和察断以辅之，政之隆也；然后进退诛赏之，政之终也。"（《荀子·致士》）所谓"中和察断"，就是听政要防止"过"和"不及"，"中和者，听之绳也"（《荀子·王制》），要中和，就得统治统类，此谓之"察类"。其他方面，他

---

① 《荀子》一书，仅一处提到"中庸"，其"中庸"含义也只是"平庸"的意思。但从《荀子》思想来看，仍然与孔、孟主张"中庸"之道一脉相承。故此处不用"中庸"，而冠以"中道"。

以中正反邪僻，以中庸反倾侧，以中和反争乱，以中事反奸事，以中说反佞言（杨太辛《荀子的人文精神及其影响》）等等，可以说都是对孔、孟"中庸"思想的拓展。

二　徐幹的"中论"思想

在对孔子学说的继承过程中，如果说孟学的精华在于行仁义，尽心尽行；荀学精髓则在于统礼义，尽伦尽制。孟子尽道德，荀子尽道术，孟、荀相辅相成，构成了儒学内部的"仁""礼"互动的矛盾运动。在这个矛盾运动中，我们看到儒家"中"论的实质，它是一种以正确合理为内在精神的普遍和谐观，具有辩证因素和方法论意义，同时又具有丰富的社会政治内涵和伦理道德内涵。那么徐幹《中论》又是如何来继承这一份思想遗产，如何来阐述和运用这一具有道德与智慧的思想方法呢？考察《中论》一书，不难发现《中论》全书呈现出这样一条逻辑思路："中"是一种正确合理的原则和处理矛盾的方法，但它比较抽象概括和不易把握，人们在具体运用"中"时就会无所适从，所以在不同情况下应该有一定的准则。那么什么样的准则才是体现正道的呢？那就是"礼"。既然"礼"是"中"的体现，要论析儒家的"德"也只能从"礼"中去寻求答案，而儒家的"德"又往往与"智"联系在一起。反过来，从《中论》大量篇幅论"礼"、论"德"、论"艺"、论"智"、论"君臣"等等之中，也就明白了其中蕴含的"中论"道理。这就是说，"中"作为一种哲学观和方法论，"一以贯之"于全书。明乎此，也明白徐幹虽冠以《中论》书名，而全书仅在《核辩第八》中一处提到"中"："君子之辩也，欲以明大道之中也。"然而，正是这一句话，它是我们解开《中论》的一把钥匙。

1. 礼与中道

关于"礼"和"中"的关系，徐幹引《左传·成公十三年》中一段精要的论述：

刘子曰："吾闻之，民受天地之中以生，所谓命也。是以有动作礼义威仪之则，以定命也。能者养之以福，不能者败以取祸。是故君子勤礼，小人尽力。"

"民受天地之中以生，所谓命也。"从这句话来看，他认为"中"是一个哲学概念，似在指一种神圣的不可违抗的规律、法则或真理。其实，从某种角度来说，《周易》中的"一阴一阳之谓道"正表述着"中道"：《易》的卦形由"—""--"两个基本符号组合推衍而成。"—"表示阳，"--"表示阴，也就是说，《易》将自然界和人类社会中一切对立事物抽象成这一对阴阳，喻示天地、君臣、男女、夫妻、寒暑、上下，等等。"天地之间无往而非阴阳：一动一静，一语一默皆是阴阳之理。"(《朱子语类•易一》)而卦象的推衍变化就象征着天地间一切事物矛盾的运动，运动的结果是矛盾的互相转化。因此要想"无咎"则必须"惧以始终"，否则，即使完美于"既济"，也会"初吉终乱"。将这种辩证思想推而至极，便自然而然地产生了贯穿其中的"中道"思想。因为事物的发展和状态一旦突破中间态，最后必然要向两极发展，并走向自身的反面。所以为了保持事物的稳定，就必须节制，居中位当，中庸得道。可见"中"之道的理念深深根植于对立统一辩证哲学基础上。所以"一阴一阳之谓道"，宣示了世界对立统一矛盾运动的本质，而"中道"不仅是这一天地正道的体现，而且还具有方法论的意义。民"受天地之中以生"即得"中道"而降生，这是天命。那么怎样在社会实践中按天命去体现"中"呢？于是有了"动作礼义威仪之则"，这个"则"就是"礼"。所以"礼是中的化身"(庞朴《儒家辩证法研究》)，"奉礼"，就是"奉中"。荀子也说："先王之道，人之隆也，比中而行之。曷谓中？曰：礼义是也。"(《荀子•儒效》)徐干最宗荀子，自然把"礼义"提到极重要的地位上来，因为在他的心目中，儒家的"中"，就是"礼义"。所以，"礼"是徐干思想的出发点，"德"是其本源处，"中"是其原则和方法论，"大道之中"，即"礼义之中"，是徐干思想的核心。

2. 礼仪与"六艺体道"

礼，最初的本义是指宗教祭祀的仪礼："礼，履也，所以祀神致福也。"

（《说文解字》）意指在祭祀中人们行为所要遵循的依据。徐幹在《艺纪第七》中谈到礼仪与礼义的关系：

> 孔子称安上治民，莫善于礼；移风易俗，莫善于乐。存乎"六艺"者，其末节也。谓夫陈笾豆，置尊俎，执羽籥，击钟磬，升降趋翔，屈伸俯仰之数也，非礼乐之本也。

六艺，历来是儒家所倡导的礼乐教育科目，然而徐幹认为"六艺"应该有"本末道事"之分，它并不是简单地指某些具体的专业和技艺技能，也不仅指某种文化和典章制度，而是代表了一整体的礼乐文化修养。他说先王之贱艺，只是贱"有司"，即是说，先王不是不重视"艺"，只是看不起那些把"艺"作为仪式或具体事务来操作的神职人员。"六艺"作为一种主体修养方式，它的礼乐文化价值功能在于，它既是"仁"（道德）的丰富外在形式，又是达到"至德"的重要手段和途径。所以，他认为真正习"艺"的人，他的仁义德性自然会随"艺"而有所体现："艺者，心之使也，仁之声也，义之象也。"（同上）所以，接受"六艺"教育的真正目的应该是人修身养性，成就道德的事业："故礼以考敬，乐以敦爱，射以平志，御以和心，书以缀事，数以理烦。"（同上）这样，经过一段时期的潜移默化，君子造艺"以事成德"，"盛德之士""既修其质，且加其文，文质著然后体全"（同上），通过礼乐文化的全面调节，通过主体自身修养和内化整合，就会升华到更高的精神境界。一个人成就了道德，用礼乐文化陶铸了为政的品格，这样"德""艺"并重，也就能处理好群己关系、物己关系乃至国家政治关系，这就是"艺之大体"，艺的本质功能。

"善为礼者不相"（《荀子·大略》）。师宗荀子的徐幹，继承荀子思想，把礼乐文化价值的功用提到"成德"与"为政"的高度，更加强调"六艺体道"的本质功能。他说，如果只把"六艺"看作是一种技能，这只是一种"末"与"事"，而不是"本"与"道"。这正好表明了徐幹在礼乐文化上的"中道"观：那就是要使"六艺"从"技"上升到"艺"，从"事"（指一般事务）上升到"道"，在"本末道事"上处理好"六艺"的关系，便得其"中道"。这个认识是颇具时代意义的,徐幹继荀子之后,彻底突破儒生以"相礼"为职业的旧传统。儒生,原是相礼的术士之称。在这点上,即使是以培养"君子儒"为目标的孔子,也没有完全摆脱相礼教育的传统。"兴于诗,立于礼,成于乐"(《论语·泰伯》),这既是一般的典礼实施过程,也是相礼教学的过程。孔门弟子公西华,他的志愿也不过是"宗庙之事,如会同,端章甫,愿为小相焉"(《论语·先进》)。这个过程,只有到了荀子,才具有人文化的色彩。突破相礼的传统,是礼从礼仪向礼义深入发展的前提,也是"小人儒"向"君子儒"转化的必要条件。在徐幹这里,这个过程又发生一次本质性的转变,即"六艺"——礼乐文化由作用于修身到进一步作用于治国,由"末""事"向"本""道"演进。

3. 礼是言行和道德规范的最高准则

这个最高准则也是孔子提出来的:礼,是"至德",是与"仁"对应的道德规范:"人而不仁,如礼何? 人而不仁,如乐何?"(《论语·八佾》)礼,是做人的根据:"不学礼,无以立。"(《论语·季氏》)可以看出,孔子讲礼,重点在人,即是最先从"我"为人处世的准则出发,由内向外扩充。所以,孔子认为,"礼"是人立足于社会的根本。一个人要立足于社会,必须"立于礼",首先要求学礼、知礼。这样,人一切言行就需要礼来规范:"非礼勿视,非礼勿听,非礼勿言,非礼勿动。"(《论语·颜渊》)即使你已经具有了恭、慎、勇、直这些美德,仍然需要礼来规范:"恭而无礼则劳,慎而无礼则葸,勇而无礼则乱,直而无礼则绞。"(《论语·泰伯》)

孟子的礼是在孔子"仁者爱人"基础之上,进一步把"礼"归纳为"礼者敬人"。他说:"仁者爱人,有礼者敬人。爱人者,人常爱之;敬人者,人常敬之。"(《孟子·离娄下》)由此推出恭敬之心和辞让之心:"辞让之心,礼之端也。"(《孟子·公孙丑上》)"恭敬之心,礼也。"(《孟子·告子上》)不管辞让也好,恭敬也好,它们都表达一个思想:礼,是以"敬"为本。这个"敬"就是对人格的尊重,敬让之心的背后就是对他人人格的承认和对人我关系的理性认识。

徐幹在这点上对孔、孟思想有着深刻的理解和认识。所以,他更加明白无误地强调说:"夫礼也者,人之急也,可终身蹈,而不可须臾离忘也。"(《中论·法象第二》)"人之急",指人赖以生存的条件,如衣食温饱之类,为人之大急,而徐幹把"礼"与之相提并论,可见"礼"在他心目中的重要性。"夫礼也者,敬之经也;敬也者,礼之情也。无敬无以行礼,无礼无以节敬。道不偏废,相须而行。是故能尽敬以从礼者,谓之成人。"(同上)这一思想是对孟子"礼敬"思想的发展和完善。孟子论礼突出"敬"的本质,只是认识到人格的尊重,更多地强调人与人之间要维护外在的尊严,而徐幹既把"敬"看作人理性关系的外在体现,更强调了它是人之"情"的自然体现。与此同时,他又提出"情"必须有所节制,还须由"礼"来"节敬"。只有这样,做到礼敬人情,又能"尽敬成礼"才可"成人",即成就一个具有完美道德的君子。

正如前面提到关于"节礼""立中制节",这是荀子的思想。荀子说:"君子处仁以义,然后仁也;行义以礼,然后义也;制礼反本成末,然后礼也。三者皆通,然后道也。"(《荀子·大略》)他认为行仁要依义,行义要依礼,礼是仁义的合乎伦理的节制。这里我们已经看到,徐幹在阐述这个问题时,既继承孟子"礼者敬人"思想,又融进了荀子"本仁节礼"理论,而且对二者思想皆有所合乎逻辑的拓展和灵活变通。这正好表达了他的"中道"的立场:"道不偏废,相须而行。"

4. 礼是养欲给求

这一思想直接来自荀子:"养人之欲,给人之求……故礼者养也。"(《荀子·礼论》)礼之为礼的首要功能,是便于有效地满足人们起码的物质生活需要。因为欲多而物寡,人均分并不能防止争端,只有按贤愚不肖等各种不同的等级差异来分配,才能杜绝争端而得其均平。

徐幹论人的养欲给求,从经济上言,就是要使人们的物质利益与其功德等级相称,他在《爵禄第十》中提出:

> 古之制爵禄也,爵以居有德,禄以养有功。功大者其禄厚,德远

　　者其爵尊;功小者其禄薄,德近者其爵卑。

这是从道德上言,看一个人所享用的爵禄也就可知一个人的功德大小,即是荀子所谓:"德必称位,位必称禄,禄必称用。由士以上则必以礼乐节之,众庶百姓则必以法数制之。"(《荀子·富国》)这一思想的要点在于从人的养欲给求到人的道德伦理,从士君子的礼乐自律到百姓法制他律,这反映出荀子的重礼法思想。在这点上,徐幹继承荀子思想,但更强调了他的"中道"观。他认为爵禄有贵有贱,贵在"居德养功",而贱在"处之不宜"(《中论·爵禄第十》)。何谓"处之不宜"呢? 他认为自春秋战国以来,"文、武之教衰,黜陟之道废,诸侯僭恣,大夫世位,爵人不以德,禄人不以功,窃国而贵者有之,窃地而富者有之,奸邪得愿,仁贤失志,于是则以富贵相诟病矣"(同上)。这既是春秋战国的现实,也是徐幹所处的汉末三国现实,而并非古制。所以,他认为这种情况皆为"不宜",即不符合中道,故应制礼以节之。而制礼的标准是什么呢? 他在《爵禄》篇中引孔子语谓"邦无道,富且贵,耻也",就是说仍是以"道"来衡量贫富贵贱和作为制礼标准。这样,就把人的养欲给求与礼法礼制结合起来,把"礼者,养也"从信仰性的祭祀文化提升到了人文性的政治伦理文化上来。

　　但是,他在表达爵禄等级应依人之功德时,也流露出一种"命"的无可奈何和"生死有命,富贵在天"思想。在徐幹的眼中,"命"是圣人无法选择,不得不接受的,甚至是与圣王们的主观意志相违背的。他说:"求之有道,得之有命。"(同上)舜、禹和孔子皆为求道之人,但舜、禹可以得天下,而孔子只能为素王,"可谓有命矣"(同上);不仅圣人如此,古之贤人也是如此:后稷、契、伯益、伊尹和傅说可以说依其德而终得其位,然而孔子的弟子如颜渊、闵子骞、冉耕、仲弓等则穷愁潦倒,一生贫困。在这里,徐幹所提到的"命"是一种"命禄遭遇"(依东汉赵岐注《孟子》说),他认为"命"与"时遇"有很大关系,孔子的确想当圣王,无奈生不逢时,只有圣德,却无前任天子的推荐;而伊尹、傅说之所能达者,是因为他们有所"遇"而已。所以,他在篇末感叹道:"君子不患道德之不建,而患时世之不遇","伤道之不遇也。岂一世哉!岂一世哉!"(同上)他的这种感叹,除了包含自己身世不遇的感慨外,更多是一种对汉末乱离时代"士者不可遇"的感伤。从某种意义上说,这种感伤也是一种对"命"的决定性、不可选择性、甚至是"宿命"的迷惘,对自然与必然的思考和探索。

在《逸文》的《制役》篇中,徐幹还提出富民役使奴婢,不合先王礼制:

> 昔之圣王制为礼法,贵有常尊,贱有等差,君子小人各司分职。故下无僭上之愆,而人役财力能相供足也。往昔海内富民及工商之家,资财巨万,役使奴婢,多者以百数,少者以十数,斯岂先王制礼之意哉?

更有甚者,而后之太守令长者,以赏罚刑威,民畜奴婢,不依先王礼制,政由己出。他认为这种情况既不合礼法,又不人道:

> 夫奴婢虽贱,俱含五常,本帝王良民,而使编户小人为己役,哀穷失所,犹无告诉,岂不枉哉?(同上)

在这里,徐幹深情地为百姓呼喊,礼制并不是束缚人外在的制度,而是使人获得生命和生存权利的保障,可以看出徐幹所提倡的礼制更具有荀子式的人文色彩。

在《逸文》另一篇《复三年丧》中更是充满人情的成分和人道精神。他说:

> 天地之间含气而生者,莫知乎人。人情之至痛,莫过乎丧亲。夫创巨者其日久,痛甚者其愈迟。故圣王制三年之服,所以称情而立文,为至痛极也。

联系到孔子、孟子和荀子,他们都提到"三年之丧"的问题。《论语·阳货》:"子生三年,然后免于父母之怀。夫三年之丧,天下之通丧也。予也有三年之爱于其父母乎?"《孟子·滕文公上》:"虽然,吾尝闻之矣:三年之丧,齐疏之服,飦粥之食,自天子达于庶人,三代共之。"《荀子·礼论》:"三年之丧,何也?曰:称情而立文,因以饰群,别亲疏贵贱之节,而不可损益也。"又曰:"祭者,志意思慕之情也,忠信爱敬之至矣,礼节文貌之盛矣。苟非圣人,莫之能知也。圣人明知之,士君子安行之,官人以为守,百姓以成俗。其在君子,以为人道也;其在百姓,以为鬼事也。"从这里,我们看到徐幹与孔、荀思想的一脉相承。他在《复三年丧》中委婉地批评汉代自孝文帝以来更改三年丧期为短丧之制:"故令圣王之迹陵迟而莫遵,短丧之制遂行而不除,斯诚可悼之甚者也。"(同上)三年之丧,为天下通丧,作为圣王祖宗定下的古制是不应更改的。他说,古今之制,虽有损益,但丧亲之制,未尝改移。为什么不能改移呢? 因为"人情之至痛,莫过乎丧亲",不改移是以示天下百姓,莫遗其亲,否则会使"丧祭之礼阙,则人臣之恩薄,背死忘生者众矣"(《后汉书·荀爽传》)。因为这关系到一个国家的风气,所谓"崇国厚俗笃化之道","夫仁义之行,自上而始,敦厚之俗,以应乎下"(同上)。他认为丧祭之礼,是人道之文,不能改移,并以此"称情立文"。称情立文,也就是说具有文饰,即美化人性和群体的作用。"凡礼,事生,饰欢也;送死,饰哀也;祭祀,饰敬也;师旅,饰威也。是百王之所同,古今之所一也。"(《荀子·礼论》)文饰礼节能陶冶忠孝敬爱的感情,使情文俱尽,其中特别是忠孝,系礼的基本精神,而这是不能损益的,所以"事失宜正,过勿惮改,天下通丧,可如旧礼"(《后汉书·荀爽传》)。从这里,我们可以更深入地了解徐幹的"中道"观的内涵,他既讲礼有损益,又讲不可改移;对于传统,既讲继承,又主张变革。而这"变"与"不变"的准则,仍是遵循最高"大道之中",即"礼义之中"的精神。

5. "贵言"与"中道"

徐幹认为言语文辞主要功能是用于"达道"与"隆礼"的。孔子曰:"言之无文,行之不远。"(《左传·襄公二十五年》)孔子主张慎言、讷言,反对巧言、佞言,但又十分重视言语的修饰润色。荀子也是如此,他虽对"不法先王,不是礼义,而好治怪说,玩琦辞"(《荀子·非十二子》)的纵横诡辩之士深恶痛绝,但为了弘扬礼义与仁知,又认为"君子必辩"(《荀子·非相》),提倡"发之而当,成文而类,……是圣人之辩者也","文而致实,博而党正,是士君子之辩者也"(同上)。徐幹在论辩上与孔、荀相同,主张论辩之实,反对利口、巧言,赞扬慎言、讷言而达道者。他更明确提出"君子之辩"和"达人之辩":

> 是以君子将与人语大本之源,而谈性义之极者。(《贵言第六》)

> 有周乎上哲之至论,通乎大圣之洪业,而好与俗士辩者。(同上)

因为君子之辩为"达道",而小人之辩为利口。小人利口足以乱德惑民,俗士之辩只辩其小事,他不仅反对,而且指出其危害性。他强调核实之辩,较之孟、荀更加重视言语的"辩合符验"和客观实效。

在《贵言第六》篇中,他说:

> 君子必贵其言,贵其言则尊其身,尊其身则重其道。

既然语言是用来阐发"道义"的,那么君子贵言,首先必须慎言。如何做到慎言呢?这是需要智慧的。他引用孔子的话进一步阐述:

> 可与言而不与之言,失人;不可与言而与之言,失言。知者不失
> 人,亦不失言。(同上)

意思是可以同这人谈话,却不同他谈,这是错过人才;不可以同这人谈,却同他谈话,这是浪费语言。一个有智慧的人既不错过人才,也不浪费语言,这就叫"既不失言,又不失人"。这是"慎言"的智慧,也是他在言语文辞上的"中道"。

此外,一个人的言语往往牵涉到一个人的行为,在《贵言第六》篇中徐幹还例举历史上种种公认的所谓具有忠诚信义美德的人物,如仓梧让妻、尾生守信、叶公之直、陈仲子之洁、宗鲁之义,等等,他说尾生"欲以为信也,则不如无信焉",叶公"欲以为直也,则不如无直焉",陈仲子"欲以为洁也,则不如无洁焉",宗鲁"欲以为义也,则不如无义焉"。他认为这些人皆不能称为君子之信义,因为他们的言语既不"当",行为又"不得其所"。所谓"当"与"得其所",其标准是指合不合乎"礼义之中",符不符合实际需要。而这些所谓的"信义之士"用自己的生命节操去做无

谓的牺牲,他认为皆背离了中道。这个见解既新颖又大胆,徐幹真有点荀子那种破俗的勇气和精神,他在这里提出言行之"当"与"得其所"的问题,明显是对荀学的继承和阐发。

6. "智行"中论观

提出"智行"说,这是徐幹的特立卓识。如果说,对于孔子的"仁"学,孟子发展为"义",荀子偏重"礼",那徐幹则推演出"智"。在《智行第九》篇中,他提出的是一种权智说。这个"权智"更充分地反映了他的中论思想。

权变思想作为儒家传统思想,应该说开始于孔子。孔子坚决地维护周代的礼乐制度,反对丝毫的僭越和违犯。但同时,他也隐约地表达了关于礼的权变观点。关于这点,徐幹在《智行第九》中举管仲背君事仇之事已经提到,只是权变思想在孔子那里不够明确和突出,而比较明确地提出这个思想的是孟子。孟子说:"是非之心,智之端也。"(《孟子·公孙丑上》)孟子虽然主张权变,但是在"智"上的出发点和归宿皆是依循"是非之心",即道德的标准。

徐幹却认为一个人如果只有道德或行善,而没有智慧,反而会带来祸乱,只有志行高洁,而不知权变,不过是一个愚人而已。相反一个人的行为如果看起来不合乎道德和礼义,但最终有利于国家百姓,这样的人可以称之为君子。他举例说齐桓公杀其兄公子纠,公子纠的师傅召忽因此自杀,而他的另一个师傅管仲不但不以身殉难,反而去辅佐桓公。管仲背君事仇这件事,看起来是失节违礼,但他最后却使"桓公有九合诸侯、一匡天下之功"(《智行第九》),而召忽虽能"伏节死难",有"人臣之美义"(同上),但孔子却把他比作"匹夫匹妇"之小信小节。接着,他又举"商山四皓"之事,这四人避秦之乱,隐居商山,汉高祖召见,他们也不愿出山;然而张良却能辅佐汉王,"高祖数赖张子房权谋以建帝业"(同上)。他说:"四皓虽美行,而何益夫倒悬?"(同上)意思是说这四个人虽然志行高洁,坚持操守,但是置国家人民于水火之中而不顾,这样的人能有益于百姓民众吗？徐幹的思想是很明确的，当出现多种道德冲突时，坚决和主动地违背、舍弃外在的、形式的、非本质的小善小节，以维护内在的、本质的大善大节。这样做不仅是明智和务实的，而且有着理论深意。因为内在、本质的大善包含着更多的善，代表着道德的基本精神和实质。唯其重本轻末，舍小存大，才能达到善的目的和道德的要求。反之，因小失大，顾末弃本，非但不明智，最终的结果也只能是引出恶的结果和违背道德实质，历史上这种事例还少吗？

> 鲁隐公怀让心，而不知佞伪，终以致杀；宋襄公守节，而不知权，终以见执；晋伯宗好直，而不知时变，终以陨身；叔孙豹好善，而不知择人，终以凶饿。此皆蹈善而少智之谓也。（《智行第九》）

所以他说："谋以行权，智以辨物。"（同上）这一点是非常重要的，智者之所以为智者，就在于他们能理智地分析，当出现行为目的和实现目的的手段、动机与结果之间的矛盾的时候，他们往往面临着多个或两个道德规范，而它们各自导致的结果却是截然对立的；当面临道德选择的时候，人们不能同时兼有两种或多种善，只能被迫做出选择，甚至以一恶的代价换取另一大善。如果从理论上分析，徐幹的"智以辨物"，实际上是为维护和坚持仁义，要达到这一目的需要两种能力和完成两个过程：即分辨能力和取舍能力，判断过程和选择过程。而贯穿其中的关键是基于对道德的认同感和意志力。因此"智"的实质就是关于仁义道德的认识、理解和相应的判断、选择能力以及道德的意志力。

然而，仅有道德的认识力和意志力是不够的。面对复杂多样和变动不居的外部世界，要对形形色色的道德现象做出明确的判断：孰是孰非、孰恶孰善，从而做出明智的和正确的选择：取是弃非、持善去恶，这就更加难了。比如：

> 殷有三仁，微子介于石不终日，箕子内难而能正其志，比干谏而剖心。君子以微子为上，箕子次之，比干为下。（同上）

比干为忠谏而剖心，然而在"三仁"中仅居下者，而孔子称微子为上，这是为什么呢？微子为纣王庶兄，见纣王暴虐，乃离他而去。相对比干、箕子而言，微子不只徒逞道德的勇气，而且更显智慧的分辨力和取舍力。微子之所以离纣王而去，是因为他看到殷商之亡已成不可挽回之势，处此情势之下，比干以"君有过而不以死争，则百姓何辜"（《史记·宋微子世家》），故剖心以死忠谏；箕子因进谏不听而披发佯狂，后贬为奴。然二者所为皆于"国治"无补。因此徐幹认为，孔子在这里品评人物的标准不是仁，而是中庸之道。在孔子眼里，中庸是"至德"，是最高的人生境界。这一境界决定中庸之道的处世原则是"义以为上"。"义"者，宜也。什么为宜？这必须根据"时变"来决定。故在殷末"三仁"中，深得"义"旨的只有微子。在这点上徐幹继承孔、孟的权变思想，把它扩展为一种"智行"的"中道"思想，而且阐述得更透彻而深入。徐幹的这一思想非常精彩，具有很大的理论价值。在对一个人进行道德评价时，不同的道德原则之间会出现很不一致甚至根本对立的结论。当不同的道德原则相互冲突矛盾时，智者就应该遵循根本者而舍弃非根本者。所以他强调权变，强调"宜"，强调"时"，在这样一系列的判断和选择过程中，人们的行为始终遵循着最高道德与仁义之道，也正是在这个过程中，人们实现了"智"和得到了"智"。

7. 君道、臣道与中道

面对汉末动乱无序的社会状况，"世之衰矣，上无明天子，下无贤诸侯，君不识是非，臣不辨黑白"（《谴交第十二》），徐幹作为一个富有强烈社会责任感和使命感的学者，在《中论》里也提出了他的一整套政治学说，并以此标准来要求人君和臣子，力图恢复社会有序的状态，变无道社会为有道社会。他的这套政治学说，说到底，仍是继承了孔、孟、荀的政治主张，要求恢复礼治，其涵义皆是施行正道，遵从礼治。故"礼"是治国总纲："为国以礼。"（《论语·先进》）"政者，正也。"（《论语·颜渊》）既然以"礼"治天下，所以"政以礼成"（《左传·成公十二年》）。他的政治学说的核心是"君道"观。

人们常说孟子"轻君重民",多根据他的一句"民为贵,社稷次之,君为轻"(《孟子·尽心下》)而断言,其实孟子和荀子一样是"尊君"的,是以君主为政治中心的。如果说孟子提倡"王道"政治,荀子重视"礼法"政治,在《中论》中,徐幹的主张基本上属于"贤人"政治。所谓的"君道""臣道",即是对君上和臣下的要求,或者说是为君和为臣的准则。在这点上,他特别强调君主自身修养。他认为人君的修养是至关重要的,修身为"治国之本":

> 君子之治之也,先务其本,故德建而怨寡;小人之治之也,先近其末,故功废而仇多。(《修本第三》)

在《法象》《修本》《虚道》等篇反复阐明为人君者先要"正己","大人正己,而物自正","声气可范,精神可爱,俯仰可宗,揖让可贵,述作有方,动静有常,帅礼不荒,故为万夫之望也"(《法象第二》)。这种认识是与孔、孟、荀一致的。孔子曰:"政者,正也。子帅以正,孰敢不正?"(《论语·颜渊》)孟子说:"君子之守,修其身而天下平。"(《孟子·尽心下》)"君仁莫不仁,君义莫不义,君正莫不正。一正君而国定矣。"(《孟子·离娄上》)荀子:"闻修身,未尝闻为国也。君者,仪也,仪正则景正。"(《荀子·君道》)那么如何来"正己"呢?徐幹说首先要"虚道",即虚心向人求道,善于学习,改过迁善,并常常要自省自儆,接受忠告,因为为人君者最可怕的就是闭目塞听,成为政治上"瞍者""聩者"和"瞀者",故最重要的是时时要反身修省:"故明莫大乎自见,聪莫大乎自闻,睿莫大乎自虑。"(《修本第三》)对于人君如何成为"圣"君,徐幹强调"明""聪""睿"亦是颇有深意的。《尚书·洪范》云:"貌曰恭,言曰从,视曰明,听曰聪,思曰睿。"何谓"明",《论语·颜渊》云:"浸润之谮,肤受之诉,不行焉,可谓明也已矣。"何谓"聪"?"聪者,能闻事而审其意也。"(汉董仲舒《春秋繁露·五行五事》)何谓"睿"?唐孔颖达疏引三国魏王肃曰:"睿,通也。思虑苦其不深,故必深思,使通于微也。"所以"睿,圣也"(《广雅·释言》)。"目击道存之谓睿,故其字从目;声入心通之谓圣,故其字从耳。

故曰圣人时人之耳目"（明杨慎《丹铅总录·睿作圣》）。所以，徐幹解"圣"的本质含义就是"耳聪""目明"。

在具体处理事务上，君王"务本"就是要抓大事，因为"本"就是"大道"，即是"治国之大事"；他所反对的是"末"，即近物小事：

> 人君之大患也，莫大于详于小事，而略于大道，察于近物，而暗于远图。故自古及今，未有如此而不乱也，未有如此而不亡也。（《务本第十五》）

为什么徐幹在这个问题上如此重视人君在"本"上的修养呢？因为他说"小事者味甘，而大道者醇淡"（同上），他说的小事是指声色犬马之乐，射御书数之技，故这些小事"观之足以尽人之心，学之足以动人之志"（同上），使人君容易眩其"甘"，这是极其危险的，这也是历来"治君世寡，而乱君世多"（同上）的原因。徐幹从先秦、两汉君王的成败中深刻地总结出治乱兴衰的经验教训，所以他特别强调人君之道在"大道远数"。何谓"大道远数"？他说：

> 为仁足以覆帱群生，惠足以抚养百姓，明足以照见四方，智足以统理万物，权足以变应无端，义足以阜生财用，威足以禁遏奸非，武足以平定祸乱。详于听受，而审于官人，达于兴废之原，通于安危之分，如此则君道毕矣。（同上）

从这里可以看出，他理想的人君必须具备仁、惠、明、智、权、义、威、武等各种品质，必须具备仁爱之心、体恤之心、勇武精神、观察能力、应变能力，等等，而在这些理想品质中更强调"详于听受，审于官人"，也就是说，如何"听断以类，明振毫末"（《荀子·王制》），如何审人、识人、用人，这才是最重要的。唯其这样，才具备"君道"。

这里，实际上他提出一个如何"举贤任能"的问题。人君的道德品质和道德修养固然是一个重要因素，除此之外，如何知人、识人和选拔人才也是极其重要的。因为，人臣为国家的"重器"，是人君的"股肱"与"耳目"，所以他特别看重为臣者在国家政治中的作用：

故大臣者,治万邦之重器也。(《审大臣第十六》)

大臣者,君之股肱耳目,所以视听也,所以行事也。(同上)

既然人臣如此重要,故用贤与不用贤就是关系到国家生死存亡的关键:

凡亡国之君,其朝未尝无致治之臣也,其府未尝无先王之书也,然而不免乎亡者,何也? 其贤不用,其法不行也。(《亡国第十八》)

在徐幹看来,贤人并非难觅,关键在于人君有无真心用贤,这一点上他赞同荀子的意见,在《亡国第十八》篇中直接引用荀子《致仕》篇说:"人主之患,不在乎言不用贤,而在乎诚不用贤。"这就确立了君与臣的相互关系是一种"诚"。有了用贤的诚心,加上敏锐的识察力,是不难发现人才的:

姜太公当此时,贫且贱矣,年又老矣,非有贵显之举也。其言诚当乎贤君之心,其术诚合乎致平之道。文王之识也,灼然若披云而见日,霍然若开雾而观天。(《审大臣第十六》)

但是当大贤在陋巷之时,非一般流俗之所识,这更是需要考察眼力:

昔齐桓公凤出,宁戚方为旅人,宿乎大车之下,击牛角而歌,歌声悲激,其辞有疾于世。桓公知其非常人也,召而与之言,乃立功之士也。于是举而用之,使知国政。(同上)

有时候,还要力排众议,不以小疵而掩大德:

昔管夷吾尝三战而皆北,人皆谓之无勇;与之分财取多,人皆谓之不廉;不死子纠之难,人皆谓之背义。若时无鲍叔之举,霸君之听,休功不立于世,盛名不垂于后,则长为贱丈夫矣。(同上)

那么,何谓明君? 何谓暗君?"夫人之所常称曰:'明君舍己而从人,故其国治以安;暗君违人而专己,故其国乱以危。'"(《慎所从第十七》)然而,徐幹认为这种说法似是而非,并不合"中道","乃一隅之偏说也,非大道之至论也"(同上)。他认为明君与暗君的根本区别在于"凡安危之势,治乱之分,在乎知所从,不在乎必从人"(同上)。这里的"知"是相当重要的。为人君者莫不有用人从人的时候,国家或治或乱,或安或危,就在于人君所选择的人臣，所谓"从人甚易，而见策甚难"（同上）。"见策"，即是知策，如何了解、察知所从之人。"非有独见之明，专任众人之誉，不以己察，不以事考，亦何由获大贤哉！"（同上）由此，徐幹得出结论，人君之能与不能，贤与不贤，在于能否知人、察人，慎所从之人。可以看出他仍然强调一个"慎"字，这个"慎"说穿了是他所论的"智"的因素，即人君的观察能力、判断能力和应变能力。关于"智"的理论意义，上文论述甚详，此不赘述。从《慎所从》《审大臣》《亡国》等篇所举史例来看，徐幹更以大量历史事实，详细地辨析了错综复杂的历史情况：如似是而非实者、似美而败者、似顺而违道者，等等，并根据历史上人君对这些情况的处理才识，把人君分为上智、中主和暗君三种类别。由此可见，徐幹在政治理想上的"君道"观，乃是以"中和察断"作为治国听政的重要原则和识别人君贤愚的重要方法。

再看他的"臣道"。虽然徐幹的政治核心是"君道"，作为人臣的要求和准则是"忠"与"顺"，但是徐幹在《中论》的许多篇章里，强调的仍是一个"中道"。"中道"在"臣道"中的体现，则是要求以"当"为贵：

> 齐景公欲废太子阳生，而立庶子荼，谓大夫陈乞曰："吾欲立荼，如何？"乞曰："所乐乎为君者，欲立则立之，不欲立则不立。君欲立之，则臣请立之。"于是立荼。此则似顺而违道者也。（《慎所从第十七》）

陈乞即田乞，先顺景公而立荼，后景公死乃放弃立荼，易之以太子阳生，这是阳奉阴违，所以徐幹称之为"似顺而违道者"。但是对于"不顺"者，如楚怀王之弃屈原之良谋，却导致"兵挫地削，亡其六郡，身客死于秦，为天下笑"（《史记·屈原贾生列传》）的结果。所以"顺"与"不顺"在于是否"违道"，违道则"不当"，不当则不合"中道"。可以看出，徐幹的"中"的最高标准还是一个"道"，这里的"道"自然是指治国之道。他强调"臣道"应"以道事君"，作为臣子，忠与不忠，并不在于对某一家一姓的人主忠诚，而是指其行为是否符合国家最高利益。

徐幹生经汉末，尽管汉儒已经把"君为臣纲"作为三纲之首，但在他的君臣观中，主要还是遵循孔、孟、荀的君臣观，并没有汉儒那种君权至上或绝对君权思想。他虽不否定人君存在的必要性和合理性，但他认为，这种必要性和合理性取决于君主行为的合理性与正当性，君主没有权力、没有理由胡作非为。同时，他也不否认君臣之间是一种上下级关系，但更主要的，他们是一种相对关系，为臣者固然有服从君主的义务，但这种服从不是一味地顺从，而是"以道事君"，引导君主做出正确的抉择。他提倡为人君的要做圣君、明君，为人臣的要做谏臣、争臣、功臣；他反对昏君、暴君，尤其对奸臣、谄臣、篡臣深恶痛绝。当然，他评价的标准仍是他所标举的"道义"或"礼义"，其评价的方法仍是他的"中道"观。

在人治和法治上，徐幹主张二者不可偏废。从积极方面，用贤人政治；从消极方面，则用赏罚。他在《赏罚第十九》中说赏罚为政之大纲，"人君明乎赏罚之道，则治不难"，主张对于百姓违法乱礼者，使用刑法暴力去恶，但是也要符合"中道"：

> 夫当赏者不赏，则为善者失其本望，而疑其所行；当罚者不罚，则为恶者轻其国法，而怙其所守。苟如是也，虽日用斧钺于市，而民不去恶矣；日锡爵禄于朝，而民不兴善矣。（《赏罚第十九》）

> 赏罚不可以疏，亦不可以数。数则所及者多，疏则所漏者多。赏罚不可以重，亦不可以轻。赏轻则民不劝，罚轻则民亡惧；赏重则民徼倖，罚重则民无聊。故先王明恕以听之，思中以平之，而不失其节也。（同上）

注意他提到的这个"思中以平之"之"中"，《论语·子路》中恰好有一段话可以解释："礼乐不兴，则刑罚不中；刑罚不中，则民无所错手足。"清代孙志祖《读书脞录》中说："'中'当如字读，刑罚之所重者。"那么，这个"中"究竟当读"重"还是"中"？《后汉书·梁统传》："又曰：'爱制百姓于刑之衷。'孔子曰：'刑罚不衷，则人无所厝手足。'衷之为言，不轻不重之谓也。"即把刑罚之"中"解为"衷"。这个解释既符合孔子思想，也符合徐幹"思中以平之,而不失其节"的"中道"思想。这里的"中",就是适中,不轻不重,合于节度的意思。

三 结语

孟子、荀子都曾致力于恢复孔子之道,但结果却吸收了和孔子的儒家思想并不一致的其他学派的内容,并且在不同的历史阶段,各自从孔学中吸取了以适应时代发展的有用的东西。这一历史事实本身说明,任何人也不可能完全重复儒家的思想,因为思想的发展,一方面是要受时代历史变化的制约,另一方面也是由思想的内部机制和矛盾运动所决定的,而不是有一套固定不变的思想模式永远制约着历史发展。

总的来说,徐幹的思想都有着回归传统的倾向,然而这不是简单的回归,而是有着变革的内容和新的发展。生于汉魏之际的徐幹继承在孔、孟、荀,变革也在孔、孟、荀。尤其是对孟、荀,曾有人评说,徐幹"有讥孟轲不度其量,拟圣行道,传食诸侯,而深美颜渊、荀卿之行"(无名氏《中论序》),其实这种说法似是而非,我很同意家父的见解:"伟长于孟、荀二子,有所择别,故不同世习之见。"又曰:"昔杨、墨之言盈天下,孟氏辞而辟之,昌黎韩氏以为孟子之功不在禹下。余窃谓战国纵横诸子之言,纷然淆乱,荀氏作《非十二子》攻之,荀子之功不在孟子之下。伟长生于汉末,世道交衰,风俗日浮,朋党交游好名之弊,甚于洪水猛兽,伟长上求圣人之中,下救流俗之颓,著《考伪》《谴交》等篇以箴之,其功又不在荀子下矣。"(徐仁甫《读〈中论〉札迻》)其实孟、荀二子看似对立,实则互补,孟子主张"仁义""尽心知性",通过发明本心以实现对内在道德的自觉和自律,而荀子走的则是一条道德他律的路线,更是强调了外在的具有约束力和强制意义的礼法;孟子更看重道德理想,强调"内圣",而荀子更注重客观实效,主张"外王"。而徐幹的思想属于贤人政治,他所主张的"内圣外王""礼义之中""君臣之道"等学说,正是在孟子和荀子的差异和对立互补的矛盾双向运动中,得其"中道"。这正是徐幹的智慧。尤其是在他的"中"论里,德智往往是相通的,最高的德性也可以说是一种最高的智慧,最明智的态度或最恰当的方法。这种"德智并重"的主张既是儒学深入发展的必然要求,也是由于王莽篡政和汉末政治动乱所给予他的深刻认识。所以,有人称徐幹为"汉末巨儒""荀卿之后第一人"不是没有根据的。

　　在历代众多评价徐幹《中论》的文章中,余独推清谭献之语最为中肯,谭献在他的《复堂日记》中赞云:"读《中论》冲和古秀,潜气内转,东汉人未见其偶,宜张皋文先生叹绝伦也。"又曰:"读《中论》,伟长汉末巨儒,造就正大,微言大义,昭若发蒙,贯串群经,当与康成相揖让。文体醇深翔实,笔兼导顿,义精单复。方之前汉,绝肖子渊,寓意托讽,如《法象》《审大臣》《慎所从》《知行》《去伪》诸篇,汉魏之际,上下群伦,皆如烛照数计也。"

徐湘霖

2020 年 4 月于成都东郊狮子山

治学第一

【题解】

本篇谈论治学的主旨。《论语》谈治学始于《学而》篇,《荀子》始于《劝学》篇,扬子《法言》的《学行》篇以及王符《潜夫论》的《赞学》篇等,其治学之义皆是相同的,皆为儒家倡导之言。本篇论及学习的意义、勤勉治学、学贵立志、博学广取、择选良师、通晓要旨等几个方面,而徐幹的教育学说亦寓于此中。

昔之君子成德立行[①],身没而名不朽[②],其故何哉?学也。学也者,所以疏神达思,怡情理性,圣人之上务也[③]。民之初载[④],其曚未知[⑤]。譬如宝在于玄室[⑥],有所求而不见,白日照焉,则群物斯辩矣[⑦]。学者,心之白日也。故先王立教官,掌教国子[⑧],教以六德,曰智、仁、圣、义、中、和[⑨];教以六行,曰孝、友、睦、姻、任、恤[⑩];教以六艺,曰礼、乐、射、御、书、数。三教备而人道毕矣。学犹饰也[⑪],器不饰则无以为美观,人不学则无以有懿德[⑫]。有懿德故可以经人伦[⑬],为美观故可以供神明。故《书》曰:"若作梓材,既勤朴斫,惟其涂丹雘[⑭]。"

【注释】

①成德立行:建德修行。

②身没:死。名不朽:名声不磨灭,永存。

③上务:首要任务,头等大事。

④初载:初岁,少时。

⑤矇:蒙昧无知。

⑥玄室:清钱培名校本作"元室",疑避讳,今据唐代马总《意林》改为"玄室",指幽暗之室。

⑦辩:通"辨",辨别。

⑧掌教国子:"教"字为衍文,《两京遗编》《汉魏丛书》本皆无"教"字。

⑨中:通"忠",忠贞。

⑩姻:姻亲。

⑪饰:拭。《释名·释言语》:"饰,拭也。物秽者,拭其上使明。由他物而后明,犹加文于质上也。"

⑫懿(yì)德:美德。

⑬经:治理,管理。

⑭"若作梓材"三句:语出《尚书·梓材》。朴,未经加工成器的木材。斫(zhuó),砍,削。丹雘(huò),可供涂饰的红色颜料。

【译文】

从前的君子能成就道德端立品行,即便身死但名声不会被磨灭,原因在哪里呢?在于学习。学习,可以疏通精神、畅达思想,怡冶情感、端理品性,是圣人注重的首要大事。人在年幼的时候,蒙昧无知。就好像宝物放在幽暗的屋子里,想要寻求却看不见,而太阳光一照进来,各种物品都能清晰明辨了。学习,就是心中的太阳。所以从前的君王设立掌管教化的官员,来管理公卿大夫的子弟,教给他们六种品德,叫智慧、仁爱、聪睿、正义、忠贞、温和;教给他们六种行为,叫孝顺父母、友爱兄弟、和睦宗族、亲爱姻亲、信任朋友、悯惜贫困;教给他们六种才能,叫礼仪、音乐、射箭、驾车、识书、数术。三种教育都完备了，为人所需具备的道理和才能就完全了。学习就好像是装饰，器物不经过装饰就不会美观好看，人不经过学习就不会具有美好的德行。具备美好的德行才可以处理好人与人之间的关系，修饰得美观好看才可以供奉神灵。所以《尚书》说："就好像是制作梓木材质的器具，已经努力地砍削了木料，还需要用好的颜料来涂饰。"

夫听黄钟之声①，然后知击缶之细②；视衮龙之文③，然后知被褐之陋④；涉庠序之教⑤，然后知不学之困⑥。故学者如登山焉，动而益高；如寐寐焉⑦，久而愈足。顾所由来，则杳然其远，以其难而懈之，误且非矣。《诗》云"高山仰止，景行行止"⑧，好学之谓也。倚立而思远⑨，不如速行之必至也；矫首而徇飞⑩，不如循雌之必获也⑪；孤居而愿智，不如务学之必达也。故君子心不苟愿，必以求学；身不苟动，必以从师；言不苟出，必以博闻。是以情性合人，而德音相继也⑫。孔子曰："弗学何以行？弗思何以得？小子勉之。斯可谓师人矣⑬。"马虽有逸足⑭，而不闲舆⑮，则不为良骏；人虽有美质，而不习道，则不为君子。故学者求习道也。若有似乎画采⑯，玄黄之色既着⑰，而纯皓之体斯亡⑱，斁而不渝⑲，孰知其素欤⑳？

【注释】

①黄钟：古乐六律之首，声音最大而长。此处意指大钟。

②缶：瓦质的打击乐器。

③衮（gǔn）龙之文：古代帝王及上公穿的礼服，上绘有卷龙纹饰。文，

花纹,图案。

④被:同"披",穿。褐:粗布衣服。

⑤庠(xiáng)序:古代地方的学校。

⑥困:困惑,有所不通之处。

⑦寤(wù)寐:睡梦,睡眠。寤,睡醒。寐,睡着。

⑧高山仰止,景行行止:语出《诗经·小雅·车辖(xiá)》。高山,喻高尚的德行。景行,大路,大道,喻行为正大光明。

⑨倚:原作"倦",据《意林》改。

⑩矫首而徇飞:抬头以巡视飞鸟。矫首,举首,抬头。

⑪循雌:清钱培名校本据《意林》改作"修翼",与《太平御览》合。按,"循雌"或为"循睢"之误,"睢"指睢雄鸣叫之声。今译文从此。

⑫德音:好名声。

⑬斯可谓师人矣:清孙星衍《孔子集语》作"斯可以为人师矣"。谓,古与"为"通。

⑭逸足:疾足。

⑮闲舆:熟习车架之术。闲,借为"娴",熟习。

⑯画采:彩绘。

⑰玄黄:原指天地的颜色,"玄"为天色,"黄"为地色,这里指彩色。

⑱纯皓:纯白,洁白。

⑲敝:衰败。渝:变更,改变。

⑳素:质朴无饰。这里即指画布纯白无色的状态。

【译文】

听过了大钟的声音,然后才知道敲击瓦缶所发出的声音是多么的细微;见过了帝王公卿礼服上的卷龙纹饰,然后才知道穿在身上的粗布衣物是多么的粗劣;经历了学校的教育,然后才知道不学习会是多么的困惑。所以学习就像是登山,越登越高;就好像是睡眠,越久越充足。回看起始的地方,已经邈远难寻了,但因为学习困难就有所懈怠,这是错误且不应该的。《诗经》说"如高山那般令人景仰，像大道一般使人遵循"，这说的是勤勉好学。倚身站立而想要到远方去，不如马上疾步行走，这样一定会到达；抬头巡视天空的飞鸟想得到它们，不如循着雎鸠的鸣叫去寻找，这样一定可以获得；孤身独居希望能得到智慧，不如勉力学习，这样一定能达到目的。所以君子心中不会随便有所想愿，想愿的一定是专务学习；不会随意有所行动，行动时一定会追随老师；不会随意发表言论，发表言论一定是为了广博见闻。因此，他的性情随和合群，而且好名声绵延不绝。孔子说："不学习如何行事？不思考如何有得？你们要勤勉努力，这才可以为人师表啊。"马即使有能快速奔行的四足，不熟习驾车的技术，就还算不上是好马；人即使有优秀的资质，不修习道理，就还称不上是君子。所以学习就是要追求学习道理。就好像彩绘一样，已经将彩色的颜料绘上画布，那么画布原本纯白的质地便失去了，衰败破损了也不会改变，又有谁知道它原来的颜色呢？

子夏曰："日习则学不忘，自勉则身不堕①，亟闻天下之大言②，则志益广。"故君子之于学也，其不懈，犹上天之动，犹日月之行，终身亹亹③，没而后已。故虽有其才而无其志，亦不能兴其功也。志者，学之帅也④；才者，学之徒也。学者不患才之不赡⑤，而患志之不立。是以为之者亿兆，而成之者无几。故君子必立其志。《易》曰："君子以自强不息⑥。"大乐之成⑦，非取乎一音；嘉膳之和，非取乎一味；圣人之德，非取乎一道。故曰学者所以总群道也⑧。群道统乎己心，群言一乎己口⑨，唯所用之。故出则元亨，处则利贞⑩，默则立象⑪，语则成文。述千载之上，若共一时；论殊俗之类，若与同室；度幽明之故，若见其情；原治乱之渐，若指已效。故《诗》曰："学有缉熙于光明⑫。"其此之谓也。

【注释】

①堕：通"惰"，懈怠，懒散。

②亟（qì）：多次，屡次。大言：正大的言论或理论。

③亹亹（wěi）：勤勉不倦的样子。

④帅：原作"师"，今据清俞樾《诸子平议补录》改。

⑤赡：足够。

⑥君子以自强不息：语出《周易·乾卦》象辞。

⑦大乐：古代典雅庄重的音乐，用于先王祭祀、朝贺、宴享等典礼。

⑧群道：各种学派和学说。

⑨群言：各家言论及著述。

⑩元、亨、利、贞：《周易·乾卦》之四德。《周易·乾卦》："乾，元亨利贞。"唐孔颖达疏："元、亨、利、贞者，是《乾》之四德也。《子夏传》云：'元，始也；亨，通也；利，和也；贞，正也。'"

⑪立象：取法万物形象。

⑫学有缉熙于光明：语出《诗经·周颂·敬之》。缉熙，光明。

【译文】

子夏说："每天复习，那么所学的东西便不会遗忘；常勉励自己，那么便不会懈怠；多听天下间正大深刻的言论，那么志向会越发广阔远大。"所以君子对于学习，是一定不会懈怠的，就犹如上天的运转，犹如日月的运行，终身都勤勉不倦，直至身死方才停止。所以即使有才能而没有志向，也不能成就功业。志向，是统领学习的主帅；才能，是学习的弟子。求学之人不用担忧才能不足，而应担心志向没有确立。因此最开始学习的人众多，而最终有所成就的人极少。所以君子一定要确立起他的志向。《周易》说："君子要自强不息。"典雅庄重的音乐，不是只用一个音符；美味菜肴的调和，不是只有一种味道；圣人的大德，不是只学取一种道德。所以说学习可以汇聚了解各种学派的学说。各种道理学说统括于自己的心中，各家言论汇集在自己的言语中，为我所用。所以出仕可以长养他物,亨通发达,退隐可以和谐自得,情义坚贞,默然时就可以取法万物形象,以尽其意,说话时就可以出口成锦绣文章。讲述千年以前的事情,仿佛共处一时;谈论不同的风俗,仿若同在一室;揣度有形与无形的事物,仿佛亲眼所见其情形;推究世道治乱的演变,所指仿佛已得验证。所以《诗经》说:"不断学习以达到光明的境界。"说的就是如此。

　　夫独思则滞而不通,独为则困而不就。人心必有明焉,必有悟焉,如火得风而炎炽,如水赴下而流速。故太昊观天地而画八卦①,燧人察时令而钻火②,帝轩闻凤鸣而调律③,仓颉视鸟迹而作书④。斯大圣之学乎神明,而发乎物类也⑤。贤者不能学于远乃学于近,故以圣人为师。昔颜渊之学圣人也,闻一以知十,子贡闻一以知二⑥,斯皆触类而长之⑦,笃思而闻之者也⑧。非唯贤者学于圣人,圣人亦相因而学也⑨。孔子因于文、武⑩,文、武因于成汤⑪,成汤因于夏后⑫,夏后因于尧、舜。故六籍者⑬,群圣相因之书也。其人虽亡,其道犹存。今之学者,勤心以取之,亦足以到昭明而成博达矣!

【注释】

①太昊观天地而画八卦:太昊,即伏羲氏,古代传说中的"三皇"之一。风姓。相传其始画八卦,又教民渔猎,取牺牲以供庖厨,因称"庖牺",亦作"伏戏""伏牺""宓羲"等。昊,通"皞"。依下句例,"画八卦"应作"画卦","八"字或为衍字。

②燧(suì)人:传说中的古帝王,钻木取火的发明者。察时令:或指按照季节时令采用不同的木料,才能钻以取火。

③帝轩闻凤鸣而调律:帝轩,指黄帝轩辕氏。黄帝为少典之子,姓公孙,居轩辕之丘,故号轩辕氏。又居姬水,因改姓姬。国于有熊,

亦称有熊氏。以土德王,土色黄,故曰黄帝。相传曾战胜炎帝于
阪泉,战胜蚩尤于涿鹿,诸侯尊为天子。《吕氏春秋·古乐》载:"昔
黄帝令伶伦作为律。伶伦自大夏之西,乃之阮隃之阴、取竹于嶰
谿之谷,以生空窍厚钧者、断两节间、其长三寸九分而吹之,以为
黄钟之宫,吹曰舍少。次制十二筒,以之阮隃之下,听凤皇之鸣,
以别十二律。其雄鸣为六,雌鸣亦六,以比黄钟之宫适合。"

④仓颉(jié)视鸟迹而作书:仓颉,古代传说中黄帝的史官,汉字的
    创造者。东汉许慎《说文解字序》曰:"黄帝之史仓颉,见鸟兽蹄
    迒之迹,知分理之可相别异也,初造书契。"

⑤发:显现,表现。这里指从万事万物的表现中受到启发。

⑥"昔颜渊之学圣人也"三句:事见《论语·公冶长》。

⑦斯皆触类而长之:意即掌握一类事物知识或规律,就能据此而增
    长同类事物知识。

⑧笃思:认真思考。

⑨相因:相袭,相承。

⑩文、武:周文王、周武王。周文王,姬姓,名昌,周族领袖。商纣时
    为西伯,故又叫伯昌。为崇侯虎所谮,被囚于羑(yǒu)里,周臣太
    颠、闳夭、散宜生等献美女名马于纣,因得释。招贤纳士,兼并诸
    国,为武王伐纣灭商奠定基础,相传曾演绎《周易》。周武王,周
    文王之子,姬姓,名发。公元前11世纪中,亲率周军,联合各部落
    在牧野打败商军。灭商后建立周朝,并建都于镐。其事见于《史
    记·周本纪》。此句指孔子继承了周文王、周武王治国修身之道
    和西周的礼乐文章。

⑪成汤:亦作"成商",商朝开国之君。契的后代,子姓,名履,又称
    天乙。夏桀无道,汤伐之,遂有天下,国号商,都于亳(bó)。其事
    见于《史记·殷本纪》。

⑫夏后:指夏后氏,即禹受舜禅让而建立的夏王朝。后,君主。

⑬六籍：指六经，即《易》《诗》《书》《春秋》《礼》《乐》。汉以来无
　《乐经》，今文经学家以为"乐"本无经，皆包含于《诗》《礼》之中；
　古文家以为《乐》毁于秦始皇焚书。

【译文】

　　独自思索，就会有凝滞不通的地方；独自行动，就会有困窘不成的情况。人的心里一定有明白之事，一定有领悟之理，好像火得到风的推助，火焰会更旺，好像水向低处流淌，流速会更快。所以伏羲氏观察天地万物创画出了八卦，燧人氏按照季节时令采用不同木料钻以取火，轩辕黄帝听见凤凰的鸣声调校了音乐律吕，仓颉看到禽鸟留下的痕迹创造了文字。这是伟大的圣人们向天地神明学习，而受到了自然万物的启发。贤人不能向远物学习，便学于近处，所以把圣人作为自己的老师。从前颜渊向圣人孔子学习，能闻一知十，子贡能闻一知二，这些都是掌握一类事物的知识规律，便可类推旁通，认真思索便可得知的。不仅是贤人向圣人学习，圣人也是要继承学习前圣的。孔子承袭于周文王、周武王，周文王、周武王承袭于商汤，商汤承袭于夏禹，夏禹承袭于唐尧、虞舜。所以"六经"是历代圣贤因袭继承而来的书典。即使他们人已逝去，但他们的主张学说还存留于世。如今的求学者们，勤勉用心地去学习这些经典，也能够达到明晓道理而广博通达的境界啊！

　　凡学者，大义为先①，物名为后②，大义举而物名从之。然鄙儒之博学也③，务于物名，详于器械，矜于诂训④，摘其章句，而不能统其大义之所极，以获先王之心。此无异乎女史诵诗⑤，内竖传令也⑥。故使学者劳思虑而不知道，费日月而无成功，故君子必择师焉。

【注释】

①大义：指要义、要旨。

②物名：事物的名称。

③鄙儒：拘执、不达事理的儒生。

④矜：拘谨，谨守。诂训：解释古语字句之义。

⑤女史：古代女官名。以知书的妇女充任，掌管有关王后礼仪或书写文件等事。

⑥内竖：古代官中传达命令的小官。

【译文】

大凡学习，以要义为先，事物的名称为后，领会了要义，事物的名称也就随之了解了。但那些拘执不达的儒生所谓的博学，是致力于对物名的掌握，详尽于对器械的研究，拘执于对古语的解释，寻章摘句，断章取义，而不能总体把握要旨之所在，以明白先王的思想。这与女史诵读诗歌、内竖官传达命令没有什么区别。所以求学之人劳思苦虑却不明白真正的道理，消耗了时光却难有所成就，所以君子一定要选择良师。

法象第二

【题解】

《左传·襄公三十一年》：“作事可法，德行可象。”法象，意指合乎礼仪规范的仪表、举止。《管子·版法解》云：“法者法天地之位，象四时之行，以治天下。”《文心雕龙·书记》：“法者，象也。兵谋无方，而奇正有象，故曰法也。”即是说效法社会生活中所制定的行为准则、道德规范和各种礼仪与效法天道自然，方能治理天下。本篇论君子当重视仪表举止，谨言慎行，修身治礼，既合于法象，而又立其法象，可以为万民之则。

夫法象立，所以为君子。法象者，莫先乎正容貌，慎威仪①。是故先王之制礼也②，为冕服采章以旌之③，为佩玉鸣璜以声之④，欲其尊也，欲其庄也，焉可懈慢也！夫容貌者，人之符表也⑤。符表正，故情性治；情性治，故仁义存；仁义存，故盛德著；盛德著，故可以为法象，斯谓之君子矣。君子者，无尺土之封⑥，而万民尊之；无刑罚之威，而万民畏之；无羽籥之乐⑦，而万民乐之；无爵禄之赏，而万民怀之。其所以致之者一也。故孔子曰：“君子威而不猛，泰而不骄⑧。”《诗》云：“敬尔威仪，惟民之则⑨。”若夫堕其威仪，恍其瞻视,忽其辞令⑩,而望民之则我者⑪,未之有也。莫之则者,则慢之者至矣⑫。小人见慢⑬,而致怨乎人,患己之卑,而不知其所以然⑭。哀哉! 故《书》曰:"惟圣罔念作狂,惟狂克念作圣⑮。"

【注释】

①威仪:本指祭享典礼中的动作仪节及待人接物的礼仪,此指庄重的仪容举止。本篇论威仪为君子所不可缺,因为威仪容貌,可以表示君子之德。

②先王之制礼:礼是维护等级秩序的一套社会规范和道德规范,包括政治制度、社会、家庭伦理道德规范、仪式等。先王制礼,以便于巩固统治阶级内部秩序和更有效地统治人民。

③冕服:古之礼冠与服饰。凡吉礼皆戴冕,而服饰随事而异。

④佩玉:《礼记·玉藻》:"古之君子必佩玉。""君子在车则闻鸾和之声,行则鸣佩玉。"鸣璜:半璧形的玉器,其玉上为衡,中缀琚瑀而悬冲牙,两边垂双璜与冲牙相当,行则相互碰击而鸣响,故称"鸣璜"。

⑤符表:外表。

⑥封:此指领地、邦国。

⑦羽籥(yuè):古代祭祀或宴享时舞者所持的舞具和乐器。羽,指雉羽。籥,一种如笛而六孔的组编多管乐器。

⑧君子威而不猛,泰而不骄:孔子此语上、下两句分别见于《论语》的《述而》与《子路》,而《尧曰》中有此两句,但顺序易置。

⑨敬尔威仪,惟民之则:《诗经》中的《大雅·抑》《鲁颂·泮水》皆有此二句,但作"敬慎威仪,维民之则"。

⑩恍其瞻视,忽其辞令:《群书治要》"恍"作"慌","忽"作"轻"。

⑪则:此作仿效、效法讲。

⑫至：到，来。

⑬小人见慢：《汉魏丛书》本作"小人皆慢也"，今从清钱培名据《群书治要》改。

⑭知：《群书治要》作"思"。

⑮惟圣罔念作狂，惟狂克念作圣：语出《尚书·多方》。罔念，指不思为善。克，能。

【译文】

树立起合于礼仪规范的仪表举止，便可以因之成为君子了。法象最首要的是端正容貌仪表，谨慎举止。所以先王规制礼仪，凭冠冕服饰、花彩图纹来彰显，用佩玉碰击鸣响的声音来宣扬，是想要表现出尊严庄重，哪里能懈怠轻慢呢！仪表容貌，是人的外表。外表端正，本性才能安定；本性安定，仁义才能存身；仁义存身，高尚的德行才能显明；高尚的德行显明，才能因之树立法象，这就可以称为君子了。君子，没有封地，但广大的百姓都尊敬他；没有刑罚他人的威势，但广大的百姓都敬畏他；没有舞乐，但广大的百姓都喜爱他；不能赏赐他人爵禄，但广大的百姓都归向他。君子之所以能达到这样的程度，是因为他贯通如一。所以孔子说："君子有威仪而不凶猛，安和而不傲慢。"《诗经》说："要谨慎你的威仪，民众以之为榜样。"如果毁废威仪，慌失举止，疏忽言辞，而希图民众效仿他，还不曾有过这样的事。没有人仿效他，那么怠慢轻视他的人就来了。小人被人怠慢，就埋怨他人，忧虑他自己的卑微，而不知道是如何造成的。悲哀啊！所以《尚书》说："圣人若不思为善就会变为狂妄愚昧之人，狂妄愚昧之人若思为善就会变为圣人。"

人性之所简也①，存乎幽微②；人情之所忽也，存乎孤独③。夫幽微者，显之原也；孤独者，见之端也，胡可简也？胡可忽也？是故君子敬孤独而慎幽微。虽在隐蔽④，鬼神不得见其隙也。《诗》云："肃肃兔罝，施于中林⑤。"处独之谓也。又有颠沛而不可乱者⑥，则成王、季路其人也。昔者，成王将崩，体被冕服，然后发顾命之辞⑦；季路遭乱，结缨而后死白刃之难⑧。夫以崩亡之困，白刃之难，犹不忘敬，况于游宴乎⑨？故《诗》曰："就其深矣，方之舟之。就其浅矣，泳之游之⑩。"言必济也。

【注释】

①简：轻忽怠慢。

②幽微：隐微，隐秘。

③孤独：此指只身独处，即他人所不知道的自己所独处的地方。

④蔽：清钱培名校云，《群书治要》作"翳"。

⑤肃肃兔罝（jū），施于中林：语出《诗经·周南·兔罝》。肃肃，形容网目细密。罝，网。中林，林中。

⑥颠沛：原指倒扑，此处指困顿挫折。

⑦"成王将崩"三句：事见《尚书·顾命》。顾命，临终遗命。

⑧季路遭乱，结缨而后死白刃之难：季路，即子路。孔子的弟子。子路事从卫大夫孔悝，卫太子蒯聩作乱谋国，劫悝，子路往救之，太子使人以戈击子路，断缨，子路言："君子死，冠不免。"遂结缨而死。事见《左传·哀公十五年》。

⑨游宴：优游安宴。

⑩"就其深矣"四句：语出《诗经·邶风·谷风》。方，指竹木编成的筏。

【译文】

人本性中所轻忽的，存在于隐微幽秘之处；人性情中所怠慢的，存在于孤身独处之时。隐微，是显明的起初；独处，是显露的开端，怎么能轻忽呢？怎么能怠慢呢？所以君子端敬于孤身独处之时，慎守于隐微幽秘之处。即使身在他人看不见的地方，鬼神也看不到他的破绽。《诗经》

说："又细又密的兔网,布设在林中。"说的就是孤身独处时的情况。又有虽然遇困顿挫折却不会迷失慌乱的,周成王、子路就是这样的人。从前,成王将要去世,身上披戴好礼冠与服饰,然后才发临终之辞;子路遭遇变乱,结好帽带然后死在白刃之下。在临终的窘迫、白刃劫祸之下,仍然不忘恭敬慎守,更何况优游安宴之时呢?所以《诗经》说:"水深的地方,就乘船渡过。水浅的地方,就游泳渡过。"说的就是君子无论在任何情况下,都要注重仪止。

　　君子口无戏谑之言①,言必有防②;身无戏谑之行,行必有检③。故虽妻妾不可得而黩也④,虽朋友不可得而狎也⑤。是以不愠怒而德行行于闺门⑥,不谏谕而风声化乎乡党⑦。传称"大人正己而物自正"者⑧,盖此之谓也。以匹夫之居犹然⑨,况得意而行于天下者乎⑩?唐尧之帝允恭克让,而光被四表⑪;成汤不敢怠遑⑫,而奄有九域⑬;文王祗畏,而造彼区夏⑭。《易》曰:"观,盥而不荐,有孚颙若⑮。"言下观而化也⑯。

【注释】

①戏谑:戏弄,嘲谑。

②防:戒止,禁防。

③检:约束,限制。

④故:清钱培名校云,《群书治要》无"故"字,且句上复言"言必有防,行必有检"。黩:轻慢不敬。

⑤狎:轻慢。

⑥愠(yùn)怒:恼怒。德行行于闺门:《群书治要》"德"作"教",无前一"行"字。

⑦谏谕：亦作"谏喻"，劝谏讽喻。乡党：指乡里。

⑧大人正己而物自正：语出《孟子·尽心上》："大人者，正己而物正也。"

⑨以匹夫之居犹然：《群书治要》作"徒以匹夫之居犹然"。

⑩得意：《群书治要》"意"作"志"。

⑪唐尧之帝允恭克让，而光被四表：《群书治要》"唐尧"前有"故"字。"允恭克让，而光被四表"二句，语本《尚书·尧典》。允，诚实，诚信。光，广大。四表，东南西北四方。

⑫成汤不敢怠遑：语本《诗经·商颂·殷武》："不僭不滥，不敢怠遑。"怠遑，懈怠而有闲暇。

⑬奄有九域：《诗经·商颂·玄鸟》作"奄有九有"。《文选·潘勖〈册魏公九锡文〉》唐李善注引《韩诗》曰："方命厥后，奄有九域。"是知《中论》此本韩诗。奄，覆盖，引申为尽、包括。九域、九有，犹言九州。

⑭文王祗（zhī）畏，而造彼区夏：语本《尚书·周书·康诰》。祗，恭敬。区夏，诸夏之地，即华夏，中国。《群书治要》句末有"也"字。

⑮观，盥（guàn）而不荐，有孚颙（yóng）若：《周易·观卦》卦辞。盥，盥祭，即酌酒浇地降神。荐，祭祀时献牲，在盥礼之后。孚，诚信。颙，肃敬的样子。若，无实意，在形容词后，表示事物的状态。

⑯言下观而化也：语本《周易·观卦》象辞。

【译文】

君子口中没有戏弄嘲谑的话，所言一定有所戒止；没有玩笑取闹的行为，所为一定有所约束。所以即使是对妻妾也不会因亲近而轻慢，即使是对朋友也不会因亲近而不庄重。因此不需要生气发怒，好的德行就已遍行于家门，不用劝谏讽喻，好的风气便就化行于乡里。经传中说"大人自身端正，外物自然会随之端正"，说的就是这个意思。普通人做事都能如此，更何况那些有志于教行天下的人呢？古帝唐尧诚信恭敬，能谦善让，威德广大传达四方；商汤不敢急惰享逸，而广覆九州；周文王心有敬畏，而建立了华夏。《周易》说："观卦：民众观看盛大的盥礼而不看安排在盥礼之后的简略的荐礼，会因之生起信敬。"说的就是由下看上而感其教化。

祸败之由也，则有媒慢以为阶①，可无慎乎？昔宋敏碎首于棋局②，陈灵被祸于戏言③，阎、邴造逆于相诟④，子公生弑于尝鼋⑤。是故君子居身也谦，在敌也让，临下也庄，奉上也敬。四者备，而怨咎不作，福禄从之。《诗》云："靖恭尔位，正直是与。神之听之，式穀以汝⑥。"故君子之交人也，欢而不媒，和而不同⑦，好而不佞诈⑧，学而不虚行，易亲而难媚，多怨而寡非⑨，故无绝交，无畔朋⑩。《书》曰："慎始而敬终，终以不困⑪。"夫礼也者，人之急也，可终身蹈，而不可须臾离忘也⑫。须臾离，则怠慢之行臻焉⑬；须臾忘，则怠慢之心生焉，况无礼而可以终始乎？夫礼也者，敬之经也；敬也者，礼之情也。无敬无以行礼，无礼无以节敬，道不偏废，相须而行⑭。是故能尽敬以从礼者，谓之成人⑮。

【注释】

①则有媒（xiè）慢以为阶：清俞樾云"有"字衍。媒慢，轻薄，不庄重。阶，阶梯，引申为途径。

②昔宋敏碎首于棋局：宋闵公九年（前683），宋伐鲁，鲁获宋南宫万，后鲁返南宫万归宋。十年（前682）秋，闵公与南宫万猎，博戏争行棋，闵公怒，辱南宫万为"鲁国俘虏"，南宫万以棋局杀闵公。事见《公羊传·庄公十二年》《史记·宋微子世家》。敏，《左传》作"闵"，《史记》作"泯"。

③陈灵被祸于戏言：陈灵公与陈大夫孔宁、仪行父私通于夏徵舒之母夏姬，三人饮酒于夏姬处，灵公对仪行父说："夏徵舒长得像你。"仪行父说："也像你。"夏徵舒怒，待灵公出，自马厩射杀之。事见《左传·宣公十年》《史记·陈杞世家》等。被，同"披"，遭受。

④阎、邴造逆于相诟：阎、邴，指阎职、邴歜（chù）。齐懿公为公子时，与邴歜之父争田猎，不胜，及懿公即位，掘邴歜父墓并断尸足，而使邴歜为己御车，又因阎职妻美而纳之，使阎职为骖乘陪乘。文公十八年（前 609）夏五月，懿公游申池，阎、邴浴于池，以夺妻、掘墓事互辱，后共谋杀懿公。事见《左传·文公十八年》《史记·齐太公世家》等。造逆，发动叛乱。

⑤子公生弑于尝鼋（yuán）：楚人献鼋于郑灵公，公子宋（即子公）与子家（公子归生）将见灵公，子公食指动，对子家说："往日如此，必尝美味。"及入，果见厨夫将解鼋，相视而笑，灵公问其故，子家以实告之。及召诸大夫食鼋之时，灵公召子公食鼋而独不赐食于子家，子公怒，蘸指于鼎，尝之而出。公亦怒，欲杀子公。后子公与子家谋，杀灵公。事见《左传·宣公四年》。鼋，大鳖。

⑥"靖恭尔位"四句：出自《诗经·小雅·小明》。靖，安也。恭，敬也。式，用，施行。穀，福善，福禄。

⑦和而不同：语本《论语·子路》："君子和而不同，小人同而不和。"

⑧佞诈：谄媚而诡计多端。

⑨怨：疑当作"恕"。译文从"恕"。

⑩畔：通"叛"，背叛。

⑪慎始而敬终，终以不困：原脱后一"终"字，《左传·襄公二十五年》《伪古文尚书·蔡仲之命》引此句皆有后一"终"字。清俞樾云，"终"下当更有"终"字。按，是，今据补。

⑫而不可须臾离忘也：《礼记·乐记》："君子曰：礼乐不可斯须去身。"又《中庸》："道也者，不可须臾离也，可离非道也。"

⑬惛（tāo）慢：怠慢，怠惰。臻（zhēn）：到，至。

⑭相须：互相依存，互相配合。

⑮成人：德才兼备的人，犹完人。

【译文】

　　灾祸与失败的来由，是以轻慢不庄重为途径的，能不谨慎吗？从前宋敏公被南宫万用棋盘砸碎头颅，陈灵公因戏言而遭到祸难，阎职、邴歇因相互诟骂而发动变乱，子公因食鳖之事而生弑君之心。所以君子立身处世要谦逊，对敌谦让，临下庄严，奉上恭敬。这四点具备了，怨愤责备就不会产生，福气与荣禄也就随之而来了。《诗经》说："君子当恭敬职守，交正直之士。神灵闻知你的行为，会赐予福禄。"所以君子与人交往，愉悦而不衰慢，和衷相济而不苟同，和善友睦而不谄媚诡诈，学习勤勉而不行止虚伪，容易亲近却难以献媚逢迎，常宽谅待人而很少责难他人，所以没有断绝的交谊，也没有背叛的朋友。《尚书》说："慎始而敬终，终究不会有窘迫困碍。"礼法，是人所急需的，可以终身遵循，不可以有片刻的背离忘记。有片刻的背离，怠惰的行为就会出现；有片刻的忘记，怠惰的思想就会产生，又何况不循礼法而能以之慎始善终呢？礼法，是恭敬的准则；恭敬，是礼法的本质。没有恭敬就无从施行礼法，没有礼法就无从规度恭敬，道理原则不可取此而弃彼，而是相辅相依而归趋一致。所以能竭尽敬意以循从礼法的人，可以称为"成人"。

　　过则生乱，乱则灾及其身。昔晋惠公以慢瑞而无嗣①，文公以肃命而兴国②；郤犨以傲享征亡③，冀缺以敬妻受服④；子围以《大明》昭乱⑤，蒍罢以《既醉》保禄⑥；良霄以《鹑奔》丧家，子展以《草虫》昌族⑦。君子感凶德之如彼，见吉德之如此。故立必磬折⑧，坐必抱鼓⑨，周旋中规，折旋中矩⑩，视不离乎结袷之间⑪，言不越乎表著之位⑫，声气可范⑬，精神可爱,俯仰可宗⑭,揖让可贵⑮,述作有方⑯,动静有常,帅礼不荒⑰,故为万夫之望也⑱。

【注释】

① 晋惠公以慢瑞而无嗣:周天子赐晋惠公玉圭,晋惠公受玉怠慢失礼,《左传》言其无后嗣,因其失礼。事见《左传·僖公十一年》。瑞,原作"端",据事改。

② 文公以肃命而兴国:文公,指晋文公。周襄王赐晋文公命服,晋文公派上卿迎于国境,亲出国都至近郊慰劳,使使者舍于宗庙,待以上公之礼,及受命服之日,三辞而后受。使者归告于周襄王,言晋文公敬王奉礼,诸侯必归之,晋必霸。事见《左传·僖公二十三年》《国语·周语上》。肃命,即敬受天子赐服。命,帝王按官职等级赐给臣下的仪物,如玉圭、服饰等。

③ 郤犨(xì chōu)以傲享征亡:卫侯设宴款待郤犨(苦成叔),郤犨傲慢,宁惠子见其行,言傲慢为取祸之道,认为郤犨将亡,后郤犨果然身亡。事见《左传·成公十四年》。享,通"飨",以酒食犒劳、招待。

④ 冀缺以敬妻受服:冀缺与妻相敬如宾,为晋使者臼季所见,因荐冀缺于晋文公,任下军大夫,后襄公又任其为卿。事见《左传·僖公三十三年》《国语·晋语五》等。受服,即受任为官。服,即命服。

⑤ 子围以《大明》昭乱:楚令尹公子围宴请晋国大夫赵孟,席间公子围诵赋《诗经·大雅·大明》首章,事后,赵孟语于叔向,谓令尹自以为王,叔向言楚王弱,令尹强,以强克弱而心安之,此为不义,即使为王也不会长久。同年十一月公子围弑楚王及其二子,即位为灵王。灵王十二年(前529),楚乱而灵王卒。事见《左传·襄公二十九年》《左传·昭公元年》《左传·昭公十三年》等。《大明》首章写文王之德威明照于天下。围,原作"圉",据事改。

⑥蔿（wěi）罢以《既醉》保禄：楚国蔿罢至晋国盟会，晋侯宴飨之，宴
　毕将退，蔿罢赋诵《诗经·大雅·既醉》。晋大夫叔向谓蔿罢事君
　有敏才，必能养民，将执楚国之政。事见《左传·襄公二十七年》。

⑦良霄以《鹑奔》丧家，子展以《草虫》昌族：郑伯宴请晋国赵孟，郑
　国大夫子展、伯有（良霄）等七人同宴，赵孟请七人各赋诗以明志，
　子展赋诵《诗经·召南·草虫》，伯有赋《诗经·鄘风·鹑之奔
　奔》。宴毕，赵孟语于大夫叔向，言伯有将被杀，而子展当传家最
　久。事见《左传·襄公二十七年》。

⑧立必磬折：语出《礼记·曲礼下》：“立则磬折垂佩。”意谓站立时
　屈身必如磬之曲折，表示谦恭。磬折，屈身弯腰时曲折如磬。

⑨坐必抱鼓：《尚书大传》《韩诗外传》《说苑·修文》《春秋繁露·五
　行相生》皆作“拱则抱鼓”。拱，拱手，两手相合以示敬意。

⑩周旋中规，折旋中矩：《礼记·玉藻》：“周还中规，折还中矩。”周
　旋，即周还，古代行礼时进退揖让的动作。规，圆。折旋，即折还，
　指曲行，古代礼节中表示行进的一种步法。矩，方。

⑪视不离乎结袷（guì）之间：《左传·昭公十一年》：“朝有著定，会
　有表，衣有袷，带有结。会朝之言必闻于表著之位，所以昭事序也；
　视不过结袷之中，所以道容貌也。”意谓视线目光不离衣衿交会
　和衣带交会之处。袷，衣衿交会之处。

⑫表著之位：朝廷内按官职大小用标帜标明固定的朝位。

⑬声气：神情气概和声势。

⑭俯仰：此处指举动、举止。

⑮揖让：指宾主相见的礼仪。

⑯述作：述，传承。作，创新。《礼记·乐记》：“作者之谓圣，述者之
　谓明。明圣者，述作之谓也。”

⑰帅：遵循。

⑱万夫之望：语出《周易·系辞下》：“君子知微知彰，知柔知刚，万

夫之望。"意谓万众敬仰。

【译文】

　　过分就会出现变乱，变乱那么灾祸就会降到他的身上。从前晋惠公因怠慢周天子所赐瑞玉而没有后继者，晋文公因为恭敬天命而兴盛邦国；郤犫因为傲慢享逸而预示其灭亡，冀缺因为敬爱妻子而拜官受爵；子围因为吟诵《大明》而昭示其逆乱之意，蔫罢因为吟诵《既醉》而久保爵禄；良霄因为吟诵《鹑之奔奔》而兆示戮身丧家，子展因为吟诵《草虫》而预兆宗族昌盛。君子感念如晋惠公等人那样的恶德，看到像晋文公等人这样的善德。所以站立行礼就一定弯腰如磬以表恭敬，端坐就揣手如抱鼓，曲行回返要合圆，直行转折要合方，视线目光不离衣带交会和衣衿交会之处，言辞不超越朝堂规定的伫立之位所当言说的，声势气概可为模范，神情意态令人仰慕，举止行为值得推重效法，礼仪文德能被重视崇尚，传承与创新有道得法，行与止有原则规律，遵循礼法而不荒废，所以为万民所敬仰。

修本第三

【题解】

修本,即溯源。《孔子家语·哀公问政》:"此教民修本,反始崇爱,上下用情,礼之至也。"三国魏王肃注:"民能不忘其所由生,然后能相爱也。上下,谓尊卑;用情,谓亲也。"此篇言行为身之本,身、家又为治之本。君子当务本修身,省己建德,严于律己,积小致大。君子贵乎修身而不息,持志而不改。

民心莫不有治道①,至乎用之则异矣②。或用乎己,或用乎人③。用乎己者,谓之务本④;用乎人者,谓之近末⑤。君子之治之也⑥,先务其本,故德建而怨寡;小人之治之也,先近其末,故功废而仇多。孔子之制《春秋》也,详内而略外,急己而宽人。故于鲁也,小恶必书;于众国也,大恶始笔⑦。夫见人而不自见者谓之矇⑧,闻人而不自闻者谓之聩⑨,虑人而不自虑者谓之瞀⑩。故明莫大乎自见,聪莫大乎自闻⑪,睿莫大乎自虑⑫。此三者,举之甚轻,行之甚迩⑬,而人莫之知也。故知者举甚轻之事,以任天下之重;行甚迩之路,以穷天下之远。故德弥高而基弥固⑭,胜弥众而爱弥广。

【注释】

①民心莫不有治道：清钱培名校云，"民"原作"人"，"治"原作"理"，
　因唐世避讳而改。

②乎：《群书治要》作"于"。

③或用乎己，或用乎人：此二句《群书治要》中句序互倒。

④务本：语出《论语·学而》："君子务本，本立而道生。孝弟也者，
　其为仁之本与？"意谓致力于根本。

⑤近：《群书治要》作"追"。下同。

⑥君子之治之也：原作"君子之理也"，此从《群书治要》。下句"小
　人之治之也"亦同。

⑦"孔子之制《春秋》也"数句：语本《公羊传·隐公十年》："《春秋》
　录内而略外。于外，大恶书，小恶不书；于内，大恶讳，小恶书。"

⑧矇（méng）：盲，有目而失明。

⑨聩（kuì）：生而耳聋者。后泛指耳聋。

⑩瞀（mào）：昏沉错乱，愚昧无知。

⑪聪：此指明察。

⑫睿：通达，明智。以上三句中"乎"字在《群书治要》中皆作"于"字。

⑬迩：近。

⑭弥：益，越，更加。

【译文】

　　人心中都有处理事情的原则和标准，至于具体实行起来就各不相同
了。有的人着重实行在自己身上，有的人着重实行在他人身上。着重在
自己身上的，称之为"务本"；着重在他人身上的，称之为"逐末"。君子
处理事情，首先致力于己身根本，所以好的德行得以建立而怨隙很少出
现；小人处理事情，首先致力于外在非根本的，所以常做无用功而且引起
很多仇怨。孔子编撰《春秋》的时候，对内周详而对外简略，严于律己而
宽以待人。所以对于鲁国，细小的过失也会被记载；对于其余诸国，重大

的过失才会被记录。那些看得见他人却看不明自己的人称作"矇",听得到他人却听不清自己的人称为"聩",思虑他人而不虑省自己的人称作"瞀"。所以最好的眼力是能看见自己,最大的明察是能听到自我,最明达的思考是省虑自身。这三个方面,做起来很容易,走起来很近,但人们都没能认识到这些。所以有智慧的人做十分容易的事情,就能以之承担起天下的重任;走很短的路,就能因之行尽天下间遥远的地方。所以德行越高尚根基就越稳固,承担的越多惠爱就越广。

《易》曰:"复,亨。出入无疾,朋来无咎①。"其斯之谓欤?君子之于己也,无事而不惧焉:我之有善,惧人之未吾好也;我之有不善,惧人之必吾恶也②;见人之善,惧我之不能修也;见人之不善,惧我之必若彼也。故其向道,止则隅坐③,行则骖乘④。上悬乎冠緌⑤,下系乎带佩,昼也与之游,夜也与之息。此《盘铭》之谓"日新"⑥。《易》曰:"日新之谓盛德⑦。"孔子曰:"弟子勉之,汝毋自舍! 人犹舍汝,况自舍乎? 人违汝,其远矣⑧。"

【注释】

①复,亨。出入无疾,朋来无咎:语出《周易·复卦》卦辞。

②必:原作"未",今据《群书治要》改。

③隅坐:坐于席角旁。古代无椅时,布席共坐于地,尊者正席,卑者坐于旁位。此二句皆恭敬侍长之意。

④骖(cān)乘:陪乘或陪乘的人。骖,通"参",陪。

⑤冠緌(ruí):古代公侯礼帽的穗緌,帽带的下垂部分。

⑥日新:语出《礼记·大学》:"汤之《盘铭》曰:'苟日新,日日新,又日新。'"即日日更新。

⑦日新之谓盛德：语出《周易·系辞上》："富有之谓大业，日新之谓
　　之盛德。"

⑧"弟子勉之"六句：清孙星衍《孔子集语·劝学》所引孔子此语首
　　见于《中论》。

【译文】

　　《周易》说："复，亨通。出入不会有碍，朋友间往来也不会有灾祸。"
大概说的就是这样吧？君子对于自身，没有什么事是能不畏惧的：自己
有善行美德，害怕别人不喜欢自己；自己有不好的德行，害怕别人厌憎自
己；看见别人的善言善行，害怕自己不能学到；看见别人不好的德行，害
怕自己也会像他一样。所以君子向慕道义，恭敬侍长，在家就坐在席角，
出行就坐在车右陪乘。上悬挂好冠帽的穗缓，下系好腰间的佩饰，白
天与其一起行动，晚上与其一道休息。这就是商汤在《盘铭》中所说的"日
日更新"。《周易》说："日日更新就叫盛德。"孔子说："弟子们，你们要勤
勉努力啊，不要自我放弃！别人可能会抛弃你，但你们能自我放弃吗？
别人离你们已经很远了。"

　　故君子不恤年之将衰①，而忧志之有倦。不寝道焉，不
宿义焉，言而不行，斯寝道矣，行而不时，斯宿义矣②。夫行
异乎言，言之错也，无周于智；言异乎行，行之错也，有伤于
仁，是故君子务以行前言也。民之过，在于哀死而不爱生，
悔往而不慎来③，喜语乎已然，好争乎遂事，堕于今日④，而
懈于后旬，如斯以及于老。故野人之事⑤，不胜其悔，君子之
悔，不胜其事。孔子谓子张曰⑥："师，吾欲闻彼，将以改此
也，闻彼而不改此，虽闻何益？"故《书》举穆公之誓⑦，善变
也；《春秋》书卫北宫括伐秦⑧，善摄也⑨。夫珠之含砾⑩，瑾
之挟瑕⑪，斯其性与。良工为之以纯其性，若夫素然⑫。故观

二物之既纯，而知仁德之可粹也。优者取多焉，劣者取少焉，在人而已，孰禁我哉！乘扁舟而济者^⑬，其身也安；粹大道而动者，其业也美。故《诗》曰："追琢其章，金玉其相。勉勉我王，纲纪四方^⑭。"

【注释】

①故君子不恤年之将衰：恤，这里指忧虑、忧患。衰，《意林》作"暮"。

②"不寝道焉"六句：清钱培名校云，原脱"焉言而不行斯寝道矣行而不时斯宿义"十六字，今据《群书治要》补。寝，湮没不彰，隐蔽。宿，停留。此处"寝""宿"同义。

③"民之过"三句：清钱培名校云，原作"人之过，在于哀死而不在于爱生，悔往而不在于怀来"，文义不属，盖人妄补，今据《群书治要》删正。

④堕：《群书治要》作"随"。

⑤野人：庶人，俗士。

⑥孔子谓子张曰：此句上疑有脱文。以下孔子之语，清孙星衍《孔子集语·劝学》引此语首见于《中论》。子张，复姓颛孙，名师，字子张。春秋战国时期陈国人。孔门十二哲之一。

⑦《书》举穆公之誓：《尚书孔传参正·书序》："秦穆公伐郑，晋襄公帅师败诸崤，还归，作《秦誓》。"

⑧《春秋》书卫北宫括伐秦：其事见于《左传·襄公十四年》。

⑨摄：此处有佐理、辅助之义。

⑩砾：小石，碎石。

⑪瑾：美玉名。瑕：有疵的玉。

⑫若：像，如。

⑬扁舟：清俞樾云，"扁"当读为"编"，即编列众舟以济，如诸侯维舟，大夫方舟之类。维舟，古代诸侯所乘之船，维连四船，使不动摇，

故称为"维舟"。

⑭"追琢其章"四句：语出《诗经·大雅·棫朴》。追逐，雕琢。追，通"雕"。相，质地，实质。

【译文】

所以君子不忧虑年纪的衰暮，而是担心持志有所倦怠。不湮蔽大道，不隐滞义理，说了而不实行，这就是湮蔽大道，实行而不合宜，这就是隐滞义理。行为与言论不同，若是言论的过错，就不能完备才智；言论与行为有异，若是行为的过错，就会损害仁义，所以君子一定要践行说过的话。人们的过失在于哀惧死亡而不知爱惜生命，追悔以往却不知慎对未来，喜欢谈论已经发生的事，爱好争辩已经完成的事，懈怠于今日，又懒散于来时，就这样到老。所以庶人俗士做事情，总有太多追悔，而君子之悔，在于力不能胜任其事。孔子对子张说："子张，我想要去知晓一件事，是想以之修备自身，知晓了一件事却不以之修备自身，那即使知晓了又有什么益处呢？"所以《尚书》提到了秦穆公的誓言，这是因为他善于改正过失；《春秋》记载了卫国北宫括攻打秦国，这是因为他善于佐理辅助。珍珠中有碎石砂砾，美玉上有瑕疵，这是它们的自然性质。高超工匠来处理它们，会使它们的性质更加纯粹，好像它们本然的面貌就是如此。所以看到珍珠、美玉可以变得更加纯粹，就知道仁德也能更加纯粹。明智的人汲取得多，愚劣的人汲取得少，因为人不同而已，又有谁能禁止我呢！乘坐编列好的众多船只渡河的人，他的生命是安全的；纯守道义仁德做事的人，他的事业会成就得极好。所以《诗经》说："外雕精美的花纹，内有金玉的佳质。我王勤勉不已，统治天下治理国家。"

先民有言，明出乎幽，著生乎微。故宋井之霜，以基升正之寒①；黄芦之萌②，以兆大中之暑，事亦如之。故君子修德，始乎笄丱③，终乎鲐背④，创乎夷原⑤，成乎乔岳⑥。《易》

曰:"升,元亨。用见大人,勿恤。南征吉⑦。"积小致大之谓也。小人朝为而夕求其成⑧,坐施而立望其反,行一日之善,而求终身之誉。誉不至,则曰善无益矣。遂疑圣人之言,背先王之教,存其旧术,顺其常好,是以身辱名贱,而不免为人役也⑨。孔子曰:"小人何以寿为?一日之不能善矣,久恶,恶之甚也⑩。"盖人有大惑而不能自知者,舍有而思无也,舍易而求难也。身之与家,我之有也,治之诚易,而不肯为也;人之与国,我所无也,治之诚难,而愿之也。虽曰:"吾有术⑪,吾有术。"谁信之欤?

【注释】

①升正:清吴承仕《绂斋集识》:"升正,当作'昴正';大中,当为'火中'。"《尚书·尧典》:"日永,星火,以正仲夏。……日短,星昴,以正仲冬。"

②黄芦:枯黄的芦苇。

③笄丱(jī guàn):指初成年之时。笄,簪子,女子成年用以系发。丱,童子束发成两角的样子。

④鲐(tái)背:指老人背上生斑如鲐鱼之纹,为高寿的象征。

⑤夷原:平原。

⑥乔岳:本指泰山,此处泛指高山。

⑦"升,元亨"五句:语出《周易·升卦》卦辞。

⑧求:《群书治要》作"问"。

⑨不免:《群书治要》作"永"。

⑩"小人何以寿为"四句:清孙星衍《孔子集语·劝学》引孔子此语首见于《中论》。

⑪术:才艺,策略。

【译文】

前人说过,光明出自幽暗,显著产生于细微。所以宋国井旁的白霜,是冬天严寒的开始;枯黄的芦苇,预兆了酷夏的炎热,天下之事也是这样。所以君子修养德行,始于初成年之时,终于衰老之岁,最初时坦如平原,最终能成如高山。《周易》说:"升,顺利亨通。利于拜见大人,不要忧虑。向南出征吉利而能得行其志。"说的就是积小成大。小人早上做了事晚上就贪求其能成功,坐着施予起身就图望回报,做一天的善事却想贪求终身的美誉。美誉没得到,就说做善事没有好处。于是便怀疑圣人的言论,背离先王的教导,保留他原来的方式,顺从他素常的喜好,因此为人所辱而名声卑贱,且不免被人役使。孔子说:"小人如何能长命全身呢?他一天都不能为善,长久为恶,恶就积累到了很深的地步。"有很大的迷惑却不能自我认识到的人,是因为他们舍弃自己所拥有的而殚思竭虑于自己所没有的,舍弃容易的而希求艰难的。自身与家庭,是自己拥有的,要管理起来实在是很容易,却不肯去做;他人和国家,是自己没有的,管理起来实在是很困难,却甘愿去做。这样的人纵然说:"我有才能,我有才能。"谁又会信任他呢?

故怀疾者,人不使为医,行秽者,人不使书法,以无验也。子思曰①:"能胜其心②,于胜人乎何有?不能胜其心,如胜人何?"故一尺之锦,足以见其巧,一仞之身③,足以见其治,是以君子慎其寡也。道之于人也,甚简且易耳④。其修之也,非若采金攻玉之涉历艰难也⑤,非若求盈司利之竞逐嚣烦也。不要而遘⑥,不征而盛⑦,四时嘿而成⑧,不言而信,德配乎天地,功侔乎四时⑨,名参乎日月⑩,此虞舜、大禹之所以由匹夫登帝位、解布衣被文采者也⑪。故古语曰:"至德之贵,何往不遂? 至德之荣,何往不成?"后之君子,虽不及行,亦将至之云耳⑫。

【注释】

①子思:孔子的孙子,孔鲤的儿子,名伋,字子思。著《子思》二十三篇,已佚,相传《中庸》亦为子思所作。其事见于《史记·孔子世家》。

②胜:克制,制服。

③仞:原本作"初",当误。仞,七尺曰"仞"。一说八尺曰"仞"。

④甚:清钱培名校云,原讹"其",据《意林》改,与《太平御览》所引合。

⑤若:《太平御览》作"如"。下句同。

⑥不要(yāo)而遘(gòu):不求而自成。要,探求,求取。遘,通"构",成。

⑦征:征取,求取。

⑧嘿:同"默",不说话,不出声。

⑨侔(móu):齐等,相当。

⑩参:并立。

⑪文采:此处指袗(zhěn)衣,即绘有文采的华贵衣服,指天子所穿的盛服。

⑫云耳:亦作"云尔",用于语尾,表示如此而已。

【译文】

所以自己就有疾病的人,人们不会让他来行医,自己行止就很不好的人,人们不会让他来载录合于法度的事,因为在他们自己身上都没有效验。子思说:"能制服自己的心,对于制服他人又有何难呢?不能制服自己的心,又如何制服别人呢?"所以一尺的锦缎,足以看出其技艺的精致巧妙,一仞高的身躯,足以看出他是如何处理好事情,所以君子在孤身独处的时候要慎守己身。道理对于人来说,是十分简单平易的。要修养它,不用像采掘金子、凿取玉石那样历经艰辛困苦,也不用像追求盈利、窥伺利益那样在喧闹繁杂中竞争追逐。不特意追求就可以成就,不刻意求取就能兴盛,四时不言而自有其成,不用多说而能以实际践行获得信任,德行深广可与天地相配,功业宏伟可与四时齐等,名声光耀可与日月同列,这就是虞舜、大禹之所以能以一介平民之身登临帝位,脱下布衣穿上天子华服的原因。所以古语说:"以最高盛德的尊贵崇高,怎么能无往而不顺遂如意? 以最高盛德的盛大光耀,怎么能无往而不获得成功?"后世的君子,虽然时隔久远而不能紧跟他们行迹道路,但也能达到这样的境界。

　　琴瑟鸣,不为无听而失其调;仁义行,不为无人而灭其道。故弦绝而宫商亡①,身死而仁义废。曾子曰:"士任重而道远。仁以为己任,不亦重乎? 死而后已,不亦远乎②?"夫路不险,则无以知马之良;任不重,则无以知人之德③。君子日强其所重④,以取福;小人日安其所轻,以取祸。或曰:"斯道岂信哉?"曰:"何为其不信也?"世之治也,行善者获福,为恶者得祸。及其乱也,行善者不获福,为恶者不得祸,变数也⑤。知者不以变数疑常道,故循福之所自来,防祸之所由至也。遇不遇,非我也,其时也⑥。

【注释】

① 宫商:本指五音中的宫音与商音,此泛指音乐、乐曲。

② "士任重而道远"五句:语见《论语·泰伯》:"曾子曰:'士不可以不弘毅,任重而道远。仁以为己任,不亦重乎? 死而后已,不亦远乎?'"

③ 德:《意林》作"材"。

④ 君子日强其所重:日强,原作"自强",清钱培名校云,以下句"小人日安其所轻"推之,"自"当作"日",据改。

⑤ 变数:这里指某些不合常规的现象。

⑥ "遇不遇" 三句：语本《荀子·宥坐》："孔子曰：'遇不遇者，时也；死生者，命也。今有其人不遇其时，虽贤，其能行乎？苟遇其时，何难之有？故君子博学、深谋、修身、端行以俟其时。'"

【译文】

　　琴瑟奏鸣，不因为无人赏听而错乱音调；仁义施行，不因为没有志同者而灭弃其道。所以弦断音声方息，身死仁义才止。曾子说："士肩上所担之任很重而前行之路漫漫长远。把仁作为自己担当的责任，不是很重吗？死而后已，不是很远吗？"道路不艰险，就无从知晓马的好坏；责任不重大，就无从知道人德行的优劣。君子每天勤勉于实现自己所肩负的重任来迎福，小人每天安乐于自己短浅的贪求以得祸。有人说："这样的道理可信吗？"回答说："为什么不可信呢？"世道安治，行善的人能得福，作恶的人则得祸。到了世道混乱的时候，行善的人无法得福，作恶的人也不得祸，这是非常规的现象。有智慧的人不会因为非常规的特例而怀疑常有的道理，所以遵循福来的道理，防范祸至的途径。能不能得到机遇成就志向，这不是仅靠自己就能决定的，还要看时势机会。

　　夫施吉报凶谓之命，施凶报吉谓之幸，守其所志而已矣。《易》曰："君子以致命遂志①。"然行善而获福犹多②，为恶而不得祸犹少，总夫二者，岂可舍多而从少也③？曾子曰："人而好善，福虽未至，祸其远矣；人而不好善，祸虽未至，福其远矣④。"故《诗》曰："习习谷风，惟山崔巍。何木不死，何草不萎⑤？"言盛阳布德之月，草木犹有枯落而与时谬者，况人事之应报乎？故以岁之有凶穰而荒其稼穑者⑥，非良农也；以利之有盈缩而弃其资货者⑦，非良贾也⑧；以行之有祸福而改其善道者，非良士也。《诗》云："颙颙卬卬，如珪如璋，令闻令望。恺悌君子，四方为纲⑨。"举珪璋以喻其德，贵不变也。

【注释】

①君子以致命遂志：语出《周易·困卦》："象曰：'泽无水，困。君子以致命遂志。'"致命，捐躯，献出生命。遂志，实现志向。

②行善而获福犹多：原作"行善而不获福犹多"，清俞樾云"不"字衍，按文义是，据删。

③也：当读为"邪"，表示反问。

④"人而好善"六句：引曾子之语，未详其出处。

⑤"习习谷风"四句：语出《诗经·小雅·谷风》。"何木不死，何草不萎"二句，《诗经》今作"无草不死，无木不萎"。

⑥凶穰（ráng）：歉岁与丰年。

⑦盈缩：此为盈亏得失。

⑧贾（gǔ）：商人。

⑨"颙颙（yóng）卬卬（áng）"五句：语出《诗经·大雅·卷阿》。颙颙卬卬，形容体貌庄重恭敬，气概轩昂。珪、璋，两种贵重的玉制礼器。此比喻高尚的品德。珪，同"圭"，古代帝王诸侯朝聘、祭祀、丧葬等举行隆重仪式时所用的玉制礼器，长条形，上尖下方，其名称、大小因爵位及用途不同而异。璋，状如半珪，古代朝聘、祭祀、丧葬、治军时用作礼器或信玉。恺（kǎi）悌，和乐平易。

【译文】

行善而得恶报的叫"命"，行恶而得善报的叫"侥幸"，谨守自己的志向就可以了。《周易》说："君子能献出生命来实现他的志向。"但行善得福的还是更多，作恶不得祸的还是较少，综合这二者，难道可以舍弃多数而追从少数吗？曾子说："人要是好行善事，福即使还没到，祸却早已远离其身；人要是不好行善，祸即使还未到，福却早已远离其身了。"所以《诗经》说："山谷来风迅猛，刮过崔巍的高山。什么树木不被刮得枯死，什么花草不被刮得枯萎呢？"说的是在阳气旺盛德泽广布的月份里，草木还有枯死衰落与季节时令违背的，更何况是人事的报应呢？所以因为年成有歉有丰而荒废耕收的，不是好农民；因为利益有盈有亏而抛弃资财货物的，不是好商人；因为行事有祸有福而更变行善为义的，不是好士人。《诗经》说："贤臣肃敬庄重，志气轩昂，高尚的品德如玉之圭璋，美名威望传遍四方。和气近人的君子，是天下人的榜样。"以珪璋来比喻君子的德行，推重的是其能恒本不变。

虚道第四

【题解】

虚道，即虚心为道。此篇论君子虚心求教，改过迁善，鉴于他人。君子需常常自儆自省，尽循去恶为善之道，以修治己身。而下愚者则反行之，故招致怨谤及祸患。

人之为德，其犹器欤①？器虚则物注②，满则止焉。故君子常虚其心志，恭其容貌，不以逸群之才③，加乎众人之上，视彼犹贤，自视犹不足也④，故人愿告之而不厌，诲之而不倦⑤。《易》曰："君子以虚受人⑥。"《诗》曰："彼姝者子，何以告之⑦？"君子之于善道也，大则大识之，小则小识之⑧，善无大小，咸载于心，然后举而行之。我之所有，既不可夺，而我之所无，又取于人。是以功常前人，而人后之也。故夫才敏过人，未足贵也；博辩过人，未足贵也；勇决过人，未足贵也。君子之所贵者，迁善惧其不及，改恶恐其有余。故孔子曰："颜氏之子，其殆庶几乎？有不善未尝不知，知之未尝复行⑨。"夫恶犹疾也，攻之则益悛⑩，不攻则日甚。故君子之相求也⑪，非特兴善也，将以攻恶也。恶不废则善不兴，自然之道也。《易》曰："否之匪人，不利君子贞，大往小来⑫。"
阴长阳消之谓也。

【注释】

①其犹器欤：清钱培名校云，原本"器"上有"虚"字，据《群书治要》
　删，今从之。

②虚：空。注：聚集。

③逸群之才：超群出众的才能。

④不足：《群书治要》作"不肖"。

⑤故人愿告之而不厌，诲之而不倦：清钱培名校云，原脱"而不厌诲
　之"五字，据《群书治要》补。

⑥君子以虚受人：语出《周易·咸卦》："象曰：'山上有泽，咸。君子
　以虚受人。'"

⑦彼姝（shū）者子，何以告之：语出《诗经·鄘风·干旄》："孑孑干
　旄，在浚之城。素丝祝之，良马六之。彼姝者子，何以告之？"此
　处意指若能谦虚恭善，则人皆乐告其良言。姝，好，善。

⑧大则大识之，小则小识之：语本《论语·子张》："子贡曰：'文、武
　之道，未坠于地，在人。贤者识其大者，不贤者识其小者，莫不有
　文、武之道焉。夫子焉不学，而亦何常师之有？'"

⑨"颜氏之子"四句：语出《周易·系辞下》："子曰：'颜氏之子，其
　殆庶几乎？有不善未尝不知，知之未尝复行也。'"

⑩攻之则益悛（quān）：《群书治要》"益"上有"日"字。悛，悔改，
　停止。

⑪故君子之相求也：清钱培名校云，原脱"之"字，据《群书治要》补。
　求，《意林》作"见"。

⑫"否之匪人"三句：语出《周易·否卦》。否，原作"比"，据否卦改。

【译文】

人修养德行,这大概就像器皿吧?器皿中空那么外物就可以注入,器皿如果满了那便不能再注物了。所以君子常常虚心谦志,恭和容貌,不因为自己的才能超群出众,就凌驾于众人之上,他看别人都觉得很贤能,看自己还觉得很不足,所以人都愿意不厌其烦地告谕他,不惮疲倦地教导他。《周易》说:"君子能以谦虚的胸怀来接受他人的教诲。"《诗经》说:"那个谦逊好善的人,有什么可以告诉他呢?"君子对于善道,大的就记住大处,小的就记住小处,不论大小,皆谨记于心,然后遵行。自己已具备的,就不会失掉,而自己还没有的,又可以向他人学取。因此他的功业成就常常先于别人,而别人常落在他的后面。所以才能聪敏超过他人,不值得推重;博学雄辩超过他人,不值得推重;勇敢果决超过他人,不值得推重。君子所当推重的,是担忧改过向善还不足以达到善,害怕改正缺恶仍留有余过未改。所以孔子说:"颜家的儿子颜回,差不多能达到迁善改恶了吧?有过失,他没有不知道的,知道了的就决不会再犯。"缺恶就像疾病,攻治它才会逐渐痊愈,不攻治就会日益恶化。所以君子所求的,不只是兴扬美德善道,还要攻治劣行恶举。恶行不能废止,善道就不能兴盛,这是自然的道理。《周易》说:"闭塞的世道不是人道交通往来的时候,不利于君子行正道,正大的离去,恶劣的到来,恶长善消。"说的就是阴盛阳衰,善恶消长。

先民有言,人之所难者二:乐攻其恶者难①,以恶告人者难②。夫惟君子,然后能为己之所难,能致人之所难②。既能其所难也,犹恐举人恶之轻③,而舍己恶之重。君子患其如此也,故反之复之,钻之核之④,然后彼之所怀者竭,始尽知己恶之重矣。既知己恶之重者,而不能取彼,又将舍己,况拒之者乎⑤?夫酒食,人之所爱者也,而人相见莫不进焉。

不吝于所爱者,以彼之嗜之也。使嗜忠言甚于酒食⑥,人岂其爱之乎?故忠言之不出,以未有嗜之者也。《诗》云:"匪言不能,胡斯畏忌⑦。"目也者,能远察天际,而不能近见其睫⑧,心亦如之。君子诚知心之似目也,是以务鉴于人,以观得失⑨。故视不过垣墙之里,而见邦国之表;听不过阈闑之内⑩,而闻千里之外,因人之耳目也⑪。人之耳目尽为我用,则我之聪明,无敌于天下矣。是谓人一之,我万之;人塞之,我通之。故知其高不可为员,其广不可为方⑫。

【注释】

①乐攻其恶者难:攻,《群书治要》作"知"。恶,指人的缺漏过错等不好的地方。

②能为己之所难,能致人之所难:能为己之所难,指能处理好自己所难之事,即能自正己恶。能致人之所难,指能使人到达其难以到达之处,即指出他人之恶使其能自正。能致人之所难,此句原作"能到人之所难也",据《群书治要》改。致,至也。这里作使动,使之至。

③犹恐举人恶之轻:直指人之恶,如实不诬,不避重就轻。《荀子·不苟》:"正义直指,举人之过,非毁疵也。"

④钻之核之:钻研审核。钻,钻研。核,审查。"反之复之,钻之核之"的四个"之"字皆语助词,无实义。

⑤又将舍己,况拒之者乎:《论语·子张》:"子夏曰:'可者与之,其不可者拒之。'子张曰:'异乎吾所闻。君子尊贤而容众,嘉善而矜不能。我之大贤与,于人何所不容?我之不贤与,人将拒我,如之何其拒人也?'"意谓他人会舍弃我的忠告,又何况那些拒而不听的人呢。

⑥忠言：原作"者"，清钱培名据《群书治要》改，今从之。

⑦匪言不能，胡斯畏忌：语出《诗经·大雅·桑柔》。

⑧能远察天际，而不能近见其眦（zì）：一本作"能远察天际，而不能近见其背"。"背"即"眥"之误，"眥"为"眦"之别体。《群书治要》无句首"能"字。清钱培名校云，原脱"天际"二字及"眦"字。按钱校是，今从一本，并据《群书治要》补正。天际，天边。眦，眼角，眼眶。

⑨是以务鉴于人，以观得失：《尚书·酒诰》："古人有言曰：'人无于水监，当于民监。'"

⑩阈（yù）：门槛。槷（niè）：通"闑"，门橛（jué），门槛，即古代竖在大门中间以为限隔的短木。

⑪因人之耳目：清钱培名校云，原脱"之耳目"三字，据《群书治要》补。

⑫其高不可为员，其广不可为方：学识之高不可计量，见闻之广不可圈限。二句互文，指其见闻学识不可度量。员，物的数量。方，四周围绕，亦指界限或界线。

【译文】

古人曾说，人有两件事难以做到：乐于自己修正自己不好的地方很难，能指出别人不好的地方使他自正也很难。只有成为君子，才能做好自己所难之事，才能使他人到达其自身难以到达的地方。已经做好这些难事了，仍然担心指出的是他人恶之轻者，忽略了自己恶之重者。君子忧虑自己会像这样，所以反复考量，钻研审核，然后尽知他人所怀有的，于是才知道己恶之重者。已经知道己恶之重者，却不能取信于他人，那么他人会舍弃我的忠告，更何况那些拒而不听的人呢？酒食，是人们都喜爱的东西，而人们相见时没有不献出招待的。不吝惜自己所喜爱的东西，是因为对方也喜爱。假使喜好忠言更甚于喜好酒食，难道人们还会吝惜他们的忠言吗？所以不说忠言，是因为没有喜好忠言的人。《诗经》说："不是不能说，为何如此畏惧顾忌？"人的眼睛，可以远望到天边，却不能看到近处自己的眼角，心也是这样。君子深知心就像眼睛，所以勉力借鉴于人，来察看自己的得失是非。所以目视虽然不过墙内，却能照见邦国之外；耳听虽然不出门内，却能闻知千里之外，这是借助他人的耳目而为己用。他人的耳目尽皆为我所用，那么我的耳目视听，天下就无有能及的了。这就是别人有一对耳目，我有成千上万对耳目；别人的耳目被蔽塞，我的耳目依然通明。所以知道其人的学识之高实不可测，见闻之广无法度量。

　　先王之礼，左史记事，右史记言①，师瞽诵诗，庶僚箴诲②，器用载铭③，筵席书戒，月考其为，岁会其行④，所以自供正也⑤。昔卫武公年过九十，犹夙夜不怠，思闻训道⑥，命其群臣曰："无谓我老耄而舍我，必朝夕交戒⑦。"又作《抑》诗以自儆也⑧。卫人诵其德，为赋《淇澳》，且曰"睿圣"⑨。凡兴国之君，未有不然者也。故《易》曰："君子以恐惧修省⑩。"下愚反此道也，以为己既仁矣、智矣、神矣、明矣，兼此四者，何求乎众人？是以辜罪昭著⑪，腥德发闻⑫，百姓伤心，鬼神怨痛，曾不自闻，愈休如也⑬。若有告之者，则曰："斯事也，徒生乎子心，出乎子口⑭。"于是刑焉、戮焉、辱焉、祸焉。不能免⑮，则曰："与我异德故也，未达我道故也，又安足责？"是己之非，遂初之缪⑯，至于身危国亡，可痛矣夫⑰！《诗》曰："诲尔谆谆，听之藐藐。匪用为教，覆用为虐⑱。"

【注释】

①左史记事，右史记言：周代史官有左、右史之分。《礼记·玉藻》："动则左史书之，言则右史书之。"

②师瞽（gǔ）诵诗，庶僚箴（zhēn）诲：古代君主处理政务，常使乐师

乐官献诗诵诗以观民风民情，并接受百官近臣的谏劝。师，乐师，即乐官。瞽，盲人，古代有以瞽者为乐官。庶僚，此指百官。箴，一种寓有劝诫意义的文辞。

③铭：刻写在器物上的文辞，具有称颂、警戒等作用，以示永志不忘。《大戴礼记·武王践阼》："退而为戒书，于席之四端为铭焉。"

④会：岁之总计。

⑤供：通"恭"。

⑥训道（dǎo）：教诲开导。道，开导。

⑦朝夕交戒：《群书治要》"戒"字后有"我"字。

⑧《抑》诗：即《诗经·大雅·抑》。儆（jǐng）：告诫，警戒。

⑨"卫人诵其德"三句：事见《国语·楚语上》《诗经·大雅·抑》序等。且曰"睿圣"，清俞樾云，"且"乃"目"字之误。睿圣，明智，圣明。

⑩君子以恐惧修省：语出《周易·震卦》："象曰：洊雷，震。君子以恐惧修省。"此指君子战战兢兢，如履薄冰，修身省察不敢懈怠。

⑪辜（gū）罪：罪过，罪恶。

⑫腥德发闻：指丑恶的品行或名声远播。

⑬休如：休休然，即欣欣然。

⑭生乎子心，出乎子口：意指事为虚诞，是告言之人无中生有。

⑮不能免：《群书治要》作"不然"。

⑯缪：通"谬"，谬误。

⑰夫：《群书治要》作"已"。

⑱"诲尔谆谆"四句：语出《诗经·大雅·抑》。听之藐藐，《诗经》"之"作"我"。

【译文】

　　先王时的礼制，左史记载行止事迹，右史记载言语宣告，乐官诵诗讽谏，百官规劝教导，器具刻载警铭，席端写刻戒书，每月考察其所为，岁终总计其所行,用来使之敬慎清正。从前卫武公年过九十岁,仍然从早到晚不敢懈怠,希望听到他人的教导,命令臣下说:"不要因为我年事老迈而放弃我,一定要从早到晚更相规诫我。"又作《抑》诗来自我警诫。卫国人赞颂他的德行,为他创作了《淇澳》,并且称他为"睿圣武公"。凡是能使国家兴盛的君主,没有不是这样的。所以《周易》说:"君子以惶恐畏惧之心修治省察自身。"愚昧之人反其道而行之,以为自己已经十分仁义、智慧、超群、明达了,兼备这四者,为何还要求之于他人呢?所以罪恶昭彰,污德显闻,百姓伤悲,鬼神怨痛,竟不自知,愈加欣然自得。如果有人告诉他,他就说:"这些事,只是在你心中发生,从你口中说出。"于是刑戮其人,辱身降祸于他。当无法推脱自己的责任时,就说:"这是他们与我离心离德的缘故,是他们没有理解我的想法,又哪里需要责备我呢?"以肯定自己的过错,顺循先前的谬误,而到了身危国灭的境地,真是让人痛惜!《诗经》说:"我谆谆地规劝你,你听了却不以为意。不以我的规劝为教诫,反而认为其有害。"

盖闻舜之在乡党也①,非家馈而户赠之也,人莫不称善焉;象之在乡党也②,非家夺而户掠之也,人莫不称恶焉。由此观之,人无贤愚,见善则誉之,见恶则谤之,此人情也,未必有私爱也,未必有私憎也。今夫立身不为人之所誉,而为人之所谤者,未尽为善之理也。尽为善之理,将若舜焉,人虽与舜不同③,其敢谤之乎?故语称:"救寒莫如重裘,止谤莫如自修④,疗暑莫如亲冰⑤。"信矣哉!

【注释】

①盖:句首发语词。舜:上古五帝之一,姚姓,有虞氏,名重华。因其先国于虞,故亦称"虞舜"。相传受尧禅让,后禅位于禹。其事见

于《尚书·尧典》《史记·五帝本纪》等。乡党：家乡，邑里。

②象：舜之异母弟，相传其人傲慢不敬，曾与父母谋，欲杀舜。其事见于《尚书·尧典》《史记·五帝本纪》及《孟子·万章上》等。

③人虽与舜不同：所说不同，一解为人未达到舜的高度而不同；一解为遵循善理，而意见举止与舜不同。

④自修：原作"修身"，今从《三国志·魏书·王昶传》王昶戒子引谚曰"救寒莫如重裘，止谤莫如自修"改，"裘""修"为韵。

⑤疗暑莫如亲冰：此句疑非徐幹原文，或为后人旁记误入正文。故又改上文"自修"为"修身"以与"冰"为韵。暑，暑暍（yē），即中暑。

【译文】

听说舜以前在家乡的时候，并未挨家挨户地馈赠，却没有人不说他好；象以前在乡里的时候，并未挨家挨户地掠夺，却没有人不说他坏。由此可见，人无论贤愚，看见善的就会赞誉他，看见恶的就会指责他，这是人之常情，不一定有所偏爱，也不一定有所偏恨。如今人们立身处事不被人们称誉，却遭到人们指责，是因为没有尽遵为善的道理。尽遵为善的道理，就会像舜那样去作为，即使人们达不到舜那样的境界，又有谁会指责他呢？所以谚语说："抵御寒冷没有比厚皮毛衣更好的了，制止责谤没有比修治己身更好的了，治疗中暑没有比亲近凉冰更好的了。"的确是这样啊！

贵验第五

此篇论说做事贵在有所效验，旨在阐明君子为人处事之道。为人处事要有所效验，则需遵奉有效之道，即修德远谤、贵在求己。君子不需忧虑人不知己，人皆谤己，而需忧虑己德未修，善道未行。德修善行，则人自知我，谤自止也。同时，要择贤友，以贤友为鉴，学于贤友，相互砥砺，助善正行。

事莫贵乎有验，言莫弃乎无征①。言之未有益也，不言未有损也。水之寒也，火之热也，金石之坚刚也，此数物未尝有言②，而人莫不知其然者，信著乎其体也③。使吾所行之信，若彼数物，而谁其疑我哉？今不信吾所行，而怨人之不信己，犹教人执鬼缚魅④，而怨人之不得也，惑亦甚矣！孔子曰："欲人之信己也，则微言而笃行之。笃行之则用日久，用日久则事著明，事著明则有目者莫不见也，有耳者莫不闻也，其可诬哉⑤！"故根深而枝叶茂，行久而名誉远。《易》曰："恒，亨。无咎，利贞⑥。"言久于其道也。伊尹放太甲⑦，展季覆寒女⑧，商鲁之民不称淫篡焉，何则？积之于素也⑨。故染不积则人不观其色，行不积则人不信其事。子思曰⑩："同言而信，信在言前也；同令而化，化在令外也⑪。"

【注释】

①事莫贵乎有验，言莫弃乎无征："验""征"互文。验，效验，验证。征，证验。

②此：《群书治要》作"彼"。

③信：特征，标志。著：显现。

④缚：束。魅：旧时认为物老而变成的精怪。

⑤"欲人之信己也"七句：清孙星衍《孔子集语·五性》载孔子此语首见于《中论》。微言，少言。笃行，切实践行。《群书治要》"哉"作"乎"。

⑥恒，亨。无咎，利贞：语出《周易·恒卦》彖辞。

⑦伊尹放太甲：伊尹，商汤大臣，名挚，亦称"阿衡"。原是汤妻子陪嫁的奴隶，后助汤伐夏桀，被尊为阿衡。汤去世后历佐卜丙（外丙）、仲壬二王。后太甲即位，因荒淫失度，被伊尹放逐到桐官，三年后迎之复位。事见《尚书·太甲》《左传·襄公二十一年》《竹书纪年》《孟子·万章上》《史记·殷本纪》等。

⑧展季覆寒女：展季，即柳下惠。名获，字禽，一字季，食邑柳下，谥惠。鲁公子展之后。相传他曾夜宿城门，遇一无家女子，恐其冻伤，而使坐于怀，以体相温，以衣相覆，竟宿无淫行。事见《诗经·小雅·巷伯》毛传等。

⑨素：平素，素常。

⑩子思：孔子之孙。见前注。

⑪"同言而信"四句：清钱培名校云，《后汉书·王良传》论曰："同言而信，则信在言前；同令而行，则诚在令外。"唐李贤注："此皆《子思子·累德》篇之言。"《意林》及《太平御览》引子思子，与《中

论》并无二"也"字，今《子思子》已逸，未知孰是。此四语亦见《文子·精诚》《淮南子·谬称训》，言词稍异。化，这里指听从执行。

【译文】

做事没有比其有所效验更可贵的，说话没有比无证验更应抛弃的。说出的言语没有益处，那么不说也没有损害。水的寒凉，火的灼热，金石的坚刚，这几种物体没有说话，但人们没有不知道它们就是这样的，是因为它们的特性已经信验显现在它们自身的形体上。假如我自身行为的特性效验，也像那几种物体一样自显，那么谁还会怀疑我呢？现在不信验自己的行为，却怨人家不相信自己，就好像让人擒缚鬼魅，却怨责人家不能捉到，也太糊涂了！孔子说："想让人相信自己，就少言而切实专心地践行。切实践行需历日持久，历时持久那么事业便会彰明，事业彰明那么有眼睛的人就没有看不见的，有耳朵的人就没有听不到的，难道谁还能诬蔑歪曲吗！"所以根扎得深，枝叶才会繁茂，善行持久，声誉才会远传。《周易》说："行道以恒，则亨通。无祸，和谐贞正。"说的就是要持之以恒地践行他的道。伊尹放逐太甲，展禽体覆寒女，商朝、鲁国的民众不会说他们淫乱、篡权，这是为什么呢？就是因为他们素常积德累行。所以染料不累积人们就不能看到它的颜色，德行不累积人们就不会相信他所做的事。子思说："彼此出言相同，人相信彼而不相信此，是因为在出言之前人已经相信彼了；彼此发令相同，人听从彼而不听从此，是因为在发令之外人已经听从彼了。"

谤言也①，皆缘类而作②，倚事而兴，加其似者也。谁谓华、岱之不高③，江、汉之不长与④？君子修德，亦高而长之，将何患矣。故求己而不求诸人⑤，非自强也⑥，见其所存之富耳⑦。子思曰："事自名也，声自呼也，貌自眩也⑧，物自处也，人自官也⑨，无非自己者。"故怨人之谓壅，怨己之谓通。

通也知所悔，壅也遂所误。遂所误也，亲戚离之；知所悔也，疏远附之。疏远附也常安乐，亲戚离也常危惧。自生民以来⑩，未有不然者也。殷纣为天子而称"独夫"⑪，仲尼为匹夫而称素王⑫，尽此类也⑬。故善钓者不易渊而殉鱼⑭，君子不降席而追道⑮，治乎八尺之中⑯，而德化光矣⑰。古之人歌曰："相彼玄鸟，止于陵阪。仁道在近，求之无远。"⑱

【注释】

①谤言：非议的言论。

②皆：清俞樾云，乃"者"字之误，或非是，因前有"也"字，用可同"者"。类：事。

③华、岱：华山、泰山。

④江、汉：长江、汉水。

⑤故求己而不求诸人：语本《论语·卫灵公》："君子求诸己，小人求诸人。"

⑥强：此指刚愎。

⑦见：同"现"，显露。所存：这里指心灵。心为神明之府，情动于中，言发乎外，乃与天地万物相感相应，故言其富。富：丰富，丰厚。此指心灵之富，深邃而玄妙。

⑧眩：清俞樾校云，当作"炫（xuàn）"，意即光亮、辉映。

⑨官：即"管"，管理。

⑩生民：指人类诞生。

⑪独夫：此指残暴无道、众叛亲离的统治者。

⑫素王：犹"空王"，指具有帝王之德道而未居帝王之位的人。

⑬尽：清钱培名校云，疑当作"盖"。

⑭故善钓者不易渊而殉鱼：清钱培名校云，《太平御览》引作"善钓者不易抵而得鱼"。清俞樾校云，"易"疑为"叟（入水取物）"之误。

殉，求，营谋。

⑮降席：指下席、离席。

⑯八尺：指八尺之躯。

⑰光：通"广"。

⑱"古之人歌曰"五句：《孔丛子·记问》："故夫子作丘陵之歌，曰：
'登彼丘陵，崷嶵其阪。仁道在迩，求之若远。'"与此歌相似。相，
视，看见。玄鸟，解释众多，可指燕子、鹤等鸟。阪，山坡。

【译文】

非议的言论，都是随事而起，依事而兴，再加上与其相类似的事件情
形。谁会说华山、泰山不高，长江、汉水不长呢？君子修治德行，也是使
之高且长，又何需担忧谤言加身呢？所以向自身修求而不向他人寻求，
这并非刚愎自用，而是显露出了其心中所体所感的丰厚。子思说："事自
得其名，声自喧其音，貌自辉其容，物自居其处，人自理其身，没有不是因
由自己的。"所以责怨他人叫"壅蔽"，责怨自己叫"通明"。通明则知道
悔改，壅蔽则会顺循前误。顺循前误，亲近的人也会和他疏离；知道悔改，
疏远的人也会和他亲近。疏远的人亲附就可以长久处于安乐之中，亲近
的人疏离就会常处于忧虑恐惧之中。自有人以来，没有不是这样的。殷
纣王贵为天子而被称为"独夫"，孔子身为平民而被称为"素王"，都是类
似的事。所以擅长钓鱼的人不必改换渊潭而可得鱼，君子不需离席就可
追求道理，修治己身，而德教便可盛明广化。古人歌唱道："看见那玄鸟，
落在山坡上。仁道就在近旁，不用远寻。"

人情也莫不恶谤①，而卒不免乎谤，其故何也？非爱智
力而不已之也②，已之之术反也。谤之为名也，逃之而愈至，
距之而愈来③，讼之而愈多④。明乎此，则君子不足为也；暗
乎此⑤，则小人不足得也。帝舜屡省⑥，禹拜昌言⑦，明乎此
者也；厉王蒙戮⑧，吴起刺之⑨，暗乎此者也。夫人也⑩，皆书

名前策⑪，著形列图⑫，或为世法，或为世戒，可不慎欤⑬？曾子曰："或言予之善，予惟恐其闻；或言予之不善，惟恐过而见予之鄙色焉⑭。"故君子服过也⑮，非徒饰其辞而已。诚发乎中心，形乎容貌，其爱之也深⑯，其更之也速，如追兔，惟恐不逮。故有进业，无退功。《诗》曰："相彼脊令，载飞载鸣。我日斯迈，而月斯征⑰。"迁善不懈之谓也。夫闻过而不改，谓之丧心⑱；思过而不改，谓之失体⑲。失体丧心之人，祸乱之所及也。君子舍旃⑳。

【注释】

①恶：讨厌，憎恨。

②爱：吝惜。智：原作"致"，据《群书治要》改。

③距：通"拒"，抵拒，拒绝。

④讼：争辩，辩解。

⑤暗：与"明"相对，不明了，不了解。

⑥帝舜屡省：《尚书·益稷》载舜臣皋陶对舜有"屡省乃成，钦哉"之言。屡省，多次反省。

⑦禹拜昌言：语出《尚书·皋陶谟》。昌言，善言或正当的言论。

⑧厉王蒙戮：周厉王即位三十年，好利近荣。王行暴虐，国人谤王，召公谏，王怒不听，使人监察谤者，以告则杀之。后国人叛，厉王出奔于晋之彘。事见《国语·周语上》《史记·周本纪》等。蒙戮，蒙辱。

⑨吴起刺之：吴起，战国时卫国人。据《史记·孙子吴起列传》载，吴起少时家累千金，游仕不遂，遂破其家，乡党笑之，吴起杀其谤己者三十余人。后吴起事从楚悼王，为楚相，明法审令，捐不急之官，废公族疏远者，以抚养战斗之士，破驰说之言纵横者。故楚国贵

戚尽欲害吴起。及悼王死，宗室大臣作乱而攻吴起，吴起走伏于王尸之上。击吴起之徒因射刺吴起，并中悼王。

⑩夫人也：原脱此三字，清钱培名校据《群书治要》补，今从之。

⑪前策：过去的史籍。

⑫列图：历代的图籍。

⑬欤（yú）：清钱培名校云，"欤"原讹为"之"，据《群书治要》改。

⑭酃色：羞愧之色。

⑮服过：承认罪过。

⑯爱：这里指对自身过失的关切，即自省其过，自责其身。

⑰"相彼脊令"四句：语出《诗经·小雅·小宛》。相彼，今作"题彼"。题，视，看。脊令，水鸟名。《尔雅翼》载其大如鹌鹑，长脚长尾，尖喙，背上青灰色，腹下白。迈、征，汉郑玄笺："皆行也。王日此行，谓日视朝也；而月此行，谓月视朝也。先王制此礼，使君与群臣议政事，日有所决，月有所行，亦无时止息。"这里是用脊令鸟边飞边鸣，双翼与口皆不止息，来喻王日月操行政事，勤而不懈。

⑱丧心：心理反常，丧失心智理性。

⑲失体：失礼，不合体统规矩。

⑳旃（zhān）："之焉"的合音字，可训为"之"，亦可训为"焉"。这里指上文"闻过不改""思过不改"的态度行为，为君子所不取。

【译文】

　　人之常情没有不讨厌非议诽谤的，但终究免不了被非议诽谤，这是什么原因呢？不是吝惜才智和气力而不去制止，而是制止的方法与正道相反了。非议之所以为非议，就是越逃避它越到来，越抵拒它越到来，越争辩它越多。明白这个道理，那么君子是不屑于这样做的；不明白这个道理，那么小人是无法制止非议的。虞舜多次反省，大禹拜受当理之言，都是明白这个道理的；周厉王蒙受耻辱，吴起刺杀谤者，都是不明白这个道理的。这些人的名迹都被记载在以前的史籍中，他们的形象都被绘示在历代的图籍中,有的为后世效法,有的为后世警戒,怎么能不审慎呢?曾子说:"有人说我好,我唯恐被人听闻;有人说我不好,我唯恐他人经过时看见我脸上羞愧的神色。"所以君子认过而改,不是只虚饰其言辞就可以了。诚意是发自于内心,显现在容貌上的,越是深深地责切自己,越是能迅速地改正错过,就像追逐兔子,唯恐赶不上。所以他的功业有进无退。《诗经》说:"看那脊令鸟,边飞边鸣叫。我王日行视朝,月行视朝。"说的就是坚持不懈地去恶为善。听到过失却不改正,叫"丧心";思省过失而不改正,叫"失体"。失体丧心的人,祸乱将降及其身。君子是不会这样的。

《周书》有言:"人毋鉴于水,鉴于人也①。"鉴也者,可以察形;言也者,可以知德。小人耻其面之不及子都也②,君子耻其行之不如舜、禹也③。故小人尚明鉴④,君子尚至言⑤。至言也,非贤友则无取之,故君子必求贤友也。《诗》曰:"伐木丁丁,鸟鸣嘤嘤。出自幽谷,迁于乔木⑥。"言朋友之义,务在切直以升于善道者也⑦。故君子不友不如己者,非羞彼而大我也⑧,不如己者,须己而植者也⑨。然则扶人不暇,将谁相我哉⑩? 吾之偾也⑪,亦无日矣。故坎窞则水纵⑫,友邪则己僻也,是以君子慎取友也。孔子曰:"居而得贤友,福之次也⑬。"夫贤者,言足听,貌足象,行足法⑭,加乎善奖人之美,而好摄人之过⑮,其不隐也如影,其不讳也如响⑯。故我之惮之⑰,若严君在堂而神明处室矣⑱。虽欲为不善,其敢乎? 故求益者之居游也⑲,必近所畏而远所易⑳。《诗》云:"无弃尔辅,员于尔辐。屡顾尔仆,不输尔载㉑。"亲贤求助之谓也。

【注释】

① 人毋鉴于水，鉴于人也：《尚书·周书·酒诰》："古人有言曰：'人无于水监（通"鉴"），当于民监。'"鉴，原指古青铜器皿，形似大盆，盛水，或借为照影之用，所用同镜。

② 子都：古代美男子名。《诗经·郑风·山有扶苏》："不见子都，乃见狂且。"毛传："子都，世之美者也。"《孟子·告子上》："至于子都，天下莫不知其姣也。"东汉赵岐注："子都，古之姣好者也。"

③ 舜、禹：原作"尧、舜"，当作"舜、禹"。上文有"帝舜屡省""禹拜昌言"，"禹、舜"连文，此处正承上文。徐幹全书除《考伪》篇言"尧、舜之律"、《止国》篇用"伊尹乐尧、舜之道"二处连言"尧、舜"外，余皆"舜、禹"连文。《修本》篇曰"虞舜、大禹"，《爵禄》篇"舜、禹、孔子"又"舜、禹得之是也"。《太平御览》《意林》引此文正作"舜、禹"，今据改。

④ 尚：爱好，尊崇。《意林》作"贵"。明鉴：明镜。

⑤ 至言：极其高明的言论或真实的话。

⑥ "伐木丁丁"四句：语出《诗经·小雅·伐木》。丁丁，伐木声。

⑦ 切直：切磋相正。

⑧ 羞：以之为耻辱。大：夸大，自大。

⑨ 须：等待。植：扶植，扶立。与下句"扶"同义。

⑩ 相（xiàng）：助。

⑪ 偾（fèn）：覆败。

⑫ 故坟庳（bì）则水纵：此句各本有脱误或臆改。《汉魏丛书》本作"故偾□则纵多"，《四库》本"偾"下注"缺"字，《龙溪精舍》本作"故偾则纵多"。清钱培名校云，原作"故偾极则纵多"，据《群书治要》改，今从之。坟庳，指堤岸低矮。坟，高起。此指堤岸。庳，低矮，低洼。

⑬ 居而得贤友，福之次也：清孙星衍《孔子集语·交道》载孔子此语

首见于《中论》。次，至，及。

⑭听、象、法：三字义相类，此处皆指遵从、效法之义。

⑮好：此处指经常、常常。摄：整正，匡正。

⑯其不隐也如影，其不讳也如响：此二句指君子"不隐""不讳"的品格德性恒常自有，自然不改。

⑰惮：敬畏。

⑱严君：父母之称。

⑲居游：闲居与出游。

⑳所畏：指所敬畏的贤者。所易：指不贤之人，善柔奉承者。

㉑"无弃尔辅"四句：语出《诗经·小雅·正月》。唐孔颖达疏："言此商人载大车当无弃尔之车辅，益于尔之轮转。以喻王之治天下当无弃尔之贤佐，益于尔之国事也。"辅，车轮外旁增缚夹毂的两条直木，用以增强轮辐载重支力。员，增益。辐，车轮中凑集于中心毂上的直木，即插入轮毂以支撑轮圈的木条。仆，驾车的人。一说"仆"通"䑞"，即车伏兔，古代车厢下面钩住车轴的木头，附在车轴上起固定车轴之用，其形如伏兔。输，堕毁，倾坏。

【译文】

《周书》上有这样的话："人不要以水为照镜，要以人为照镜。"镜子，可以察视形体；言语，可以知晓德行。小人因为他的容貌不如子都而感到耻辱，君子因为他的德行不如舜、禹而感到羞耻。所以小人爱重明镜，君子尊崇至理明言。至理明言，没有贤明的朋友就无从取获，所以君子一定要寻求贤明的朋友。《诗经》说："伐木声叮叮作响，群鸟嘤嘤和鸣。鸟儿出自幽谷，迁往高大树木。"是说朋友间应有的情谊，是致力于相互切磋匡正而共同登入正道。所以君子不与不如自己的人交友，不是以与其交友为耻而夸大自己，是因为不如自己的人，等待着自己来扶立他。但是扶立他人自己便没有暇时了，又哪还有时间来等谁扶助我呢？若是这样，那么我身的覆败，不待多少时日便会到来了。所以堤岸低矮那么水就会纵溢，朋友品行不正那么自己也会偏离正道，所以君子审慎地选择朋友。孔子说："居家而得交良友，这是福到了。"那些贤明的人言论值得依从，仪容值得仿效，行为值得效法，加上善于赞美他人的优点，常常饬正他人的缺失，他们不遮掩他人优点的品性就如影子始终跟随着形体般不可分离，不避讳他人缺过的品格就像发出声音便会有回响般自然具备。所以我敬畏他，就像父母在堂，神明在室。即使想要为恶，又怎么敢呢？所以要寻求与有益于己的人闲居出游，一定要亲近贤明的人而远离善柔不贤的人。《诗经》说："不要丢弃你的车辅，它能助益于你的车辐。经常顾念着你的驾车者，不要倾堕了你车上的载物。"说的就是亲近贤明的人以寻求他们的帮助。

贵言第六

【题解】

　　此篇阐明君子贵言，以倡其道。君子贵言，当择人与择言。择人，是指不与非适宜之人言说；择言，是指与什么样的人则说什么样的话，不超过其人的理解能力。而言说时要善于观察与言者的反应，循循善诱，因势利导，徐疾合宜，收放自如。篇末所论因言而及行，不仅言贵得当，行亦贵得其所，使之无害于真正的道德信义。

　　君子必贵其言，贵其言则尊其身，尊其身则重其道，重其道所以立其教。言费则身贱①，身贱则道轻，道轻则教废。故君子非其人则弗与之言②，若与之言，必以其方③。农夫则以稼穑，百工则以技巧，商贾则以贵贱，府史则以官守④，大夫及士则以法制⑤，儒生则以学业。故《易》曰："艮其辅，言有序⑥。"不失事中之谓也⑦。若夫父慈子孝，姑爱妇顺⑧，兄友弟恭，夫敬妻听，朋友必信，师长必教，有司日月虑知乎州闾矣⑨。虽庸人，则亦循循然与之言⑩，此可也；过此而往，则不可也。

【注释】

①言费：指说的话不被采纳或不能践行。贱：轻视。

②非其人：不是应当与他言说的人，即合适的人。

③方：类别。

④官守：官位职守。

⑤大夫及士：泛称即"士大夫"，受天子朝廷任命为官的人。

⑥艮（gèn）其辅，言有序：语出《周易·艮卦》爻辞："艮其辅，言有
序，悔亡。"艮，止。此指节制。辅，颊辅，口两旁的肌肉。这里代
指口。亡，无，没有。

⑦事中：执中，守中，即语默适中。

⑧姑、妇：即指婆、媳。

⑨有司：古代设官分职，各有专司，故称。州闾：古代地方基层行政
单位"州"和"闾"的连称，《礼记·曲礼上》汉郑玄注："《周礼》
二十五家为闾，四闾为族，五族为党，五党为州。""州闾"合言，
泛指地方乡里。

⑩循循然：语本《论语·子罕》："夫子循循然善诱人。"有顺序的样子。

【译文】

　　君子一定谨慎他的言论，谨慎他的言论那么别人就会敬重他这个
人，敬重他这个人那么就会推重他的思想主张，推重他的思想主张那么
教化就会因之而成。说的话不被采纳那么别人就会轻视这个人，轻视这
个人那么就会轻贱他的思想主张，轻贱他的思想主张那么教化也就荒废
不能推行了。所以君子若非遇上合适的人那么他不会与人言说，如果与
人言说，一定会根据他是什么人而说什么内容。与农夫就说农事栽种，
与各种工匠就说工艺技巧，与商人就说货利贵贱，与官府小吏就说官事
职守，与士大夫就说国家法度，与儒生就说学问术业。所以《周易》说："节
制其人之口，言语适中有条理。"说的就是不偏离语默适中的样子。至于
父亲慈爱，儿女孝顺，婆婆爱惜，媳妇敬顺，兄长友爱，弟弟恭敬，丈夫爱

敬,妻子顺从,朋友一定诚信,师长一定教导,官吏无时不在思虑将这些基本的人伦常理告知地方民众。即使是对平常的人,也可以有次序条理地与他言说这些;但此外更深的道理,就无法和他言说了。

故君子之与人言也,使辞足以达其知虑之所至①,事足以合其性情之所安②,弗过其任而强牵制也③。苟过其任而强牵制,则将昏瞀委滞④,而遂疑君子以为欺我也,不则曰⑤:"无闻知矣。"非故也。明偏而示之以幽⑥,弗能照也;听寡而告之以微,弗能察也。斯所资于造化者也⑦,虽曰无讼⑧,其如之何⑨?故孔子曰:"可与言而不与之言,失人;不可与言而与之言,失言。知者不失人,亦不失言⑩。"

【注释】

①辞足以达其知虑之所至:即指君子所说的话他人能明白无碍。

②事足以合其性情之所安:即指君子所说的事他人会乐闻悦听。

③弗过其任而强牵制也:语本《礼记·学记》:"君子之教喻也,道而弗牵,强而弗抑,开而弗达。"任,能力,才能。牵制,约束,强制。

④昏瞀(mào):原指眼花目眩,这里指混乱、迷惑。委滞:积滞,不解。

⑤不则:否则。不,同"否"。

⑥偏:片面。幽:深。

⑦斯所资于造化者:即指凭借天资如此。资,凭借。造化,天地自然之道。

⑧讼:争论,争辩。

⑨其如之何:此几句意指其人资质如此,就算不与我争论,我对其人的无知不明也无可奈何。

⑩"可与言而不与之言"六句:语出《论语·卫灵公》。失人,指当与其

人言而不与之言,失其宜言之人。失言,指不当与之言而言之,失其
宜言之言。

【译文】

所以君子与人说话,使所用的言辞可以达到对方智虑能达到的地方,所说的事可以契合对方性情悦乐的地方,不会超过对方能力所及而强制他知晓。如果所说超过对方的能力所及而强使他知晓,那么对方将会迷惑不解,而会怀疑君子在欺蒙自己,不然就会说:"这是我没有听闻过的。"并不是他故意如此。对方能明晓的十分片面却要向他展示幽深的道理,那么他是不能知悉明察的;对方所听闻的很少却告诉他精微的道理,那他也是不能知悉明察的。其人不能明理是因为天资禀性如此,即使说不和我争辩,我又能怎么样呢? 所以孔子说:"可以同他谈却不同他谈,这是错失了适宜言谈的人;不可以同他谈却同他谈了,这是不该说的话却说了。智慧的人不会错失适宜言谈的人,也不会对人说不该说的话。"

夫君子之于言也,所致贵也①,虽有夏后之璜②,商汤之驷③,弗与易也④。今以施诸俗士,以为志诬而弗贵听也⑤,不亦辱己而伤道乎? 是以君子将与人语大本之源⑥,而谈性义之极者⑦,必先度其心志⑧,本其器量⑨,视其锐气⑩,察其堕衰,然后唱焉以观其和⑪,导焉以观其随。随和之征发乎音声⑫,形乎视听,著乎颜色,动乎身体,然后可以发幽而步远⑬,功察而治微。于是乎阖张以致之⑭,因来以进之,审谕以明之⑮,杂称以广之⑯,立准以正之,疏烦以理之。疾而勿迫,徐而勿失⑰,杂而勿结,放而勿逸,欲其自得之也。故大禹善治水,而君子善导人。导人必因其性,治水必因其势,是以功无败而言无弃也。荀卿曰⑱:"礼恭然后可与言道之方,辞顺然后可与言道之理,色从然后可与言道之致。有争

气者勿与辨也^⑲。"孔子曰："惟君子然后能贵其言,贵其色,小人能乎哉^⑳?"仲尼、荀卿先后知之。

【注释】

① 致:通"至",尽,极。

② 夏后:夏代的王。这里指大禹。璜(huáng):美玉名。

③ 驷:古代一车套四马,因以指称驾一车的四马或四马所驾的车。

④ 易:交换。

⑤ 志:记述,记载。这里指所述说之事。诬:妄言,不实之词。

⑥ 大本:根本,事物的本源。

⑦ 性义:义理,道理。

⑧ 度(duó):衡量,忖度。

⑨ 本:探究,推原。器量:才识,度量。

⑩ 锐气:锐进之气,进取之气。

⑪ 唱:发起,倡导。

⑫ 征:迹象。

⑬ 幽:《龙溪精舍》本、江安傅氏双鉴楼藏明刊本、《四库全书》本等作"迹"。《汉魏丛书》本作空格。作"迹"或"幽",文义皆通。

⑭ 闿(kǎi)张:敞开。闿,开启。

⑮ 审谕:本指太子的师傅对太子的明白开导,《礼记·文王世子》:"大傅审父子君臣之道以示之,少傅奉世子以观大傅之德行而审谕之。"此指详悉明白的开导告知。谕,明白,晓谕。

⑯ 杂称:各家的学说。

⑰ 徐而勿失:说话徐缓,则易被人感觉似漫不经心,于是言语容易被轻视忽略。

⑱ 荀卿:荀子,名况,战国时赵国人。见前注。

⑲ "礼恭然后可与言道之方"四句:语出《荀子·劝学》。然后,原文

皆作"而后"。方，大略。致，通"至"，极。"有争气者勿与辨也"
原文在前，"辨"作"辩"。按，辨，通"辩"。

⑳"惟君子然后能贵其言"三句：清孙星衍《孔子集语·五性》载孔
子此言首见于《中论》。

【译文】

君子对于言论，是作为自己极珍重的东西，即使有大禹的玉璧、商汤
的骊马，也不会与他交换。如今将其言施用在庸俗浅陋的人身上，这些
人以为君子所说都是虚妄不实的，而不会珍重地听从接受，这岂不是侮
辱自身且伤损道义吗？所以君子将要与人言说事物的根本，谈论极致的
道理的时候，一定会先衡量他的心志，推究他的才识度量，观察他的锐进
之气，考察他的怠惰之态，然后发起言说来看他的应和情况，以言语引导
来看他的跟随情况。其人跟随应和君子的迹象发出在声音上，表现在视
听上，显现在神色上，举动在身体上，然后可以引导其人由幽小而入至深
远，这样功效会显著而用力会很少。于是敞开来招引其人，顺应他的来
势以导进他，详悉开导来启明他，杂述各家学说来增广他的见闻，建立准
则来匡正他，疏通繁乱来理清他的思虑。君子与人言说迅疾而不逼迫，
徐缓而不轻略，广说多举而不拘结一处，畅言放思而不恣逸失中，是想让
其人自行体会明晓。所以大禹善于治水，而君子善于引导他人。引导他
人一定要顺沿其性情，治水一定要顺沿其地势，这样功业不会失败并且
言论不会被忽弃。荀子说："执礼恭敬然后可以与他言说修治道德的方
法，言辞和顺然后可以与他论说道德的义理，容色顺从然后可以与他谈
论道德的极致。有意气相争的人，就不要与他争辩了。"孔子说："只有君
子才能珍重自己的言论，端正自己的容色，小人能做到吗？"孔子、荀子
一前一后都知道这个道理。

问者曰："或有周乎上哲之至论①，通乎大圣之洪业②，而
好与俗士辨者，何也？"曰："以俗士为必能识之故也。""何

以验之？""使彼有金石丝竹之乐③，则不奏乎聋者之侧；有山龙华虫之文④，则不陈乎瞽者之前。知聋者之不闻也，知瞽者之不见也。于己之心，分数明白⑤，至与俗士而独不然者，知分数者不明也。""不明之故何也？""夫俗士之牵达人也⑥，犹鹑鸟之欺孺子也⑦。鹑鸟之性善近人⑧，飞不峻也⑨，不速也⑩，蹲蹲然似若将可获也⑪，卒至乎不可获⑫，是孺子之所以踞膝跳足而不以为弊也⑬。俗士之与达人言也，受之虽不肯⑭，拒之则无说，然而有赞焉，有和焉，若将可寤，卒至乎不可寤⑮，是达人之所以干唇竭声而不舍也⑯。斯人也，固达之蔽者也，非达之达者也，虽能言之，犹夫俗士而已矣。"

【注释】

①周：遍知，遍晓。上哲：圣人，具有超凡道德智慧的人。

②洪业：大业。

③金石丝竹：指钟、磬、琴瑟、箫笛四类乐器。亦泛称各种乐器。

④山龙华虫：古代衮服或旌旗上常有山、龙、花草、虫兽等图案作画饰。华虫，一说为"雉"的别称；一说指花草虫兽。华，同"花"。

⑤分数：天数，自然之理。

⑥牵：牵累。达人：通达事理的人。

⑦鹑鸟：鹌鹑。孺子：幼子，儿童。

⑧善：喜欢。

⑨峻：高。《太平御览》引作"迅"。

⑩不速也：《太平御览》引作"行不速"。

⑪蹲蹲然：起舞的样子。这里应指鸟翩翩轻飞之貌。

⑫卒至乎不可获：《太平御览》引作"故孺子逐之不已"。

⑬踞（jūn）膝：这里指膝盖破裂，足扭屈致伤。踞，同"皲"，手足皮

肤因寒冷或干燥而裂开。踠（wò）足：足扭屈致伤。弊：疲困。

⑭不肯：《汉魏丛书》本作"不宜"。

⑮若将可瘳，卒至乎不可瘳：清钱培名校云，《太平御览》引作"似将可悟，终难可移"。瘳，醒悟，理解。

⑯干唇竭声：清钱培名校云，《太平御览》引作"缓唇鸣声"。

【译文】

有人问道："有的人遍知贤哲的精深道论，通晓圣人的宏伟大业，却喜欢与世俗庸常的人辨析论辩，这是为什么呢？"答者说："这是因为他们认为那些庸俗的人一定能认识其中道理的缘故。""何以证见庸俗的人能识理呢？""假使他有金石丝竹等乐器，那么他不会在耳聋的人旁边演奏；假使他有山、龙、花草、虫兽等华美的纹饰，那么他不会在眼盲的人面前陈列。因为他知道耳聋的人听不到，知道眼盲的人看不见。在他自己的心里，明白聋瞽不能闻见的天数本理，至于与庸俗之人辨析论辩就不是如此了，这是还没有真正明了天数道理。""不明了天数的原因是什么呢？""庸俗之人牵累通达之人，就像鹌鹑欺骗幼儿。鹌鹑天性喜欢接近人，它飞得不高，也不快，翩翩轻飞好像马上就能捕获，但终究捕捉不到，这就是幼儿之所以膝盖磕破、脚足扭伤还不觉得疲困的原因。庸俗之人对于通达之人的言说，虽然不肯听受，想要拒绝又说不出道理，然而他们有时赞同，有时附和，好像即将能理解明悟，却终究不能明悟，这是通达之人之所以唇焦口燥竭尽声音也不肯放弃的原因。这样的达者，本应是通达之人之中的蔽塞之人，不是真正明达的通达之人，即使能言会道，也还是庸俗之人而已。"

非惟言也，行亦如之。得其所则尊荣，失其所则贱辱。昔仓梧丙娶妻美，而以与其兄，欲以为让也，则不如无让焉①。尾生与妇人期于水边，水暴至，不去而死，欲以为信也，则不如无信焉②。叶公之党，其父攘羊而子证之，欲以为直也，则

不如无直焉③。陈仲子不食母兄之食,出居於陵,欲以为洁
也,则不如无洁焉④。宗鲁受齐豹之谋,死孟絷之难,欲以为
义也,则不如无义焉⑤。故凡道,蹈之既难,错之益不易⑥,
是以君子慎诸己,以为往鉴焉。

【注释】

①"昔仓梧丙娶妻美"四句:仓梧丙,清钱培名校《淮南子·氾论训》
作"苍吾绕"。《孔子家语·六本》作"仓梧娆"。《说苑·建本》作"苍
梧之弟"。此处"仓梧丙"未知何据。清孙诒让疑"丙"当作"肉",
与"娆"为古今字,后讹为"丙"。按,名用"丙",或为甲乙之次,
古人用之以为寓,说详见清俞樾《古书疑义举例》。此处以让其兄,
故借"丙"以名之,如《说苑》之称"弟"。《淮南子·氾论训》东汉
高诱注:"苍吾绕,孔子时人。以妻美好,推与其兄,兄则爱矣,而
违亲迎曲顾之谊(婚至女方家的亲迎之礼),故曰不可行也。"这
里一方面违背亲迎之礼,另一方面非兄弟情谊之所宜,所以言"不
如无让"。

②"尾生与妇人期于水边"五句:《庄子·盗跖》:"尾生与女子期于
梁下。女子不来,水至不去,抱梁柱而死。"期,约定,约会。梁,桥。
《淮南子·氾论训》《说林》皆载此事。

③"叶公之党"四句:《论语·子路》:"叶公语孔子曰:'吾党有直躬
者,其父攘羊,而子证之。'孔子曰:'吾党之直者异于是。父为子
隐,子为父隐,直在其中矣。'"《韩非子·五蠹》《淮南子·氾论训》
皆载此事。叶公,沈诸梁,芈姓,沈尹氏,名诸梁,字子高,即叶公
子高。叶,楚国叶县。党,乡里,地方。直躬,人名。攘,有原因的
偷盗。直躬欲行正直,父有过,不先行劝谏而径自告发其父,有违
人伦常理。《庄子·盗跖》:"直躬证父,尾生溺死,信之患也。"《吕
氏春秋·当务》:"直躬之信,不若无信。"

④"陈仲子不食母兄之食"四句:《孟子·滕文公下》:"仲子,齐之世家也。兄戴,盖禄万钟。以兄之禄为不义之禄而不食也,以兄之室为不义之室而不居也,辟兄离母,处于於陵。"《战国策·齐策》《淮南子·氾论训》皆有载。陈仲子,亦作"田仲子"(《左传》)。於(wū)陵,地名。

⑤"宗鲁受齐豹之谋"四句:《左传·昭公二十年》载,司寇齐豹将宗鲁推荐给卫灵公兄公孟絷为骖乘,后公孟絷轻侮齐豹,夺其官邑。加之齐豹讨厌北宫喜等人,后谋乱,欲杀公孟絷,事前告诉宗鲁,让他不要与公孟絷同车以免难,宗鲁隐其谋而仍与公孟絷同车,乱作俱死。琴张闻宗鲁死,将往吊之,孔子曰:"齐豹之盗,孟絷之贼也,女(汝)何吊焉? 君子不食奸,不受乱,不为利疚于回,不以回待人,不盖不义,不犯非礼。"意即齐豹杀公孟絷为不义,宗鲁知之不报亦不阻,虽以疚同死,亦为不义。宗鲁、齐豹,春秋时卫国人。

⑥错:打磨,研磨,切磋。这里指深究,探究。

【译文】

不仅是言论,行为也是如此。适得其宜就会身尊荣显,失其所宜就会身卑受辱。从前仓梧丙娶了美丽的妻子,却将妻子让给了他的哥哥,想以此表明谦让,那么还不如不谦让。尾生与一女子约在水边相见,洪水突至,他不肯离开而被淹死,想以此表明守信,那么还不如不守信。叶公那里有一人,他的父亲偷了人家的羊而儿子直接就告发了他,想以此表明正直,那么还不如不正直。陈仲子不吃同母兄长的俸禄,出走离家居住在於陵,想要以此表明高洁,那么还不如不高洁。宗鲁听了齐豹的阴谋,而同死于公孟絷之难,想要以此表明节义,那么还不如没有节义。所以凡是真正的道德,践行起来已经很难了,研究内在的道理更加不容易,因此君子要谨慎己身,以往事为鉴戒。

艺纪第七

【题解】

　　艺，本义指种植，后用以指技能、才能，又常用以指儒家礼、乐、射、御、书、数"六艺"。纪，记也。此篇论说古代育才以"六艺""六仪"等为教育科目，强调"德"与"艺"有本末道事之分，德为礼乐之本。君子需内外兼修，德艺并重，以造艺成德。

　　艺之兴也①，其由民心之有智乎？造艺者，将以有理乎？民生而心知物，知物而欲作，欲作而事繁，事繁而莫之能理也。故圣人因智以造艺，因艺以立事，二者近在乎身，而远在乎物。艺者，所以旌智饰能②，统事御群也③，人之所不能已也④。艺者以事成德者也⑤，德者以道率身者也；艺者德之枝叶也⑥，德者人之根干也。斯二物者，不偏行，不独立。木无枝叶则不能丰其根干，故谓之瘣⑦；人无艺则不能成其德，故谓之野⑧。若欲为夫君子，必兼之乎。

【注释】

　　①艺：才艺，才能。这里主要指儒家"六艺"，即礼、乐、射、御、书、数。

②旌：表明，彰显。

③统：治理，管理。御：统治，治理。

④人之所不能已也：一本作"圣人无所不能也"。

⑤艺者以事成德者也：《汉魏丛书》本"以"上有"所"字，清钱培名校云，"以"上原衍"所"字，依下句例删，今从之。成德，成就品德。

⑥枝叶：这里指才艺是品德的辅佐，从属于品德。

⑦瘣（huì）：内伤之病。特指树木有病瘿（虫瘿，树木外部隆起如瘤者）肿，枝叶不荣。

⑧野：粗鄙。

【译文】

　　才艺的兴起，大概是因为民众心有智慧吧？制立才艺的人，是想要用它来治理民众吧？人一出生心便能识知外物，识知外物欲念就兴起，欲念兴起事情就变得繁复，事情繁复就不能很好地被处理。所以圣人依用民众的智慧来制立才艺，用才艺来处理事情，"智"与"艺"这二者内存于己身，外治于人事。才艺，是用来彰显智慧、表现才能，治理事情、统治民众的，是人不能弃置不学的。才艺用所修习之事来成就品德，品德用道理来统律自身；才艺是品德的枝叶，品德是做人的根本。"德"与"艺"这两者，"艺"不能离"德"单独而行，"德"不能离"艺"独自而成。树木没有枝叶就不能丰满它的根基主干，所以叫"瘣"；人没有才艺就不能成就他的品德，所以叫"野"。如果想成为君子，必须要兼备德艺。

　　先王之欲人之为君子也，故立保氏掌教六艺①：一曰五礼②，二曰六乐③，三曰五射④，四曰五御⑤，五曰六书⑥，六曰九数⑦。教六仪⑧：一曰祭祀之容，二曰宾客之容，三曰朝廷之容，四曰丧纪之容，五曰军旅之容，六曰车马之容。大胥掌学士之版⑨，春入学，舍采⑩，合万舞⑪，秋班学⑫，合声，讽诵讲习⑬，不解于时⑭。故《诗》曰："菁菁者莪，在彼中阿。既见君子，乐且有仪⑮。"美育群材⑯，其犹人之于艺乎？

【注释】

①保氏：古代职掌以礼义匡正君王、教育贵族子弟的官员。氏，多本"氏"皆误作"民"，今改之。

②五礼：古代的五种礼制，即吉礼（祭祀之礼）、凶礼（哀吊之礼）、军礼（军事之礼）、宾礼（接待宾客之礼）、嘉礼（饮食、婚冠、宾射、飨宴、脤膰、贺庆等礼）。

③六乐：指黄帝、尧、舜、禹、汤、周武王六代的古乐，分别为《云门》《咸池》《大韶》《大夏》《大濩》《大武》等。

④五射：古代行射礼时的五种射法，即白矢、参连、剡注、襄尺、井仪。

⑤五御：同"五驭"，五种驾车的技术，即鸣和鸾、逐水曲、过君表、舞交衢、逐禽左。

⑥六书：古人分析汉字造字的理论，即象形、指事、会意、形声、转注、假借。

⑦九数：古代算法名。指方田、粟米、差分、少广、商功、均输、方程、赢不足、旁要。

⑧仪：礼节仪容。

⑨大胥：古代官名，乐官之属。学士：太学生。这里专指入太学学舞的卿大夫子弟。版：版籍，名册。

⑩舍采：亦作"舍菜"，即释菜，古代学子入学以蘋蘩（pín fán）之属祭祀先圣先师叫"舍采"。舍，通"释"。

⑪万舞：古代的舞名。先是武舞，舞者手拿兵器；后是文舞，舞者手拿鸟羽和乐器。亦泛指舞蹈。

⑫班：分，别。《周礼·春官·大胥》作"颁"。

⑬讽诵：背诵。讲习：研习。

⑭解：通"懈"，懈怠。

⑮"菁菁者莪（é）"四句：语出《诗经·小雅·菁菁者莪》。诗以莪蒿在山陵中茂盛生长来喻人才得到了良好的培育。菁菁，茂盛的样子。莪，即莪蒿，多年生草本植物，叶子像针，花黄绿色，生在水边，嫩的茎叶可作蔬菜，也叫"萝""萝蒿""廪蒿"，俗称"抱娘蒿"。中阿，即阿中，丘陵之中。

⑯美育：指以"艺"作为培养群材的教育。

【译文】

先王想让人成为君子，所以设立保氏之官掌教"六艺"：一是五种礼制，二是六代的音乐，三是五种射法，四是五种驾车技术，五是六种书理，六是九种数术算法。教授六种礼节仪容：一是祭祀时的礼节仪容，二是待宾客时的礼节仪容，三是在朝廷上的礼节仪容，四是丧事的礼节仪容，五是军旅的礼节仪容，六是驾乘车马时的礼节仪容。大胥乐官掌管习舞学士的名册，春天进入学宫，祭礼先圣先师，共同习练武舞文舞使节奏相合，秋天分其学艺高下，以舞蹈合应于乐声节奏，背诵音乐研习舞蹈，不会懈怠以使时间荒废。所以《诗经》说："莪蒿葱茏繁茂，生长在山陵。已见到那君子，快乐又有好仪礼。"要良好地培育群材，大概就是让人学艺吧？

　　既修其质，且加其文，文质著然后体全①，体全然后可登乎清庙②，而可羞乎王公③。故君子非仁不立，非义不行，非艺不治，非容不庄，四者无愆④，而圣贤之器就矣。《易》曰："富有之谓大业⑤。"其斯之谓欤⑥？君子者，表里称而本末度者也⑦。故言貌称乎心志，艺能度乎德行，美在其中，而畅于四支⑧，纯粹内实⑨，光辉外著。孔子曰："君子耻有其服而无其容，耻有其容而无其辞，耻有其辞而无其行⑩。"故宝玉之山,土木必润⑪;盛德之士,文艺必众。昔在周公,尝犹豫于斯矣⑫。

【注释】

①文质:文华外饰与内在本质。这里的"文"指前文之"艺","质"指前文之"德"。体:这里指人的各个方面。

②清庙:太庙,古代帝王的宗庙。古代祭祀先王先祖,有德者得入,失德不肖者不得入庙祭祀。

③羞:进献。王公:天子与诸侯。

④愆:违背,违失。

⑤富有之谓大业:语出《周易·系辞上》。

⑥斯:即指上文的"四者无愆,而圣贤之器就矣"。

⑦表里:这里指外在言貌和内在心志。本末:这里指德行与才艺。称、度:此处皆指称合。

⑧美在其中,而畅于四支:语出《周易·坤卦》文言。支,同"肢"。

⑨内实:充满于内在。

⑩"君子耻有其服而无其容"三句:疑本于《礼记·表记》:"是故君子耻服其服而无其容,耻有其容而无其辞,耻有其辞而无其德,耻有其德而无其行。"作孔子语则未详出处。

⑪故宝玉之山,土木必润:语本《荀子·劝学》:"玉在山而草木润。"

⑫昔在周公,尝犹豫于斯矣:周公,姓姬名旦,亦称叔旦,文王之子,武王之弟,成王之叔。辅佐武王灭商。武王崩,成王年幼,周公摄政,厘定典章,制礼作乐,自称多艺。其事见于《史记·鲁周公世家》。"尝犹"连文即"尚犹",语词复用。豫,或作"与"。"与于斯",即及于艺。后人或因"犹与"连文而改为"犹豫"。

【译文】

已经修备品德,再加上才艺,德艺彰见然后人的各方面都完满无缺,其人完满无缺然后可以登祀太庙，可以进献于天子诸侯。所以君子无仁不能立本，无义不能行止，无才艺不能治事，无仪容不能庄雅，四者都没有违失，那么圣贤之才就完备了。《周易》说："广大皆备，万事富有，则成就大业。"大概说的就是这样吧？君子，表里相称且本末相合。所以说他言貌称合于心志，艺能相合于德行，美善在其中，而通畅于四肢，内有美善之粹质，外彰文华之辉光。孔子说："君子以有华服而无相应的仪容为耻，以有仪容而无相应的言辞为耻，以有言辞而无相应的行止为耻。"所以藏有宝玉的山上，土木一定润泽，品德高尚的人，艺能一定众多。从前的周公就多艺多才。

孔子称安上治民，莫善于礼；移风易俗，莫善于乐①。存乎六艺者，其末节也②。谓夫陈笾豆③，置尊俎④，执羽籥⑤，击钟磬，升降趋翔⑥，屈伸俯仰之数也⑦，非礼乐之本也。礼乐之本也者，其德音乎？《诗》云："我有嘉宾，德音孔昭。视民不恌，君子是则是效。我有旨酒，嘉宾式宴以敖⑧。"此礼乐之所贵也。

【注释】

①"孔子称安上治民"四句：语出《孝经·广要道》。安上，安居上位。移风易俗，转移风气，改变习俗。

②其末节也：原作"著其末节也"。清俞樾云，"著"字衍，盖即上"者"字之误而衍，今从之。末节，无关大体的细节或小节。

③笾（biān）豆：即笾和豆，古代祭祀及宴会时常用的两种礼器，竹制为"笾"，木制为"豆"。

④尊俎（zǔ）：古代盛酒肉的器皿。尊，盛酒器。俎，置肉的案几。

⑤羽籥（yuè）：古代祭祀或宴享时舞者所持的舞具和乐器。羽，指

雉羽。籥，一种编组多管的乐器。

⑥升降：登上与趋下堂阶，古代迎送宾客之礼。趋翔：犹趋跄，形容
　步趋中节。古代朝拜晋谒须依一定的节奏和规则行步。

⑦屈伸俯仰：舞蹈的姿态。数：术，技巧技艺。

⑧"我有嘉宾"六句：语出《诗经·小雅·鹿鸣》。德音，先王的道德
　教化。孔，很。昭，明。视，通"示"。佻（tiāo），今本作"恌"，偷薄，
　轻佻。效，法效。旨酒，美酒。式，语助词。敖，游乐。

【译文】

　　孔子说安居上位治理百姓，没有比礼更好的了；转移风气改变习俗，
没有比乐更好的了。体现在"六艺"之中的礼、乐，只是它们的细枝末节。
所谓摆列笾豆，放置尊俎，持拿羽籥，奏击钟磬，登降进退步趋中节，屈伸
俯仰舞蹈有姿等技巧，都不是礼乐之本。礼乐之本，难道不是道德教化
吗？《诗经》说："我有嘉宾，他言说先王的道德教化十分明了。可以之
示民，使民不浇薄轻佻，这是君子所当效法的。我有美酒，嘉宾宴饮而游
乐。"这是礼乐所应当推重的。

　　故恭恪廉让①，艺之情也；中和平直②，艺之实也③；齐敏
不匮④，艺之华也；威仪孔时⑤，艺之饰也⑥。通乎群艺之情
实者，可与论道；识乎群艺之华饰者，可与讲事。事者，有司之
职也；道者，君子之业也。先王之贱艺者，盖贱有司也，君子兼
之则贵也。故孔子曰："志于道，据于德，依于仁，游于艺⑦。"
艺者，心之使也⑧，仁之声也，义之象也。故礼以考敬⑨，乐
以敦爱⑩，射以平志，御以和心⑪，书以缀事⑫，数以理烦。敬
考则民不慢，爱敦则群生悦⑬，志平则怨尤亡⑭，心和则离德
睦⑮，事缀则法戒明⑯，烦理则物不悖⑰。六者虽殊，其致一
也⑱。其道则君子专之，其事则有司共之⑲，此艺之大体也。

【注释】

① 恭恪：恭敬谨慎。廉让：清廉逊让。

② 中和：中正平和。平直：公平正直。

③ 实：与上文"情"同义互文，皆指实质，内在的本质内容。

④ 齐敏：即齐明，敏捷聪明。齐，通"齋（jì）"。不匮：不竭，不缺乏。

⑤ 威仪孔时：语出《诗经·大雅·既醉》。威仪，指庄重的仪容举止。
　孔，很，甚。

⑥ 饰：此处与上义"华"同指，即外在的文饰。

⑦ "志于道"四句：语出《论语·述而》。游，游憩，游玩。一解作经历、
　涉猎。

⑧ 心之使也：即由心而发于外的作为。使，令使，即受心的驱使而在
　外表现出来的行为举止。

⑨ 考敬：即成敬。考，成就，成养。

⑩ 敦爱：劝勉仁爱。敦，劝勉，勉励。

⑪ 平志、和心：二者同义互文，皆指平和心志。《礼记·射义》："内
　志正，外体直，然后持弓矢审固；持弓矢审固，然后可以言中，此可
　以观德行矣。"故凡射、御皆须正志和心，而能得其善。

⑫ 缀事：叙事。缀，连缀，系结。

⑬ 群生：指百姓。

⑭ 怨尤：埋怨责怪。

⑮ 离德：指各有异心，不同心。

⑯ 法戒：楷式和鉴戒。

⑰ 悖（bèi）：惑乱，谬误。

⑱ 致：求取，获得。

⑲ 共：通"供"，奉职。

【译文】

所以恭敬谨慎、清廉谦让、中正平和、公平正直，是"六艺"的核心实

质;仪止敏捷、聪明不乏、仪容庄重、举止完美,是"六艺"的外在修饰。通晓各种技艺的核心实质的人,可以和他谈论道德义理;知道各种技艺外在末饰的人,可以和他讲习具体的事情。具体的礼仪之事,是有司的职任;技艺背后的道德义理,是君子的事业。先王轻视技艺,是轻视有司执掌技艺的末节外饰,君子兼备道德技艺就会被推重。所以孔子说:"立志于道,倚重于德,依靠于仁,游憩于'六艺'。""六艺",是心的作为,是德的声音,是义的形象。所以礼用来成养端敬,乐用来劝勉仁爱,射与御用来平和心志,书用来叙述记事,数用来梳理繁杂。端敬得以树立那么民众不会怠慢,仁爱得以劝勉那么百姓就会悦乐,情志得以平畅那么责怪埋怨就会消匿,心念得以平和那么离心离德的人就能和睦相处,事情得以叙记那么楷式鉴戒就能有其明示,繁杂得以梳理那么事物就不会惑乱生误。"六艺"虽然不同,但所要取得的成效目的是一致的。技艺之道有君子专研修持,技艺之事有有司奉职施行,这就是艺的大体要略了。

核辩第八

【题解】

核,指审查核实。此篇论说"辩论"的实质,旨在阐明君子之辩是以之明辨大道正理,而非徒争口舌之胜的。作者驳斥了苟辩妄辩的邪说,指出小人巧言利口、乱德惑众的危害性以及其能得行于世的原因。

俗士之所谓辩者,非辩也。非辩而谓之辩者,盖闻辩之名,而不知辩之实,故目之①,妄也。俗之所谓辩者,利口者也。彼利口者,苟美其声气②,繁其辞令,如激风之至③,如暴雨之集④,不论是非之性,不识曲直之理⑤,期于不穷,务于必胜。以故浅识而好奇者,见其如此也,固以为辩,不知木讷而达道者⑥,虽口屈而心不服也⑦。夫辩者,求服人心也,非屈人口也。故辩之为言别也⑧,为其善分别事类而明处之也⑨,非谓言辞切给⑩,而以陵盖人也⑪。

【注释】

①目:称。

②苟:贪求。

③激：急疾，猛烈。

④集：降下。

⑤曲直：是非，有理无理。

⑥木讷：指人质朴而不善辞令。

⑦口屈：在言辞上屈服，即词穷。

⑧辩：通"辨"，辨别，区分。

⑨事类：事理。明处：明断。

⑩切给：指言辞犀利敏捷。

⑪陵盖：凌驾，超过，压倒。

【译文】

凡俗之人所说的辩论，不是真正的辩论。不是真正的辩论而称之为辩论，是因为他们只闻知了辩论的名称，而不知道辩论的实质，所以称为辩论，这是虚妄不实的。俗士们所说的辩论，只是巧言善辩。那些巧言善辩的人，只一味贪求美饰他们的声音语气，增饰他们的语言文辞，像狂风骤至，如暴雨激降，不考察是非的实质，不知道曲直的道理，只希望自己的言辩能滔滔不绝，力求辩论一定取胜。所以识见浅陋而追新求异的人，看见他们这样的情况，就以为这是辩论了，不知道那些言语质朴而通达道理的人，即使口中词穷但心并不会被折服。辩论，追求的是折服人心，不是屈服他人的口舌。所以"辩"说的是辨别，是能很好地分辨事理而明白地判断是非，不是所谓的言辞锋利敏捷而能压倒他人。

故《传》称《春秋》微而显，婉而辩者①。然则辩之言必约以至②，不烦而谕③，疾徐应节④，不犯礼教，足以相称。乐尽人之辞，善致人之志⑤，使论者各尽得其愿，而与之得解⑥。其称也无其名，其理也不独显⑦，若此则可谓辩。故言有拙而辩者焉⑧，有巧而不辩者焉。君子之辩也，欲以明大道之中也⑨，是岂取一坐之胜哉！

【注释】

①故《传》称《春秋》微而显,婉而辩者:语见《左传·昭公三十一
　年》。

②至:深。

③谕:明白,晓谕。

④疾徐应节:指声音语气快慢合宜。

⑤致:通"至",尽、极。

⑥得解:解悟,领会。

⑦其称也无其名,其理也不独显:这里指与人辩论时不自大自耀,而
　能与人共析共明。

⑧辩:这里指叙事、说理明白清楚。

⑨大道之中:即大道中正之理。在儒家常指中庸之道。中,正。

【译文】

　　所以《左传》说《春秋》文辞精微而义理显明,语言婉转而旨意分明。
如此说来辩论的言辞一定要精约而义深,不烦琐而意旨明白,声音语气
的急缓应合节奏,不违犯礼教,能够和礼教相称相符。乐于使人畅尽他
想要说的话,善于使人尽抒他想要表达的旨意,让辩论的人都能充分表
达自己的意愿,然后可以和他们一同解悟辨析。说法不冠以己之名,义
理不独显己之意,像这样才能称为辩论。所以在言辞上,有质朴却能说
理明白的,有精巧却难以说清事理的。君子的辩论,是想要明辨大道的
正理,又怎会是与在座之人争得口舌上的胜利的呢!

　　人心之于是非也,如口于味也。口者非以己之调膳则
独美①,而与人调之则不美也。故君子之于道也,在彼犹在
己也。苟得其中,则我心悦焉,何择于彼?苟失其中,则我
心不悦焉,何取于此?故其论也,遇人之是则止矣。遇人之

是而犹不止,苟言苟辩②,则小人也。虽美说,何异乎䴗之好鸣③,铎之喧哗哉④? 故孔子曰:"小人毁訾以为辩,绞急以为智,不逊以为勇⑤。"斯乃圣人所恶,而小人以为美,岂不哀哉!

【注释】

①调膳:司厨,烹调。膳,饭食。

②苟言:妄言,随便发表意见。苟辩:诡辩。苟,随便,不审慎。

③䴗(jú)之好鸣:语本《诗经·豳风·七月》:"七月鸣䴗。"䴗,鸟名。伯劳鸟,又名"鵙"。额部和头部的两旁黑色,颈部蓝灰色,背部棕红色,有黑色波状横纹,吃昆虫和小鸟,善鸣。

④铎(duó):乐器。大铃的一种,古代宣布政教法令或遇战事时用之。形如钲而有舌,其舌有木制和金属制两种,故又有木铎和金铎之分。

⑤"小人毁訾(zǐ)以为辩"三句:《论语·阳货》:"恶徼以为智者,恶不孙以为勇者,恶讦以为直者。"文中所引孔子语与此有异。毁訾,诋毁,指责。绞急,急切,急迫。不逊,傲慢无礼。逊,谦虚,恭顺。

【译文】

人心对于是非之理,就像嘴对于味道。嘴不会只觉得自己烹调的饭食才美味,而交给他人烹调就不美味了。所以君子对于道,在别人那里就好像在自己这里一样。如果得到了大道正理,那么我心悦乐,又何必因在彼还是在此而有所区别呢? 如果失掉大道正理,那么我心不悦,又何必一定要取于自己呢? 所以君子辩论,遇到他人正善的言论道理就会停止再辩。遇到他人正善的言论道理仍不停止争辩,还继续随意妄言任意诡辩的人,就是小人。即使美饰其言说,又和伯劳鸟好鸣叫,铎铃声响嘈杂有什么两样呢? 所以孔子说:"小人以诋谤为善辩,以处事急切为智慧，以傲慢无礼为勇力。"这些都是圣人所厌弃的，而小人把这些都当作好东西，难道不可悲吗！

　　夫利口之所以得行乎世也，盖有由也。夫利口者①，心足以见小数②，言足以尽巧辞，给足以应切问③，难足以断俗疑④，然而好说而不倦，谍谍如也⑤。夫类族辩物之士者寡⑥，而愚暗不达之人者多⑦，孰知其非乎？此其所以无用而不见废也，至贱而不见遗也。先王之法，析言破律，乱名改作者，杀之⑧；行僻而坚，言伪而辩，记丑而博，顺非而泽者，亦杀之⑨。为其疑众惑民，而溃乱至道也⑩。孔子曰"巧言乱德"⑪，"恶似而非者"也⑫。

【注释】

①夫：原作"且"。清钱培名校云，《群书治要》"且"作"夫"。按，钱校是，今据改。利口：能言善辩。

②见：知道。小数：小术，小道，小技。亦指细枝末节，无关宏旨根本的学问。

③给：敏捷。切问：急切问难。

④难：诘问，责难。

⑤谍谍如：喋喋不休，絮叨不止的样子。谍，通"喋"。如，用在形容词后，表示动作或事物的状态。

⑥类族：犹类聚，因同类而相族聚。这里指以类聚特征来分辨事理。

⑦愚暗：愚昧而不明事理。不达：不明白，不通达事理。

⑧"析言破律"三句：语本《礼记·王制》："析言破律，乱名改作，执左道以乱政，杀。"析言破律，指巧说诡辩，曲解律令。乱名改作，指淆乱名分以更易常道常法。

⑨"行僻而坚"五句：《荀子·非十二子》："行辟而坚，饰非而好，玩奸而泽，言辩而逆，古之大禁也。"又《荀子·宥坐》："孔子曰：'……人有恶者五，而盗窃不与焉：一曰心达而险，二曰行辟而坚，三曰言伪而辩，四曰记丑而博，五曰顺非而泽。此五者有一于人，则不得免于君子之诛。'"《孔子家语·始诛》亦有"行辟而坚"四句。《礼记·王制》作"行伪而坚，言伪而辩，学非而博，顺非而泽，以疑众，杀"。行僻而坚，指行为邪僻而坚持不改。言伪而辩，指言语伪虚而善于巧辩。记丑而博，记识怪异之事而所知广博。顺非而泽，顺循有违礼法之事而文过饰非。

⑩溃乱：散乱，昏乱。

⑪巧言乱德：语出《论语·卫灵公》："子曰：'巧言乱德。小不忍，则乱大谋。'"

⑫恶似而非者：语出《孟子·尽心下》："孔子曰：'恶似而非者：恶莠，恐其乱苗也；恶佞，恐其乱义也；恶利口，恐其乱信也；恶郑声，恐其乱乐也；恶紫，恐其乱朱也；恶乡原，恐其乱德也。'"

【译文】

能言巧辩之所以能兴行于世间，是有原因的。那些能言巧辩的人，心足以知道小术，言足以尽叙巧说，敏捷足以应对急迫问难，诘责足以止断世俗之人的疑惑，然而喜好辩说而不厌倦，喋喋不休。那些能以类聚特征辨物明理的人少，愚昧不通的人多，所以又有谁知道那些能言巧辩之人不对呢？这就是这些人无用却仍不被废除，极低劣却仍不被抛弃的原因。对先王制定的法律，以巧说诡辩来曲解律令，以淆乱名分来更易常法的人，要杀掉；行为邪僻而坚持不改的，言语虚诈而善于巧辩的，记识怪异非义之事而所知广博的，顺循有违礼法之事而文过饰非的人，也要杀掉。因为他们疑乱民众迷惑百姓，而淆乱大道正理。孔子说"花言巧语足以败坏道德"，说的就是"厌恶似是而非，乱人正听的人"。

智行第九

【题解】

　　此篇论说明哲之智优于笃志之行,诚为作者的特立卓识。孔子言仁,孟子益之以义,荀子益之以礼,徐幹又益之以智,"五常"之道,不可有缺,皆应相须而备也。所以若仅蹈行善道而缺少哲智,那么或许会流于迂阔固陋,不能观时势,应权变,其弊甚矣。

　　或问曰:"士或明哲穷理①,或志行纯笃②,二者不可兼,圣人将何取?"对曰:"其明哲乎?夫明哲之为用也,乃能殷民阜利③,使万物无不尽其极者也④。圣人之可及,非徒空行也,智也。伏羲作八卦,文王增其辞⑤,斯皆穷神知化⑥,岂徒特行善而已乎?《易·离》象称:'大人以继明照于四方⑦。'且大人⑧,圣人也。其余《象》皆称'君子',盖君子通于贤者也⑨。聪明惟圣人能尽之,大才通人有而不能尽也⑩。《书》美唐尧⑪,钦明为先⑫。驩兜之举共工⑬,四岳之荐鲧⑭,尧知其行,众尚未知信也。若非尧,则裔土多凶族⑮,兆民长愁苦矣⑯。明哲之功也如是,子将何从?"

【注释】

① 士：此指贤者。明哲穷理：明智睿哲，洞察事理。

② 志行纯笃：志向和操行淳厚，纯正专一。

③ 殷民阜利：百姓殷实，财物富足。殷，殷实，富裕。阜，丰厚，富有。这里"殷""阜"皆做使动动词。

④ 尽其极：这里指尽其天性，善其始终。

⑤ 文王：周文王，姬姓，名昌，封为西伯，故又叫伯昌，其子周武王姬发灭殷商。传说文王演绎《周易》，将八卦推演为六十四卦，增其卦辞爻辞。其事见于《史记·周本纪》等。

⑥ 穷神知化：穷究事物的神妙，了解事物的变化。

⑦ 大人以继明照于四方：语出《周易·离卦》象辞。大人，即圣人。继，不绝。

⑧ 且：这里为句首发语词，与"夫"相似。

⑨ 其余《象》皆称"君子"，盖君子通于贤者：《周易》的象辞，有说"君子""大人""先王"等如何如何，称"君子"的次数较多。此处徐幹意指君子仅通达于贤者，然不及圣人之明。

⑩ 大才：堪当重任之才或指学识很高的人。通人：学识渊博通达的人。

⑪ 唐尧：指尧，帝喾之子，名放勋，初封于陶，又封于唐，号陶唐氏，亦号唐尧。其事见于《史记·五帝本纪》。

⑫ 钦明为先：语本《尚书·尧典》："曰若稽古帝尧，曰放勋，钦明文思，安安，允恭克让，光被四表，格于上下。"钦明，敬肃明察。

⑬ 驩（huān）兜之举共工：《尚书·尧典》："帝曰：'畴咨若予采？'驩兜曰：'都。共工方鸠僝功。'"驩兜，相传为尧、舜时四个恶名昭彰的部落首领之一，即"四凶"之一。

⑭ 四岳之荐鲧（gǔn）：《尚书·尧典》："帝曰：'咨！四岳。汤汤洪水方割，荡荡怀山襄陵，浩浩滔天。下民其咨，有能俾乂？'佥曰：'於，鲧哉。'"四岳，一说为共工的后裔，因辅佐禹治水有功，赐姓

姜,封于吕,掌帅诸侯。一说为尧臣羲、和四子,分掌四方诸侯。

⑮裔土:荒瘠边远的地方。这里指国域、四境。凶族:指与尧、舜部族敌对的四个部落。

⑯兆民:古称天子之民,后泛指众民、百姓。

【译文】

有人问道:"贤士们有的明智睿哲洞究事理,有的志向德行纯正敦厚,如果二者不能兼得,圣人会选择哪个呢?"回答说:"大概会选明智通理之士吧? 明智通理所能发挥的效能,能让百姓财物殷实富足,使万事万物没有不尽其天性、善其始终的。要想触及圣人的境界,不能只空有德行,更要有明通的智慧。伏羲创画八卦,文王增作卦辞,这都是穷究事物的神妙而知晓其变化,难道只因为德行美善就可以达到这样的境界了吗?《周易·离卦》象辞说:'大人以其不绝之明久照四方。'大人,就是圣人。其余的《象辞》都称'君子'如何,是因为君子仅通达于贤人。只有圣人能极尽智慧才能,贤才达人们有智慧才能而不能极尽其用。《尚书》赞美唐尧,首先就是赞美他敬肃明察。骥兜举荐共工,四岳推荐鲧,尧早已知晓二人的德行不足以任事,但众人还未知晓和相信。如果不是尧,那么国境四域内多有凶族之人,百姓会陷入长久的愁苦中。因明智而取得的功绩成效就像这样,如果是你又将做何选择呢?"

或曰:"俱谓贤者耳①,何乃以圣人论之?"对曰:"贤者亦然。人之行莫大于孝②,莫显于清。曾参之孝,有虞不能易③;原宪之清,伯夷不能间④。然不得与游、夏列在四行之科⑤,以其才不如也。仲尼问子贡曰:'汝与回也孰愈?'对曰:'赐也何敢望回? 回也闻一以知十,赐也闻一以知二。'⑥子贡之行不若颜渊远矣,然而不服其行,服其闻一知十。由此观之,盛才所以服人也。仲尼亦奇颜渊之有盛才也,故曰:'回也,非助我者也,于吾言无所不说⑦。'颜渊达于圣人之情,故无穷难之辞,是以能独获噳噳之誉⑧,为七十子之冠⑨。曾参虽质孝,原宪虽体清,仲尼未甚叹也。"

【注释】

① 俱谓贤者:指"明哲穷理""志行纯笃"之士都是贤人。俱,清俞樾云,"俱"乃"但"字之误,然"俱""但"皆可通,此处依原文。

② 人之行莫大于孝:语出《孝经·圣治》:"子曰:'天地之性,人为贵。人之行,莫大于孝。'"

③ 曾参之孝,有虞不能易:曾参,《史记·仲尼弟子列传》载:"曾参,南武城人,字子舆,少孔子四十六岁。孔子以为能通孝道,故授之业。作《孝经》。"有虞,即虞,指舜,"有"为词头,语助词。易,轻视,轻慢。

④ 原宪之清,伯夷不能间:原宪,字子思,亦称"原思""仲宪",春秋末年鲁国人(一说宋国人),孔子弟子,孔门七十二贤之一。清洁贫寒,然安贫乐道,不肯与世俗同流合污。事见《庄子·让王》《史记·仲尼弟子列传》等。伯夷,商末孤竹君长子,相传其父遗命要立次子叔齐为继承人,孤竹君死后,叔齐让位给伯夷,伯夷不受,叔齐也不愿登位,先后都逃到周国。周武王伐纣,二人叩马谏阻,武王灭商后,他们耻食周粟,采薇而食,饿死于首阳山。事见《史记·伯夷列传》等。间,非议。

⑤ 四行之科:孔门四种科目,指德行、言语、政事、文学。《论语·先进》:"德行:颜渊、闵子骞、冉伯牛、仲弓。言语:宰我、子贡。政事:冉有、季路。文学:子游、子夏。"

⑥ "仲尼问子贡曰"数句:语出《论语·公冶长》。子贡,姓端木,名赐,字子贡,春秋末卫国人,孔门十哲之一。善于辞令。回,指颜回,字子渊,春秋末鲁国人,孔门十哲之一,孔门七十二贤之首。贫居

陋巷，箪食瓢饮，而不改其乐，孔子盛赞他的德行，后被尊为“复圣”。子贡、颜回事，见《史记·仲尼弟子列传》。愈，胜过。

⑦"回也"三句：语出《论语·先进》。这里是说颜回听到孔子的话，皆通解其义而愉悦，不会问难于孔子，故孔子叹颜回无益于己，实是深喜颜回之才智。说，同"悦"，愉悦。

⑧亹亹（wěi）：不息不绝的样子。

⑨七十子：指孔门七十二贤人。七十是举其整数。

【译义】

有人说："都仅为贤人而已，怎能以圣人之明来论贤人呢？"回答说："贤人也是这样。人的德行没有比孝顺更大的，没有比高洁更显明的。曾参的孝，即使舜也不能轻视；原宪的清洁，即使伯夷也无可非议。但是曾参、原宪不能与子游、子夏等人同列在孔门德行、言语、政事、文学四科杰出者中，是因为他们的才智不如人。孔子问子贡说：'你和颜回谁更胜一筹？'子贡回答说：'我怎么敢和他比呢？颜回听到一件事可以推知十件事，我听到一件事只能推知两件事。'子贡的德行远不如颜回，然而子贡不佩服颜回的德行，却佩服他听到一件事可以推知十件事。由此看来，高才大智能使人信服。孔子也珍赏颜回有高才，所以说：'颜回啊，不是增益帮助我的人，他对于我说的话没有不喜欢的。'颜回心通圣人的情志，所以没有追究问难，因此能独获亹亹不绝的美誉，成为七十二贤人之首。曾参即使本性孝顺，原宪即使本性清洁，孔子都没有过这样的赞叹。"

或曰："苟有才智而行不善，则可取乎？"对曰："何子之难喻也①！水能胜火，岂一升之水灌一林之火哉？柴也愚②，何尝自投于井？夫君子仁以博爱，义以除恶，信以立情③，礼以自节，聪以自察，明以观色，谋以行权，智以辨物，岂可无一哉？谓夫多少之间耳。且管仲背君事仇，奢而失礼，使桓公有九合诸侯、一匡天下之功④。仲尼称之曰:'微管仲,吾其被发左衽矣⑤!'召忽伏节死难,人臣之美义也,仲尼比为匹夫匹妇之为谅矣⑥。是故圣人贵才智之特能,立功立事益于世矣。如愆过多,才智少,作乱有余,而立功不足,仲尼所以避阳货而诛少正卯也⑦。何谓可取乎?汉高祖数赖张子房权谋以建帝业⑧,四皓虽美行⑨,而何益夫倒悬⑩?此固不可同日而论矣!"

【注释】

①喻:知晓,明白。

②柴:姓高,名柴,字子羔。孔子的学生。《论语·先进》:"柴也愚,参也鲁,师也辟,由也喭。"

③情:诚,真实。

④"且管仲背君事仇"三句:管仲,名夷吾,字仲,春秋初期齐国政治家,颍上(今属安徽)人。初事公子纠,后事齐桓公(公子小白)为相,通货积财,富国强兵,尊周室,攘戎狄,九合诸侯,一匡天下,齐桓公尊为"仲父",为法家之祖。事见《史记·管晏列传》等。然《论语·八佾》:"或曰:'管仲俭乎?'曰:'管氏有三归,官事不摄,焉得俭?''然则管仲知礼乎?'曰:'邦君树塞门,管氏亦树塞门。邦君为两君之好,有反坫,管氏亦有反坫。管氏而知礼,孰不知礼?'"即言管仲奢豪不知礼。

⑤微管仲,吾其被(pī)发左衽矣:语出《论语·宪问》:"子曰:'管仲相桓公,霸诸侯,一匡天下,民到于今受其赐。微管仲,吾其被发左衽矣!岂若匹夫匹妇之为谅也,自经于沟渎而莫之知也。'"被发左衽,披头散发,衣襟向左边开。左衽,古指东方、北方少数民族的装束,含有落后、不开化之意。

⑥"召忽伏节死难"三句：召忽，春秋时齐国人，曾与管仲同事公子纠，参与射杀公子小白，后小白即位为齐桓公，命鲁人杀公子纠，召忽守节自尽。伏节，殉节。匹夫匹妇之为谅，事见《论语·宪问》。谅，小节，小信。

⑦仲尼所以避阳货而诛少正卯也：阳货，名虎，季氏家臣。曾经囚季桓子而专权鲁国国政。《论语·阳货》："阳货欲见孔子，孔子不见，归孔子豚。孔子时其亡也，而往拜之，遇诸涂。"诛少正卯，鲁定公十四年（前496），孔子代理鲁国司寇，诛鲁国乱政大夫少正卯。事见《荀子·宥坐》《史记·孔子世家》等。

⑧张子房：即张良，字子房，相传为颍川城父（今河南宝丰）人。祖与父都是韩国大臣。秦灭韩后，他图谋复国，结交刺客，在博浪沙狙击秦始皇未中，逃亡至下邳时遇黄石公，得《太公兵法》。秦末战争中，聚众归刘邦；楚汉战争期间，提出不立六国后代，联结英布、彭越，重用韩信等策略，并主张追击项羽，歼灭楚军，都被刘邦采纳。汉朝建立后封留侯。其事见于《史记·留侯世家》《汉书·张良传》等。

⑨四皓：指秦末隐居商山的东园公、甪（lù）里先生、绮里季、夏黄公。四人须眉皆白，故称"商山四皓"。见前注。

⑩倒悬：指人头脚倒置地或物上下倒置地悬挂着，比喻处境极其困苦或危急。

【译文】

有人问："如果有才智但德行不善，那么也可选取才智吗？"回答说："你为什么还不明白！水能胜过火，难道是用一升的水来浇灭一林的火吗？高柴即使愚笨，又何曾自投于井呢？君子以仁施行博爱，以义肃除不正，以信树立真诚，以礼管制自我，以善听来自我审察，以善视来明察人意，以谋虑行使权变，以智明辨事理，怎么能少了一个呢？只是说多与少罢了。而且管仲背弃旧主投事仇敌，奢豪失礼，但却使齐桓公建立了多次会盟诸侯、使天下得以匡正的功业。孔子说：'要是没有管仲，我还

是披头散发，衣襟向左开啊！'召忽殉节随死于公子纠之难，是尽人臣的
节义，孔子却将这种节义比作平民百姓的小节小信。因此圣人推重才智
所独具的能力，就是建功立业有益于世间。如果罪过多，才智少，作乱有
余，而建功不足，这正是孔子之所以避开阳货而诛杀少正卯的原因。又
怎么会可取呢？汉高祖屡屡依靠张良的权谋机算来成就帝业，四皓即使
有高尚的德行，又对解救民生危困有什么帮助呢？这本来就不能相提并
论啊！"

　　或曰："然则仲尼曰：'未知，焉得仁①？'乃高仁耶？何
谓也？"对曰："仁固大也。然则仲尼此亦有所激然②，非专
小智之谓也。若有人相语曰：'彼尚无有一智也，安得乃知
为仁乎？'昔武王崩，成王幼，周公居摄③。管、蔡启殷畔乱，
周公诛之④。成王不达，周公恐之。天乃雷电风雨，以彰周
公之德，然后成王寤⑤。成王非不仁厚于骨肉也，徒以不聪
睿之故⑥，助畔乱之人，几丧周公之功，而坠文、武之业。召
公见周公之既反政，而犹不知，疑其贪位，周公为之作《君
奭》，然后悦⑦。夫以召公怀圣之资而犹若此乎！末业之士⑧，
苟失一行，而智略褊短⑨，亦可惧矣。仲尼曰：'可与立，未可与
权⑩。'孟轲曰：'子莫执中，执中无权，犹执一也⑪。'仲尼、
孟轲可谓达于权智之实者也⑫。"

【注释】

　　①未知，焉得仁：语出《论语·公冶长》。此句解读多样，解"知"为
"知道"之意为一说，解"知"为"智"之意又为一说。文中提问者
用此句之意应为后者，即以"知"为"智"。

　　②激：激发，即有所感触而发。

③"昔武王崩"三句：成王，姓姬名诵，周武王之子。年幼时即位，由周公摄政。事见《史记·周本纪》《尚书·周书》等。居摄，因皇帝年幼不能亲政，由大臣代居其位处理政务。

④管、蔡启殷畔乱，周公诛之：管，管叔鲜。蔡，蔡叔度。二人皆周武王弟，挟纠王子武庚叛乱，成王命周公讨伐，诛杀武庚与管叔鲜，流放蔡叔度，平定了叛乱。事见《尚书·金縢》《史记·管蔡世家》。启，引导。畔，通"叛"。

⑤"成王不达"五句：《尚书·金縢》载："武王既丧，管叔及其群弟乃流言于国，曰：'公将不利于孺子。'周公乃告二公曰：'我之弗辟，我无以告我先王。'周公居东二年，则罪人斯得。于后，公乃为诗以贻王，名之曰'鸱鸮'，王亦未敢诮公。秋，大熟，未获，天大雷电以风，禾尽偃，大木斯拔，邦人大恐，王与大夫尽弁，以启金縢之书，乃得周公所自以为功，代武王之说。二公及王乃问诸史与百执事。对曰：'信。噫！公命，我勿敢言。'王执书以泣，曰：'其勿穆卜。昔公勤劳王家，惟予冲人弗及知；今天动威，以彰周公之德；惟朕小子其新逆，我国家礼亦宜之。'王出郊，天乃雨。反风，禾则尽起。二公命邦人，凡大木所偃，尽起而筑之，岁则大熟。"

⑥成王非不仁厚于骨肉也，徒以不聪睿之故：这里是指成王怀疑周公贪权而杀弟，不是因为对骨肉之情不仁厚，而是因为不聪敏明事。聪睿，明智。

⑦"召公见周公之既反政"五句：召（shào）公，姬姓，名奭。一作"邵公""召康公"，初封邑在召，故称"召公"。曾佐武王灭商，被封于燕，成王时任太保，与周公同为辅弼之臣。周公摄政，召公疑之，周公因作《君奭》以表明心志。事见《史记·周本纪》《史记·燕召公世家》。《君奭（shì）》，《尚书·周书》中的一篇。

⑧末业之士：末学之人。这里指一般人，平民俗士。

⑨褊（biǎn）：狭隘。

⑩可与立，未可与权：语出《论语·子罕》："子曰：'可与共学，未可与适道；可与适道，未可与立；可与立，未可与权。'"

⑪"子莫执中"三句：语出《孟子·尽心上》。子莫，鲁国人，其性中和专一。

⑫权智：权变智略。

【译文】

有人问："虽然如此，但孔子说：'还没有达到智慧，又哪里够得上仁呢？'这是认为仁高于智吗？这说的是什么意思呢？"回答说："仁固然地位很高。但孔子这里也是有感而发，不是专门说要轻视才智。就好像有人在相互交谈时说：'他还没有什么才智，又哪里去得知要行仁道呢？'从前周武王去世的时候，周成王还年幼，周公代理国政。管叔鲜、蔡叔度挟引殷商遗民叛乱，周公诛灭了叛军。成王不明实情，周公对此感到忧虑害怕。于是上天就降下风雨雷电，来彰明周公的德行，然后成王才得以醒悟。成王不是对骨肉之情不仁厚，只是因为不聪颖明智，而相助叛乱之人，几乎丢掉周公的功绩，且坠失文王、武王的基业。召公看到周公重新摄政后，仍然不知周公之心，怀疑周公贪恋权位，周公为他作《君奭》，然后召公才信悦。以怀有聪明睿智资质的召公尚且如此！平民俗士，如果失掉某一品行，而才智与谋略又狭隘短浅，其所为也真令人忧虑害怕。孔子说：'可以与他一同成就正理常事的人，未必能同他一起权宜应变。'孟子说：'子莫执守中道，却不知权变，就像固执一端而不知变通。'孔子、孟子可以说是通达权变智略的实质的人了。"

　　殷有三仁，微子介于石不终日①，箕子内难而能正其志②，比干谏而剖心③。君子以微子为上，箕子次之，比干为下④。故《春秋》大夫见杀，皆讥其不能以智自免也⑤。且徐偃王知修仁义，而不知用武，终以亡国⑥；鲁隐公怀让心，而不知佞伪，终以致杀⑦；宋襄公守节，而不知权，终以见执⑧；

晋伯宗好直，而不知时变，终以陨身⑨；叔孙豹好善，而不知择人，终以凶饿⑩。此皆蹈善而少智之谓也。故《大雅》贵"既明且哲，以保其身"⑪。夫明哲之士者，威而不慑，困而能通，决嫌定疑，辨物居方⑫，攘祸于忽杪⑬，求福于未萌，见变事则达其机⑭，得经事则循其常，巧言不能推，令色不能移⑮，动作可观则⑯，出辞为师表⑰。比诸志行之士，不亦谬乎！

【注释】

①微子介于石不终日：微子，周代宋国的始祖。名启，殷纣王的庶兄，封于微，因见纣淫乱将亡，数谏，纣不听，遂出走。事见《史记·殷本纪》《史记·宋微子世家》。介于石不终日，语出《周易·豫卦》爻辞。介于石，坚固如石，指坚守操行，意坚如石。介，坚实，坚固。不终日，不待一日结束。此指即时即刻。

②箕（jī）子内难而能正其志：箕子，亦称"箕伯"。名胥余，纣王叔父，官太师，封于箕。纣王无道，屡谏不听，被囚，乃佯狂为奴，武王灭殷，箕子率五千人避往朝鲜为君。事见《史记·殷本纪》《史记·宋微子世家》。内难而能正其志，语出《周易·明夷卦》象辞。内难，内有险难，即国乱。正其志，指箕子屡谏不听后佯狂，不事暴君，正守志向。

③比干谏而剖心：比干，商纣王的叔父，辅佐帝乙时官少师，后为托孤重臣，辅佐商纣王帝辛，因屡次劝谏纣王，被剖心而死。事见《史记·殷本纪》《史记·宋微子世家》。

④"君子以微子为上"三句：这里徐干言君子所推崇的上等、中等、下等，以其明达睿智而划分。

⑤《春秋》大夫见杀，皆讥其不能以智自免也：《春秋》中记载诸侯杀卿大夫事有四十余起，然讥其不智者似非《春秋》成例。

⑥ "且徐偃王知修仁义"三句：徐偃王，相传为周穆王时徐国国君，好行仁义，前来朝觐的国家有三十多个，后楚国袭其不备，大破之，杀偃王。事见《韩非子·五蠹》《史记·赵世家》等。

⑦ "鲁隐公怀让心"三句：鲁隐公，名息，隐为谥号，鲁国第十四代国君，在位十一年。惠公死时太子允年幼，于是庶出长子息代理国政，后公子挥唆使隐公杀允自立，隐公欲让政于允，公子挥惧其谋为允所知，反诬隐公于允，立允为桓公，后隐公为桓公所弑。事见《公羊传·隐公十一年》《史记·鲁周公世家》。

⑧ "宋襄公守节"三句：宋襄公，春秋时期宋国国君，名兹父。齐桓公死后，与楚国争霸，召楚会盟时不听劝谏，曾被楚国拘押。后伐郑，与救郑的楚兵战于泓水，面对强敌，他仍守"仁义"，待楚兵渡河列阵后再战，大败受伤，次年伤重而死。事见《公羊传·僖公二十一年》等。

⑨ "晋伯宗好直"三句：伯宗，春秋时期晋国人，大夫孙伯纠之子，宋襄公之弟，贤而好直言，每上朝，妻子常规劝他："你好直言，德行不端之人皆厌之，必有祸难及身！"伯宗笑而不听，后被人陷害而遭杀。事见《左传·成公十五年》。

⑩ "叔孙豹好善"三句：叔孙豹，名豹，春秋时鲁国大夫。宠庶子竖牛，使掌家政，而二子被杀，叔孙豹亦被饿死。事见《左传·昭公四年》。

⑪ 既明且哲，以保其身：语出《诗经·大雅·烝民》。

⑫ 辨物居方：辨别事物的性质、条件等因素，使之各得其所。《周易·未济卦》："君子以慎辨物居方。"

⑬ 禳（ráng）祸：禳除灾祸。忽杪（miǎo）：极细微。杪，原指树木末端、树梢，这里引申为细微。

⑭ 机：机要，关键，要领。

⑮ 巧言不能推，令色不能移：二句互文，即巧言令色都不能更易其心

　　志。推,移,改变。

⑯则:效法。

⑰师表:表率,即可供人师法的标准模范。

【译文】

　　殷有三位仁人,微子意志坚定即时决断,箕子身处国乱而能正守志向,比干忠言劝谏而被剖心。君子以微子为最上,箕子其次,比干为最下。所以《春秋》中对卿大夫被杀,都讥刺他们不能以智慧脱避死亡。且徐偃王知道要修行仁义,而不知道修守武备,最终因之亡国;鲁隐公怀逊让之心,而不辨奸佞虚伪,最终因之遭害;宋襄公坚守名节,却不知权变,最终因之被拘;晋国伯宗好直言,而不知时宜,最终因之亡身;叔孙豹好善事,而不知道选辨用人,最终因之遭难饿死。这些说的都是行善却少智的人。所以《大雅》推崇的是"明达睿哲,保全己身"。那些明智睿哲的人,面临威逼而不屈惧,身处困窘而能通达,决断嫌疑,分辨事物,使之各得其所,在灾患还处于极细微时便已除之,在福善还未萌发时便即求之,看到变化的就能通达其关键所在,遇到常见的事则能循行常法,巧言令色都不能更易他,他的行为可以观摩效法,言辞可以为人表率。所以将明哲之士与志行之士并论比较,不是很荒谬吗!

爵禄第十

【题解】

　　爵禄，指官爵与俸禄。此篇论说爵禄的根本在于与其相匹配的德行功业。爵禄被人推重或轻贱，并不在于爵禄本身，而在于其人的德行功业是否与之相匹配，其人所得的爵禄是否合宜。而君子推重爵禄，是因为处居高位能广行其道。然得位与否，非唯求之有道，还需得之有命，逢其时世；不然，虽圣贤犹不能不伤其道之不遇。作者篇末之慨，令人动容。

　　或问："古之君子贵爵禄欤？"曰："然。""诸子之书，称'爵禄非贵也，资财非富也'①，何谓乎？"曰："彼遭世之乱，见小人富贵而有是言，非古也。古之制爵禄也，爵以居有德，禄以养有功。功大者其禄厚，德远者其爵尊②；功小者其禄薄，德近者其爵卑。是故观其爵则别其人之德也③，见其禄则知其人之功也，不待问之④。古之君子贵爵禄者，盖以此也。非以黼黻华乎其身⑤，刍豢之适于其口也⑥；非以美色悦乎其目，钟鼓之乐乎其耳也。孔子曰：'邦有道，贫且贱焉，耻也⑦。'明王在上，序爵班禄而不以逮也⑧，君子以为至羞，何贱之有乎？先王将建诸侯而锡爵禄也⑨，必于清庙之中，陈金石之乐,宴赐之礼,宗人摈相⑩,内史作策也⑪。其《颂》曰:'文王既勤止,我应受之。敷时绎思,我徂维求定。时周之命,于绎思⑫。'由此观之,爵禄者先王之所重也,非所轻也。故《书》曰:'无旷庶官,天工人其代之⑬。'"

【注释】

①爵禄非贵也,资财非富也:《孟子·公孙丑下》引曾子语:"晋、楚之富,不可及也。彼以其富,我以吾仁;彼以其爵,我以吾义。吾何慊乎哉?"即谓若与仁义相比,爵禄非贵,资财非富。但此是相较而言,并非单纯地轻视爵禄。此整句为问者语。

②功大者其禄厚,德远者其爵尊:两句"其"字皆据《群书治要》补。

③别:区分,辨别。

④不待问之:《群书治要》此句末有"也"字,上两句无"也"字。

⑤黼黻(fǔ fú):绣有华美花纹的礼服。

⑥刍豢(huàn):牛羊犬豕之类的家畜。泛指肉类食品。适:舒适,舒爽。

⑦"邦有道"三句:语出《论语·泰伯》:"天下有道则见,无道则隐。邦有道,贫且贱焉,耻也;邦无道,富且贵焉,耻也。"

⑧序爵:按等次授予官爵。班禄:分等级制定俸禄。逮:及,到。

⑨锡(cì):赐予。

⑩宗人:古代职掌宗庙、谱牒、祭祀等的官。摈(bìn)相:导引宾客,执赞礼仪。

⑪内史:协助天子管理爵、禄、废、置等政务的官,西周始置,春秋时沿置。策:用简策来书写王命。

⑫"文王既勤止"六句:语出《诗经·周颂·赉(lài)》。我,这里指周武王。敷时,普天下。敷,通"溥",普遍。时,世。绎思,追思,追念。徂(cú),往。这里指讨伐商纣王。

⑬无旷庶官,天工人其代之:语出《尚书·皋陶谟》。旷,空,荒废。庶官,各种官职。天工,天的职任。古以为王者法天而建官,代天行职事。

【译文】

有人问:"古时的君子看重官爵与俸禄吗?"回答说:"是的。""诸子的书中说'官爵与俸禄不值得重视,钱财与物资也并非算富有',说的是什么意思呢?"回答说:"那是因为他们遭逢乱世,看见小人富贵荣华才说这样的话,不是古时的情况。古时制定官爵和俸禄,官爵是用来安排有德之士的,俸禄是用来奉养有功之人的。功劳大的人他的俸禄就丰厚,德行高尚的人他的官爵就尊贵;功劳小的人他的俸禄就微薄,德行卑劣的人他的官爵就低下。所以看他的爵位就可以辨别出这个人德行的高低,看他的俸禄就知道这个人功劳的大小,不用问就知道了。古时君子看重官爵与俸禄,原因就在于此。不是用华美的服装来美饰他的身体,用牛羊猪狗等肉食来舒爽他的口腹;不是用美丽的色彩来愉悦他的眼睛,用钟鼓的声音来愉悦他的耳朵。孔子说:'国家政治清明,还贫穷卑下,这是耻辱。'贤明的君王在上,按等次授予官爵、分发俸禄却没有自己应该得到的,这是君子认为最羞耻的事,又哪里会轻贱爵禄呢?从前的君王要封建诸侯和赏赐爵位俸禄的时候,一定会在太庙之中,陈奏钟磬的音乐,安排宴赏的礼仪,宗人引导宾客、执唱赞礼,内史用简策来书写王命。《周颂》说:'文王勤勉劳心建立基业,我应当继承他的德业。普天下的诸侯们要牢记文王的功德,我讨伐商纣以求天下安定。文王勤勉敬受天命,受封赏者要牢记文王的勤勉德行。'这样看来,爵位和俸禄是从前的君王们所看重的,不是他们所轻贱的。所以《尚书》说:'不要虚设百官,天的职事由人代行。'"

爵禄之贱也,由处之者不宜也,贱其人,斯贱其位矣;其贵也,由处之者宜之也,贵其人,斯贵其位矣。《诗》云:"君子至止，黻衣绣裳。佩玉锵锵，寿考不忘①。"黻衣绣裳，君子之所服也。爱其德，故美其服也。暴乱之君子②，非无此服也，而民弗美也。位亦如之。昔周公相王室以君天下，圣德昭闻，王勋弘大。成王封以少昊之墟③，地方七百里，锡之山川、土田、附庸④，备物典策⑤，官司彝器⑥，龙旗九旒⑦，祀帝于郊⑧。太公亮武王克商宁乱⑨，王封之爽鸠氏之墟⑩，东至于海，西至于河，南至于穆陵，北至于无棣，五侯九伯，汝实征之⑪，世祚太师⑫，抚宁东夏⑬。当此之时，孰谓富贵不为荣宠者乎？自时厥后，文、武之教衰，黜陟之道废，诸侯僭恣⑭，大夫世位，爵人不以德，禄人不以功，窃国而贵者有之，窃地而富者有之，奸邪得愿，仁贤失志，于是则以富贵相诟病矣⑮。故孔子曰："邦无道，富且贵焉，耻也⑯。"然则富贵美恶，存乎其世也。

【注释】

①"君子至止"四句：语出《诗经·秦风·终南》。黻衣，古代绣有青黑色花纹的礼服。绣裳，彩色下衣，古代官员的礼服。寿考，年高，长寿。

②暴乱之君子：《群书治要》"君"下无"子"字。按，君子，有时是对统治者和贵族男子的通称，这里指国君。

③少昊：亦作"少暤"，名挚（一作"质"），传说中古代东夷部落首领，号金天氏。以鸟为图腾，死后为西方之神。其事见于《礼记·月令》《吕氏春秋·孟秋》等。墟：故城。

④锡（cì）之山川、土田、附庸：语本《诗经·鲁颂·閟（bì）宫》。附庸，指附属于诸侯大国的小国。

⑤备物:指仪卫、祭祀等所用的器物。

⑥官司:百官。彝器:古代宗庙常用的青铜祭器的总称。

⑦九旒(liú):亦作"九斿""九游",古代旌旗上的九条丝织垂饰。

⑧祀帝于郊:祀礼见《礼记·明堂位》及其《祭统》。

⑨太公:即姜太公。姜姓,吕氏,名望,字尚父,一说字子牙。曾钓
　于渭滨,文王遇之,与语,大悦曰:"吾太公望子久矣。"故称"太公
　望",俗称"姜太公"。辅佐武王灭商有大功,后封于齐,为周代齐
　国始祖。西周初年官太师,又称"师尚父",有征伐五侯九伯之权。
　其事见于《史记·齐太公世家》。亮:辅佐。

⑩爽鸠氏:传说为少皞氏(即"少昊氏")的司寇。其事见于《左
　传·昭公二十年》。

⑪"东至于海"六句:语出《左传·僖公四年》:"管仲对曰:'昔召康
　公命我先君大公,曰:"五侯九伯,女实征之,以夹辅周室。"赐我
　先君履,东至于海,西至于河,南至于穆陵,北至于无棣。'"

⑫祚(zuò):流传,传代。

⑬东夏:古代泛指中国东部。这里指齐国。

⑭僭(jiàn)忿:逾越常礼,恣行无忌。

⑮诟病:侮辱,引申为指责或嘲骂。

⑯"邦无道"三句:语出《论语·泰伯》。

【译文】

　　官爵和俸禄被轻贱,是由于身在其位的人不称职,鄙视这个人,也就
轻视他的爵位了;官爵和俸禄被看重,是由于身在其位的人称职,看重这
个人,也就看重他的爵位了。《诗经》说:"君子到来,身着华美的礼服衣
裳。佩玉清响,到老也不忘。"华纹彩绘的礼服,是君子所穿的衣裳。喜
爱他的德行,所以才赞美他的衣裳。残暴昏乱的君王,不是没有这样的
礼服,人们却不以为美。爵位也是这样。从前周公辅佐周王宅君临天
下,圣德昭彰,辅弼王业的功劳巨大。成王分封给他少昊氏的故城,方圆

七百里,赏赐给他高山大川、沃土良田、周边的附属小国,仪卫祭祀的器物和典籍简策,百官所用的器具,龙旗和旗上的丝织垂饰,准许祭祀天帝于郊。姜太公吕尚辅佐武王攻克殷商安定混乱,武王分封给他爽鸠氏的故城,东到大海,西到黄河,南到穆陵,北到无棣,天下诸侯,他都可以去征讨,世代传袭太师之位,安抚齐地。在这个时候,又有谁能说富贵不是因为受到了恩宠荣耀呢?自那以后,文王、武王的教化日渐衰颓,人才官爵的升降原则日渐废弃,诸侯逾礼恣行,大夫的爵位世代因袭,封爵不根据德行,发俸不根据功绩,有篡夺国家政权而尊贵的人,有夺取土地而富有的人,奸诈邪恶之人得偿其愿,仁德贤明之人不得其志,于是就开始以富贵荣华来相互羞辱了。所以孔子说:"国家政治昏暗,自己富贵,这是耻辱。"这样说来,富贵是好还是坏,在于世道的好坏。

　　《易》曰:"圣人之大宝曰位①。"何以为圣人之大宝曰位?位也者,立德之机也②;势也者,行义之杼也③。圣人蹈机握杼,织成天地之化,使万物顺焉,人伦正焉,六合之内④,各竟其愿⑤,其为大宝不亦宜乎?故圣人以无势位为穷,百工以无器用为困,困则其资亡⑥,穷则其道废。故孔子栖栖而不居者⑦,盖忧道废故也。

【注释】

　　①圣人之大宝曰位:语出《周易·系辞下》。

　　②机:织机。这里意指职位是建立德业的基础。

　　③杼(zhù):织机的梭子。

　　④六合:天地四方。

　　⑤竟:清钱培名校云,"竟"为"充"之讹,《群书治要》亦作"充"。然作"竟"亦通。竟其愿,终如其所愿。此依原文。

⑥资：赖以生活的物资来源。

⑦孔子栖栖而不居者：语本《论语·宪问》："微生亩谓孔子曰：'丘，
　　何为是栖栖者与？无乃为佞乎？'孔子曰：'非敢为佞也，疾固
　　也。'"栖栖，忙碌不安的样子。

【译文】

　　《周易》说："圣人重要的法宝是职位。"为什么说圣人重要的法宝是
职位呢？因为职位，是建立德业的织机；权势，是推行仁义的织梭。圣人
脚踏织机，手握织梭，编织起天下的教化，使万物顺道，人伦端正，使天地
四方之内，都能各如所愿，说职位是重要的法宝，不是很合适吗？所以圣
人以没有权势职位为穷厄困窘，各种工匠以没有器具为穷厄困窘，困窘
那么百工就没有了赖以生活的物资来源，穷厄那么圣人要推行的道义就
会被荒废。所以孔子忙碌奔波而不安居定所，就是因为忧虑他想推行的
道会被荒废。

　　《易》曰："井渫不食，为我心恻，可用汲。王明，并受其
福①。"夫登高而建旌，则其所视者广矣；顺风而振铎，则其
所闻者远矣。非旌色之益明，铎声之益远也，所托者然也②，
况居富贵之地，而行其政令者也？故舜为匹夫，犹民也，及
其受终于文祖③，称曰"予一人"④，则西王母来献白环⑤。周
公之为诸侯，犹臣也，及其践明堂之祚⑥，负斧扆而立⑦，则
越裳氏来献白雉⑧。故身不尊则施不光⑨，居不高则化不博。
《易》曰："丰，亨，无咎。王假之，勿忧。宜日中⑩。"身尊居
高之谓也。斯事也，圣人之所务也。

【注释】

①"井渫（xiè）不食"五句：语出《周易·井卦》爻辞。渫，清除污秽。

汲,从井里取水,亦泛指打水。王明,指如果君王贤明能取用清洁的井水,即喻指信任重用贤才。

② "夫登高而建旌" 七句:语仿《荀子·劝学》:"登高而招,臂非加长也,而见者远;顺风而呼,声非加疾也,而闻者彰……君子生非异也,善假于物也。"视,《群书治要》作"示",《意林》同。振,《群书治要》作"奋"。铎声之益远也,《群书治要》"铎"上有"非"字,"远"作"长"。

③ 文祖:帝尧始祖之庙。

④ 予一人:古代帝王的自称。

⑤ 西王母来献白环:《竹书纪年》:"(帝舜有虞氏)九年,西王母来朝。西王母之来朝,献白环、玉玦。"事亦见《世本》等。

⑥ 践祚:亦作"践阼""践胙",即位,登基。祚,君位,国统。明堂:古代帝王宣明政教的地方,很多重要的大典,都在此举行。

⑦ 斧扆(yǐ):亦作"斧依",古代帝王朝堂所用的状如屏风的器具,其上有斧形图案。

⑧ 越裳氏来献白雉:《后汉书·南蛮传》:"交阯之南有越裳国。周公居摄六年,制礼作乐,天下和平,越裳以三象重译而献白雉。"事亦见《韩诗外传》《论衡·恢国》等。越裳氏,亦作"越常""越尝",古代南海国名。白雉,白色羽毛的野鸡,古时认为是瑞鸟。

⑨ 光:通"广"。

⑩ "丰,亨,无咎" 几句:语出《周易·丰卦》卦辞。然今本无"无咎"二字。假,至。

【译文】

《周易》说:"井水清洁却不被取来食用,使我心中凄怆,可以打取清洁的井水了。若王贤明,就会与民同享福泽。"登上高处树立起旌旗,那么在很广阔的视域里都能看见它;顺着风向摇铃,那么很远的地方都能听见铃声。不是旌旗的颜色更加鲜明,大铃的声音更加远扬,是托于高处与顺着风向使它们这样,又何况身处富贵高位,而掌行政令的人呢?所以舜作为平民百姓的时候,只是一介平民,等到他在尧祖庙受尧禅让而登上帝位,自称"予一人"的时候,西王母都献上了白玉环。周公作为诸侯的时候,只是臣子,到了他摄政代行天子事,背靠斧扆屏风南面而立的时候,南海之国都来进献白雉。所以身份不尊贵那么政事就不能广施,处位不高那么教化就不能广布。《周易》说:"丰,亨通,没有灾祸。王至于大通,不用忧虑。宜于如日中天,遍照天下。"说的就是身份尊贵、居处高位。身份尊贵而居处高位,就是圣人所致力的事。

　　虽然,求之有道①,得之有命。舜、禹、孔子可谓求之有道矣,舜、禹得之,孔子不得之,可谓有命矣。非惟圣人,贤者亦然。稷、契、伯益、伊尹、傅说得之者也②,颜渊、闵子骞、冉耕、仲弓不得者也③。故良农不患疆埸之不修④,而患风雨之不节;君子不患道德之不建,而患时世之不遇。《诗》曰:"驾彼四牡,四牡项领。我瞻四方,蹙蹙靡所骋⑤。"伤道之不遇也。岂一世哉!岂一世哉!

【注释】

①之:这里指前文的"身尊居高"。

②稷:指后稷,周的先祖。相传姜嫄践天帝足迹,怀孕生子,因曾弃而不养,故名之为"弃"。虞舜命为农官,教民耕稼,称为"后稷"。契(xiè):商的先祖,相传为帝喾之子。舜时佐禹治水有功,任为司徒,掌教化,封于商。伯益:即益,嬴姓各族的祖先。相传伯益助禹治水有功,禹欲让位于伯益,伯益避居于箕山之北。伊尹:商汤大臣,名伊,一名挚,尹是官名,相传生于伊水,故名。他是商汤妻子陪嫁的奴隶,后助商汤伐夏桀,被尊为阿衡。商汤去世后历

佐卜丙（即外丙）、仲壬二王。傅说（yuè）：殷商宰相，相传是在傅岩筑墙的奴隶，武丁梦之，在傅岩访得，举以为相，因命以傅为姓。

③颜渊：名回，字子渊，以贤德著称，然早卒。闵子骞：名损，字子骞，以孝闻名，终生不仕。冉耕：字伯牛，以德行著称，因恶疾早逝。仲弓：冉雍的字，亦称子弓，以德行著称，其父身份低微，亦未仕。其事见于《史记·仲尼弟子列传》等。

④疆埸（yì）：田界，田边。

⑤"驾彼四牡"四句：语出《诗经·小雅·节南山》。四牡，即驷牡，指驾一车的四匹公马。项领，肥大的颈项。蹙蹙（cù），局缩不舒展。

【译文】

尽管如此，追求它要有方法，得到它还要看命运。舜、禹、孔子可以说在追求上是很有方法了。舜、禹得到了，孔子没有得到，可以说是命运了。不只是圣人，贤人也是这样。稷、契、伯益、伊尹、傅说得到了，颜渊、闵子骞、冉耕、仲弓没有得到。所以善于耕种的农夫不忧虑田界不修整，而忧虑风雨不调和应时；君子不忧虑道德不修备，而忧虑生不逢时。《诗经》说："驾驭四匹公马，四马都有着粗壮的脖颈。我瞻望四方，道路狭窄不知向何处驰骋。"就是伤感不逢时得志啊。难道就一个时代是这样吗！难道就一个时代是这样吗！

考伪第十一

【题解】

《中论》自此篇主论治人，各篇多阐发治国为君之道。此篇《考伪》论"考"，即考察核实。正如篇中所云，"考其所由来"，"核其所自出"。伪，指名之无实者。此篇考核当时种种欺世盗名的伪术弊行，并指出其危害；同时又论君子贵名实相称，故戒伪名而求实。作者之意，盖自比于孟子之距杨、墨，荀卿之非诸子，故篇中洋溢其激愤之情。

仲尼之没，于今数百年矣。其间圣人不作，唐、虞之法微，三代之教息^①，大道陵迟^②，人伦之中不定^③。于是惑世盗名之徒^④，因夫民之离圣教日久也^⑤，生邪端^⑥，造异术^⑦，假先王之遗训以缘饰之^⑧，文同而实违，貌合而情远，自谓得圣人之真也。各兼说特论^⑨，诬谣一世之人^⑩，诱以伪成之名，惧以虚至之谤，使人憧憧乎得亡^⑪，惙惙而不定^⑫，丧其故性而不自知其迷也，咸相与祖述其业而宠狎之^⑬。斯术之于斯民也，犹内关之疾也^⑭，非有痛痒烦苛于身^⑮，情志慧然^⑯，不觉疾之已深也。然而期日既至，则血气暴竭^⑰。故内关之疾，疾之中夭，而扁鹊之所甚恶也，以卢医不能别^⑱，而遘之者不能攻也^⑲。

【注释】

①三代：指夏、商、周。

②陵迟：败坏，衰败。

③中：正。

④惑世盗名：即欺世盗名，欺骗世人窃取名誉。

⑤圣教：承上文所言尧、舜、三代、孔子等的教导。

⑥邪端：邪恶的事端。

⑦异术：指异端邪说。

⑧缘饰：文饰，装饰。

⑨特：单独，单个。

⑩诬谣：指欺骗，惑乱。

⑪憧憧（chōng）：摇曳不定的样子。得亡：这里指得失。

⑫惙惙（chuò）：忧劳的样子。

⑬祖述：效法，仿效。狃：熟习，习惯。

⑭内关之疾：指一种不治之症。

⑮苛：扰。

⑯慧然：清醒的样子。

⑰暴：急骤，猛烈。

⑱卢医：扁鹊的别称。扁鹊，春秋战国之际的名医，原名秦越人，渤海郡郑（今河北任丘北）人。其事见于《史记·扁鹊仓公列传》。一说家于卢国（今山东长清南），故又称"卢医"。别：通"辩"，治。

⑲遘（gòu）：遭遇。

【译文】

　　自孔子去世到如今已经有几百年了。这期间圣人不出，传自尧、舜的法度衰微，三代的教化息止，大道衰落，不能正定人伦。于是那些欺世盗名的人，因为民众远离圣贤教化的时日已久，便孳生出各种邪僻之事，造做出各种异端邪说，伪托先王留下的教导来掩饰其说，言语文辞看似相同但实质却相违，表面上看似相合但本质却相背，自称得到了圣人的真传。那些欺世盗名之人或同倡一说，或独倡己说，欺惑举世之人，以虚假之名诱骗人们信从自己，以不实的毁谤恐吓不信从自己的人，使人摇摆于得失，忧劳不定，丧失本性却不知道自己已经惑乱迷失，都共同地效法、亲近和习惯于欺世盗名之人的邪说恶行。这些异说对于这些人来说，就像是内关之病，没有痛痒烦扰其身，情感意志都很清醒，不觉得病已深重。然而时日一到，血气猛然间就衰竭了。所以内关之病，染患上的人多会中道夭折，这是扁鹊十分厌憎的病，以扁鹊之能尚且不能治疗此病，那些染病的人也不能治疗此病。

　　昔杨朱、墨翟、申不害、韩非、田骈、公孙龙①，汩乱乎先王之道②，诪张乎战国之世③，然非人伦之大患也。何者？术异乎圣人者易辨，而从之者不多也。今为名者之异乎圣人也微。视之难见，世莫之非也；听之难闻，世莫之举也④。何则？勤远以自旌⑤，托之乎疾固⑥；广求以合众，托之乎仁爱；枉直以取举⑦，托之乎随时；屈道以弭谤，托之乎畏爱；多识流俗之故，粗诵诗书之文，托之乎博文；饰非而言好，无伦而辞察⑧，托之乎通理；居必人才，游必帝都，托之乎观风，然而好变易姓名，求之难获，托之乎能静；卑屈其体，辑柔其颜⑨，托之乎煴恭⑩，然而时有距绝，击断严厉⑪，托之乎独立；奖育童蒙⑫，训之以己术，托之乎勤诲；金玉自待，以神其言，托之乎说道，其大抵也。苟可以收名而不必获实，则不去也；可以获实而不必收名，则不居也。汲汲乎常惧当时之不我尊也⑬，皇皇尔又惧来世之不我尚也⑭。心疾乎内，形劳于外，然其智调足以将之⑮，便巧足以庄之⑯，称托比类⑰，足以充之⑱，文辞声气，足以饰之。

【注释】

①杨朱：先秦古书称他为"杨子""阳子居"或"阳生"，魏国人。战国初哲学家。相传他反对墨子的"兼爱"和儒家的伦理思想，主张"贵生""重己""全性葆真，不以物累形"等，重视个人生命的保存，反对别人对自己的侵夺，也反对侵夺别人。其事散见于《孟子》《庄子》《韩非子》《吕氏春秋》等书。墨翟：即墨子，春秋战国之际墨家学派的创始人。其创立的墨家在先秦时期与儒家并称"显学"，主张"兼爱""非攻""尚贤""尚同""节用"等。其思想见《墨子》，事见《庄子·天下》《史记》等。申不害：战国时期法家重要代表人物之一。以"术"著称，主刑名，著有《申子》。韩非：战国末法家主要代表人物。将商鞅之"法"，申不害之"术"和慎到之"势"集于一身，著有《韩非子》。其事见于《史记·老子韩非列传》等。田骈：战国时期齐国思想家，又称陈骈。本学黄老，是稷下学官中道家学派的中坚人物之一。雄于辩才，作《田子》，已佚。其事见于《吕氏春秋·士容》等。公孙龙：传说字子秉，赵国人。战国时期名家的代表人物。著有《公孙龙子》，汉时有十四篇，今只残有六篇，有"白马非马"和"离坚白"等论点。其事见于《史记·平原君虞卿列传》等。

②汩（gǔ）乱：扰乱。

③诪（zhōu）张：欺诳。

④举：纠正。

⑤勤远：致力于高远、不切实际的。自旌：自我表彰。

⑥托：假托，托名。下同。疾固：憎恶世俗固塞鄙陋。

⑦枉直：曲与直，比喻是非、好坏。举：通"与"，赞誉，表彰。

⑧辞察：善辩，多辩。

⑨辑柔：和顺，和悦。

⑩煴（yūn）恭：温和恭顺。一本作"温"。

⑪击断：果敢坚决。

⑫奖育：扶掖培育。童蒙：蒙昧愚钝。

⑬汲汲：心情急切的样子。

⑭皇皇：惶恐不安的样子。皇，通"惶"。

⑮智调：智算，谋算。

⑯便巧：巧言善辩。庄：装饰。

⑰称托：称引假托。比类：比拟。

⑱充：假装，伪饰。

【译文】

从前杨朱、墨翟、申不害、韩非、田骈、公孙龙等人，扰乱先王之道，欺诳战国时人，但并非人伦的大祸。为什么呢？思想学说有异于圣人的容易分辨，而信从其学说的人不多。如今以学说闻名的人与圣人的差异十分小。看到了也难辨其伪，所以世人没有非议他的；听到了也难辨其谬，所以世人没有纠正他的。为什么呢？是因为他们用好高骛远来表彰自我，托名是憎恶世俗固塞鄙陋；用广泛交友来迎合众人，托名是仁厚爱人；用不分是非好坏来取得赞誉，托名是顺应时宜；用违背正道来平息非议，托名是出于敬佩爱戴；大多只知道一些流行鄙俗的事情，粗略地诵读了些诗书，托名自己博学通识；用花言巧语遮饰过错，喜好多辩却语无伦次，托名为通晓道理；居住一定要在人才汇集之地，交游一定要在京都之中，托名为观察风俗，然而又喜欢变更姓名，使人难以寻获自己，托名这样能清静不受打扰；卑躬屈膝，和颜媚色，托名为温和恭顺，然而有时拒绝他人，果决严肃，托名为超拔凡俗；培育蒙昧愚钝的人，用自己的学说思想来训导他们，托名为勤于教诲；自视尊贵，吹嘘己说，托名为讲说道义，其人所作所为大抵如此。如果可以获名而不一定有实质的益处，那么他不会舍弃；如果可以得到实质的益处而不一定能获名，那么他不会去做。常常因为害怕同时的人不尊奉自己而心焦，忧惧后来的人不崇尚自己而惶恐。内心焦急，身形劳累，但他的谋算足以扶助他，巧言善辩足以装饰他，称引比拟足以伪饰他，文辞语气足以掩饰他。

　　是以欲而如让，躁而如静，幽而如明，跛而如正^①。考其所由来，则非尧、舜之律也；核其所自出，又非仲尼之门也。其回遹而不度^②，穷涸而无源，不可经方致远^③，甄物成化^④，斯乃巧人之雄也，而伪夫之杰也。然中才之徒^⑤，咸拜手而赞之^⑥，扬声以和之。被死而后论其遗烈^⑦，被害而犹恨己不逮。悲夫！人之陷溺盖如此乎？孔子曰"不患人之不己知"者^⑧，虽语我曰"吾为善"，吾不信之矣。何者？以其泉不自中涌，而注之者从外来也。苟如此，则处道之心不明，而执义之意不著，虽依先王，称《诗》《书》，将何益哉！以此毒天下之民，莫不离本趣末^⑨，事以伪成，纷纷扰扰，驰骛不已^⑩。其流于世也，至于父盗子名，兄窃弟誉，骨肉相诒^⑪，朋友相诈，此大乱之道也。

【注释】

①跛：这里指行事邪僻不正。

②回遹(yù)：邪僻。

③经方致远：治理邦国，长远谋划。方，指邦国。

④甄(zhēn)物成化：培育万物，成就治化。甄，造就，化育。

⑤中才之徒：中等才能的人。

⑥拜手：亦称"拜首"，古代男子跪拜礼的一种，跪后两手相拱，俯头

至手。

⑦被：及，到。下句同。遗烈：前人遗留的名迹节操等。

⑧"不患人之不己知"者：不患人之不己知，《论语·学而》："不患
人之不己知，患不知人也。"和《论语·宪问》："不患人之不己知，
患其不能也。"皆有此句。据文义，此句"者"字前疑当有"患人
之不己知"六字，即作"'不患人之不己知，患人之不己知'者"，意
即"'不担心他人不了解自己而担心自己没有能力，那些无能却担
心他人不了解自己'的人"，文义较通，译文从之。

⑨趣（qū）：趋向，归向。

⑩驰骛（wù）：奔走，奔竞。

⑪诒（dài）：欺骗。

【译文】

所以这些人内有欲求却看似谦让，内里躁动却看似清静，内里幽暗
却看似光明，内里邪僻却看似正直。考察他们学说的根本，不是出于尧、
舜的常道；核查他们学说的由来，又不是出自孔子之门。其思想学说邪
僻而不合圣人法度，像枯竭无源之水，不能治事远谋，育物成化，这些人
充其量只是巧诈之人中突出的，是伪诈之人中的杰出的人。但那些中等
才能的人，都礼拜赞美这些巧人伪夫，高扬声音来应和他们。即便那些
巧人伪夫身而那些中才之人仍在追论他们遗留的名迹，即便他们被诛
杀而那些中才之人还在遗憾自己未能达到他们的高度。悲哀啊！人已
经深陷错误的泥淖而无法自拔到了这样的地步呢？孔子说"不担心他人
不了解自己，担心他人不了解自己"的人即使对我说"我能行善道"，我
也不相信他。为什么？因为他们的学问如同不能自涌自给而依靠外来
补注的泉水那样，没有根底而依赖于外饰。如果是这样，那么他们守道
之心不明，行义之志不清，即使遵从先王，称诵《诗经》《尚书》，又有什么
益处啊！以此邪说异术来祸害天下之人，人们无不背离圣人本道而趋附
流俗末说，用伪诈来成事，纷杂混乱，追名逐利竞相奔走而无止息。这样

的情况若流行于世间，会至于父亲窃取儿子的名誉，兄长窃取弟弟的名誉，亲人间相互欺骗，朋友间互相伪诈的地步，这是大乱世间之道啊。

　　故求名者，圣人至禁也。昔卫公孟多行无礼，取憎于国人，齐豹杀之以为名①。《春秋》书之曰"盗"②，其《传》曰③："是故君子动则思礼，行则思义，不为利回，不为义疚。或求名而不得④，或欲盖而名章⑤，惩不义也。齐豹为卫司寇⑥，守嗣大夫⑦，作而不义，其书为'盗'。邾庶其、莒牟夷、邾黑肱以土地出⑧，求食而已，不求其名，贱而必书⑨。此二物者，所以惩肆而去贪也。若艰难其身，以险危大人，而有名章彻，攻难之士将奔走之⑩。若窃邑叛君，以徼大利而无名⑪，贪冒之民将置力焉⑫。是以《春秋》书齐豹曰'盗'，三叛人名，以惩不义，数恶无礼⑬，其善志也。"

【注释】

①"昔卫公孟多行无礼"三句：卫公孟，即卫国公孟絷，卫灵公之兄。齐豹杀公孟絷事，见前注。

②《春秋》书之曰"盗"：《春秋·昭公二十年》："秋，盗杀卫侯之兄絷。"

③其《传》曰：此下为《左传·昭公三十一年》传文。

④或求名而不得：这里指齐豹事。

⑤或欲盖而名章：这里指下文的庶其、牟夷、黑肱事。

⑥司寇：掌管刑狱、纠察等事的官，夏、商时已有，周为六卿之一，春秋列国亦多设置。

⑦守嗣大夫：世袭为卿大夫。

⑧邾（zhū）庶其：《春秋·襄公二十一年》："邾庶其以漆、闾丘来奔。"

莒（jǔ）牟夷：《春秋·昭公五年》："夏，莒牟夷以牟娄及防、兹来
奔。"邾黑肱：《春秋·昭公三十一年》："冬，黑肱以滥来奔。"来奔，
这里都指投奔鲁国。

⑨贱：三人都是小国的大夫，所以称他们地位低贱。

⑩攻难：即作难，发动祸难。

⑪徼（yāo）：通"邀"，求。

⑫贪冒：贪图财利。

⑬数：责备，责问。

【译文】

所以追求名声，是圣人极力制止的事。从前卫国公孟絷多做无礼之
事，被国人憎恶，齐豹为求名声杀了他。《春秋》写这件事为"盗"，《左传》
说："因此君子一旦行动就要想到礼和义，不因为逐利而违礼，不因为背
义而内疚。有人追求名誉而得不到，有人想要掩盖却反而彰闻了名字，
这是惩戒不义的人。齐豹是卫国的司寇，世袭大夫，行事不义，就被记载
为'盗'。邾国庶其、莒国牟夷、邾国黑肱率领城邑投奔鲁国，为贪利求
食，不为追求名誉，但即使他们地位低贱也必定加以记载。这两件事情，
是用来惩罚放肆而除去贪婪的。如果有人冒着艰险，危及身处上位的人，
而以之名声显扬，那么发动祸难的人就会趋附跟随。如果有人盗窃城邑
背叛国君，去追求大利而不记下他的名字，那么贪婪的人就会致力效仿。
因此《春秋》记载齐豹为'盗'，记下三个叛逆之人的名字，用来惩戒不义，
斥责无礼，这是《春秋》善于记述的。"

问者曰："齐豹之杀人以为己名，故仲尼恶而'盗'之。
今为名者，岂有杀之罪耶①？"曰："《春秋》之中，其杀人者
不为少，然而不盗不已。圣人之善恶也，必权轻重、数众寡
以定之。夫为名者，使真伪相冒，是非易位，而民有所化，
此邦家之大灾也。杀人者，一人之害也，安可相比也？然则

何取于杀人者以书'盗'乎？荀卿亦曰'盗名不如盗货'②。乡愿亦无杀人之罪也③，而仲尼恶之，何也？以其乱德也。今伪名者之乱德也，岂徒乡愿之谓乎？万事杂错，变数滋生，乱德之道，固非一端而已。《书》曰：'静言庸违，象恭滔天④。'皆乱德之类也。《春秋外传》曰：'奸仁为佻，奸礼为羞，奸勇为贼。'⑤夫仁、礼、勇，道之美者也，然行之不以其正，则不免乎大恶。故君子之于道也，审其所以守之，慎其所以行之。"

【注释】

①岂有杀之罪耶：清俞樾校云，"杀"字下脱"人"字。

②荀卿：即荀子，名况，战国赵人。见前注。盗名不如盗货：语出《荀子·不苟》。

③乡愿：指乡中貌似恭厚，而实与流俗合污的伪善者。愿，质朴，恭谨。《论语·阳货》："乡原，德之贼也。"《孟子·尽心下》："非之无举也，刺之无刺也，同乎流俗，合乎污世；居之似忠信，行之似廉洁；众皆悦之，自以为是，而不可与入尧、舜之道，故曰'德之贼也'"。

④静言庸违，象恭滔天：语出《尚书·尧典》。

⑤"《春秋外传》曰"四句：语出《国语·周语中》。《春秋外传》，即《国语》。奸，这里作动词，指以诈伪行事。佻，浇薄，不敦厚。羞，耻。贼，逆乱。

【译文】

提问的人说："齐豹为了给自己谋求名声而杀人，所以孔子憎恶而用'盗'来称他的行径。现在那些求名的人，难道也犯有杀人的罪失吗？"回答说："《春秋经》里记载杀人的人并不少，但即使不用'盗'来称其人，也不会漏记下他的名字。圣人那里的善与恶，一定是权衡轻重，察算大小而后判定。那些求名的人，蒙混真假，颠倒是非，而有民众信从他们，这是国家的大祸啊。杀人的人，不过杀害了一人，哪里能和那些谋名者所犯的罪过相提并论呢？又怎能仅以杀人就称之为'盗'呢？荀子也说'欺世盗名的人连偷窃财物的人都比不上'。乡愿也没有犯杀人之罪，但孔子十分讨厌他们，为什么呢？是因为他们坏乱道德。如今谋名之人坏乱道德更甚于乡愿，又怎能只称他们为乡愿呢？万事错综复杂，许多变异不合常理的现象频繁出现，乱德之道不是仅出自一途。《尚书》说：'语言善巧而行动乖违，外表恭敬而内心倨傲狠戾。'都是属于坏乱道德。《春秋外传》说：'以伪诈行仁为浇薄，以伪诈行礼为羞耻，以伪诈行勇为逆乱。'仁、礼、勇，都是很好的道德，但不以正道践行，就不免会有大的罪过。所以君子对于道，慎重地持守它，谨慎地践行它。"

问者曰："仲尼恶没世而名不称①，又疾伪名，然则将何执？"曰："是安足执哉？名者，所以名实也。实立而名从之，非名立而实从之也。故长形立而名之曰长，短形立而名之曰短，非长短之名先立，而长短之形从之也。仲尼之所贵者，名实之名也。贵名乃所以贵实也。夫名之系于实也，犹物之系于时也。物者，春也吐华②，夏也布叶③，秋也凋零，冬也成实，斯无为而自成者也。若强为之，则伤其性矣。名亦如之。故伪名者，皆欲伤之者也。人徒知名之为善，不知伪善者为不善也，惑甚矣。求名有三：少而求多，迟而求速，无而求有。此三者不僻为幽昧，离乎正道，则不获也，固非君子之所能也。君子者能成其心④，心成则内定，内定则物不能乱，物不能乱则独乐其道，独乐其道则不闻为闻，不显为显。故《礼》称：'君子之道，暗然而日彰；小人之道，的然而日亡。君子之道，淡而不厌，简而文，温而理，知远之近，知风之自，知微之显，可与入德矣⑤。'君子之不可及者，其惟人之所不见乎。夫如是者，岂将反侧于乱世⑥，而化庸人之末称哉⑦！"

【注释】

①恶没世而名不称：语出《论语·卫灵公》："子曰：'君子疾没世而名不称焉。'"

②吐华：即吐花，开花。华，同"花"。

③布：伸开，展开。

④成：通"诚"。

⑤"君子之道"数句：语出《礼记·中庸》。彰，《中庸》作"章"。的然，明显的样子。

⑥反侧：不安分，惶恐不安。

⑦化：随。

【译文】

提问的人说："孔子嫌恶君子身死而名声不被人称述，又厌憎因伪诈得来的名声，那么该怎么处置这两者呢？"回答说："这又哪里会觉得奇怪呢？名，是用来称呼实的。有了实而名就随之到来，不是有了名而实才随之到来。所以有了长的形状才称之为长，有了短的形状才称之为短，不是先有长短的名称，长短的形状才随之而来。孔子所看重的，是指称着实质的名。看重这样的名就是看重名所指称的实质。名依从于实，就像是物依从于时。物，在春天开花，在夏天伸展枝叶，在秋天凋零，在冬天结成果实，这是物无为而依时自然发生成就的。如果强使物如此，那么就会伤害物的本性了。名也是这样。所以无实的伪名，将会伤害名。人们只知道名声的好，不知道虚伪无实之名的不好，实在太糊涂了。求名的有三种：名少的求多，名来得迟的求来得快，没有名的求有名。这三种若不用不光彩的，偏离正道的方式，那么是没有办法迅速获得的，这本非君子能为。君子能专诚自己的内心，心诚那么就能心定，心定那么万物不能扰乱，外物不能扰乱那么就能独自乐行其道，独自乐行其道那么即使无名也会自成其名，即使不有意彰显也自会彰显。所以《礼记》说：'君子之道，隐晦深远而日益彰明；小人之道，显露无遗而日渐衰亡。君子的道，平淡而有意味，简静而有文华，温和而能循理，由近知远，由风知源，由微知显，这样就可以成就德行了。'君子之所以难以被赶上，原因大概就在于他不为人所察见的地方了。君子既然已如此，又怎么会在乱世之中惶惑不安，而跟从庸俗之人争获伪名呢！"

谲交第十二

【题解】

谲，谲责。交，指交游，结交朋友。此篇论说古人交游以求贤，今人交游以求名利，这是当时文人们交往的弊病，且相习成风。作者针对这种不良的风气，痛言谲责，其意与前篇同。无名氏在《中论序》中所谓的"下救流俗之昏者"，盖指此。

民之好交游也，不及圣王之世乎？古之不交游也，将以自求乎？昔圣王之治其民也，任之以九职①，纠之以八刑②，导之以五礼③，训之以六乐④，教之以三物⑤，习之以六容⑥。使民劳而不至于困，逸而不至于荒。当此之时，四海之内，进德修业，勤事而不暇，讵敢淫心舍力⑦，作为非务，以害休功者乎⑧？自王公至于列士⑨，莫不成正畏，相厥职有恭⑩，不敢自暇自逸。

【注释】

①九职：周时的九种职业。《周礼·天官·大宰》："以九职任万民：一曰三农，生九谷；二曰园圃，毓草木；三曰虞衡，作山泽之材；四

曰薮牧，养蕃鸟兽；五曰百工，饬化八材；六曰商贾，阜通货贿；七
曰嫔妇，化治丝枲；八曰臣妾，聚敛疏材；九曰闲民，无常职，转移
执事。"

②纠：督察。八刑：周代对八种犯罪行为所施加的刑罚。《周礼·地
官·大司徒》："以乡八刑纠万民。一曰不孝之刑，二曰不睦之刑，
三曰不姻之刑，四曰不弟之刑，五曰不任之刑，六曰不恤之刑，七
曰造言之刑，八曰乱民之刑。"

③五礼：即吉、凶、军、宾、嘉礼。见前注。

④六乐：指黄帝、尧、舜、禹、汤、周武王六代的古乐。见前注。

⑤三物：三事，指六德、六行、六艺。《周礼·地官·大司徒》："以乡
三物教万民，而宾兴之。一曰六德：知、仁、圣、义、忠、和。二曰六
行：孝、友、睦、姻、任、恤。三曰六艺：礼、乐、射、御、书、数。"

⑥六容：此指"六仪"，即祭祀、宾客、朝廷、丧纪、军旅、车马六种礼
仪。见前注。

⑦讵(jù)：岂，哪里。

⑧休功：美盛的功业。

⑨列士：古称天子之上士，区别于诸侯之士。一说为古时上士、中士
和下士的统称。

⑩厥：其，代指王公列士。

【译文】

现在的人喜好结交朋友，难道比不上古代圣王之时吗？古人不结交
朋友，难道不是为了追求修治自身吗？从前圣王治理民众，委任给他们
九种职业，用八种刑罚来督察他们，用五种礼仪来引导他们，用六代的
乐舞来教导他们，教给他们六德、六行、六艺三方面的事，让他们学习六
种礼节仪容。使百姓劳身但不至于疲乏，安逸但不至于怠惰。在那个时
候，天下的百姓都增进德行修治事业，尽心做事而来不及顾及其他事情，
哪里还敢胡思乱想、好逸恶劳，去做无关紧要的事情，来损害美盛的功业

呢？从王公大臣到诸多士人，无不成就正道而能敬畏自省，都能恪尽职守，不敢贪闲享逸。

　　故《春秋外传》曰①："天子大采朝日②，与三公、九卿祖识地德③。日中考政，与百官之政事师尹惟旅、牧、相宣序民事④。少采夕月⑤，与太史、司载纠虔天刑⑥。日入，监九御洁奉禘、郊之粢盛⑦，而后即安。诸侯朝修天子之业命，昼考其国职，夕省其典刑，夜警其百工⑧，使无慆淫⑨，而后即安。卿大夫朝考其职，昼讲其庶政⑩，夕序其业，夜庀其家事⑪，而后即安。士朝而受业，昼而讲贯⑫，夕而习复，夜而计过无憾，而后即安。"正岁使有司令于官府曰："各修乃职，考乃法，备乃事，以听王命。其有不恭，则邦有大刑⑬。"由此观之，不务交游者，非政之恶也，心存于职业而不遑也⑭。且先王之教，官既不以交游导民，而乡之考德，又不以交游举贤，是以不禁其民，而民自舍之。及周之衰，而交游兴矣。

【注释】

①"故《春秋外传》曰"其后引文：语出《国语·鲁语下》。

②大采：古代天子祭日所穿的五彩礼服。朝日：祭拜太阳。春分时天子行祭日之礼。

③祖识：熟习知悉。地德：大地的德化恩泽。古人以地能生产万物、养育人民为地之德泽，所以天子为政当知悉效法。

④师尹：大夫官名。惟：与，和。旅：官名。牧：州牧。相：诸侯国相。

⑤少采：黼衣，古代天子祭月所穿的礼服。夕月：古代帝王祭月的仪式。《国语·周语上》："古者，先王既有天下，又崇立上帝、明神而敬事之，于是乎有朝日、夕月，以教民事君。"三国吴韦昭注："礼，

天子摺大圭、执镇圭,缫藉五采五就,以春分朝日,秋分夕月,拜日
于东门之外,然则夕月在西门之外也。"

⑥太史:官名。西周、春秋时太史掌记载史事、编写史书、起草文书,
兼管国家典籍和天文历法等。司载:官名。负责考察天文。纠虔:
恭敬。天刑:上天的法则。

⑦九御:即九嫔,宫中女官,也是帝王的妃子。禘(dì)、郊:禘祭和郊
祭,天子祭祀始祖和天神的大典。粢(zī)盛:盛在祭器内以供祭
祀的谷物。粢,这里特指祭祀用的谷物。

⑧夜警其百工:今《国语·鲁语》无"其"字,"警"作"儆"。

⑨慆(tāo)淫:享乐过度,怠慢放纵。

⑩庶政:各种政务。

⑪庀(pǐ):治理。

⑫讲贯:讲习。

⑬"各修乃职"六句:语本《周礼·天官·小宰》,语稍异。正岁,指
古历夏历正月,亦泛指农历正月。

⑭不遑:没有闲暇。

【译文】

所以《春秋外传》上说:"天子春分时身穿礼服祭日,和三公九卿一
起熟悉并效法大地的德泽恩化。中午要考察政务得失,与百官中掌事的
师尹和旅、牧、诸侯国相全面处理安排百姓的事务。秋分时天子身穿黼
衣祭月,和太史、司载恭敬地观察天象。日落以后,视察宫中女官让她们
把禘祭和郊祭的祭品整洁地准备好,这以后才能安寝。诸侯在早上要办
理天子所授的职事与政令,白天考察自己封国的事务,傍晚检查法令刑
典的执行情况,夜间还要告诫百官,使他们不要享逸怠惰,这以后才能安
寝。卿大夫在早上要审察自己的职务,白天谋议各种政务,傍晚梳理一
天的事务,夜间处理他的家事,这以后才能安寝。士人在早上接受朝廷
交办的事务,白天讲习政事,傍晚复查,夜间省查自己的得失直至没有遗

漏,这以后才能安寝。"正月让有关部门传令官府说:"你们每个人都要恪尽自己的职守,考察自身的法度,周备自己的事务,以听从君王的命令。如果有不恭敬的,那么国家会有刑罚施加到你身上。"这样看来,不致力于结交朋友,不是因为政治昏乱,是因为人们都专注于职事而无暇交友。而且先王的教导是,官员不以结交朋友来引导民众,乡里考较德行,也不会以结交朋友来推举贤能,所以不用刻意制止民众,而民众自觉会舍弃交游。到周代衰微的时候,交游之风就开始兴盛了。

　　问者曰:"吾子著书①,称君子之有交,求贤交也②。今称交非古也。然则古之君子无贤交欤?"曰:"异哉!子之不通于大伦也③。若夫不出户庭,坐于空室之中,虽魑魅魍魉④,将不吾觌⑤,而况乎贤人乎?今子不察吾所谓交游之实,而难其名。名有同而实异者矣,名有异而实同者矣。故君子于是伦也,务于其实,而无讥其名。吾称古之不交游者,不谓向屋漏而居也⑥;今之好交游者,非谓长沐雨乎中路者也。古之君子,因王事之闲⑦,则奉贽以见其同僚⑧,及国中之贤者。其于宴乐也,言仁义而不及名利。君子未命者,亦因农事之隙,奉贽以见其乡党同志。及夫古之贤者亦然,则何为其不获贤交哉?非有释王事⑨,废交业,游远邦,旷年岁者也⑩。故古之交也近,今之交也远;古之交也寡,今之交也众;古之交也为求贤,今之交也为名利而已矣。"

【注释】

　　①吾子:对对方的敬称,一般用于男子之间。

　　②君子之有交,求贤交也:本书《贵验》篇:"故君子必求贤友也。"

③伦：类。

④魑魅魍魉（chī mèi wǎng liǎng）：各种鬼怪的泛称。

⑤觌（dí）：见。

⑥屋漏：古代室内西北隅施设小帐，为人所不见的地方称作"屋漏"，后用以泛指屋之深暗处。

⑦王事：朝廷派遣的公事。

⑧奉贽（zhì）：进献见面礼品，即拜见。

⑨释：废弃，放弃。

⑩旷：荒废，耽误。

【译文】

提问的人说："您著书立说，说君子有交游结友，是去结交贤良的朋友。现在又说交游不是古代推尚的事情。那么古代的君子没有交结贤友吗？"回答说："奇怪！你还是没有明白我所说的这一类交游。如果说不出门庭，独自坐在空屋里，即使是鬼怪也看不到我，又何况是贤人呢？如今你不明白我所说的结交朋友的实质，而责难交游的名称。有名称相同而实质不同的，有名称不同而实质相同的。所以君子对于交游这类事，总是致力于它的实质，而不去非议它的名称。我说的古人不结交朋友，不是说他们就藏在隐蔽的地方独处；现在喜好交结朋友的人，不是说他们就整天栉风沐雨奔波在路上。古代的君子，趁着忙完公事闲暇的时候，就会去执礼拜见他的同事以及国中的贤者。他们在宴饮愉乐的时候，谈论的是仁义而不是名利。没有受命任职的君子，也会趁着农事的暇隙，执礼以拜见乡里志同道合的人。至于古代的贤者也是这样，又怎会说他们不能结交到贤友呢？抛弃公事，废弃事业，游历远方，荒废年岁这些情况并未出现在他们身上。所以古代的交游近，现在的交游远；古代的交游少，现在的交游多；古代的交游是为结交贤友，而现在的交游只是为求取名利罢了。"

古之立国也，有四民焉。执契修版图^①，奉圣王之法，治礼义之中，谓之士；竭力以尽地利，谓之农夫；审曲直形势，饬五材以别民器^②，谓之百工；通四方之珍异以资之，谓之商旅。各世其事，毋迁其业，少而习之，其心安之则若性然，而功不休也。故其处之也，各从其族，不使相夺，所以一其耳目也。不勤乎四职者，谓之罢民^③，役诸圜土^④。凡民出入行止，会聚饮食，皆有其节，不得怠荒，以妨生务^⑤，以丽罪罚^⑥。

【注释】

①执契：执掌文字书籍。版图：户籍和地域图册。

②饬：整治。五材：五种物质，指金、木、皮、玉、土。

③罢（pí）民：原作"穷民"，清俞樾校，以文义当作"罢民"，此从之。罢民，不从教化、不事劳作之民。

④圜（yuán）土：牢狱。

⑤生务：生计，生业。

⑥丽（lí）：通"罹"，遭遇。

【译文】

古代建立国家，有四类民众。执掌文书、整理户籍和地图，奉行圣王的法度，修治礼义正道的，叫"士"；竭尽心力来发挥土地功用的，叫"农夫"；明辨材料的曲直形态，整治各种材质来制作民用器具的，叫"百工"；互通各地珍贵奇特的货物以利使用的，叫"商旅"。四民各自世代继承他们的家业，不改易所从事的职业，自小就学习这些，心安于他们的事业就好像天性如此，而家业代代相继不息。所以国家安置四民，让他们各从其类，不使四民相互争夺，就是为了专一他们的视听见闻。不勤勉于四种职业的人，称之为"罢民"，让他们在牢狱里服役。所有民众出入行止，聚会饮食,都有规度,不得懒惰放纵,以妨害生计而遭到刑罚。

然则安有群行方外,而专治交游者乎?是故五家为比,使之相保,比有长;五比为间,使之相受,间有胥;四间为族,使之相葬,族有师;五族为党,使之相救,党有正;五党为州,使之相赒,州有长;五州为乡,使之相宾,乡有大夫①。必有聪明慈惠之人,使各掌其乡之政教禁令。正月之吉②,受法于司徒,退而颁之于其州、党、族、间、比之群吏,使各以教其所治之民,以考其德行,察其道艺,以岁时登其夫家③,察其众寡。

【注释】

①“是故五家为比”数句:语本《周礼·地官·大司徒》。比、间(lú)、族、党、州、乡,都是周代地方民居区域组织之称。比长、间胥、族师、党正、州长、乡大夫,分别为各级组织的长官,亦见《周礼·地官》。受,原作“忧”,据《周礼·地官·大司徒》改。赒(zhōu),周济,救济。

②吉:指朔日,农历每月初一。

③岁时:四时,四季。夫家:原作“大夫”,清俞樾校云,“大夫”当作“夫家”,《周官·乡大夫》作“夫家”。本书《民数》篇“夫家脱于联伍”,亦用《周官》“夫家”字,今据改。夫家,男女。

【译文】

既然如此,哪里还会有结队前往远方,专门从事交游的人呢?因此五户为一比,让他们互为担保,每比有比长;五比为一间,让他们相互体恤忍让,每间有间胥;四间为一族,让他们互相助葬,每族有族师;五族为一党,让他们相互救恤,每党有党正;五党为一州,让他们相互周济,每州有州长；五州为一乡，让他们互以宾客之礼接待贤者，每乡有乡大夫。乡大夫一定会委任明理仁爱的人，让他们分别掌管自己乡里的政治教化禁律法令。正月初一，从司徒那里接受政教法令，回去颁布给所辖的州、党、族、闾、比的众多官吏，让他们分别教给其辖区内的民众，用来考察民众的德行和学问技能，四时都要登记男女的数量，考察人口的多少。

凡民之有德行道艺者，比以告闾，闾以告族，族以告党，党以告州，州以告乡，乡以告①。民有罪奇衺者②，比以告，亦如之。有善而不以告，谓之蔽贤③，蔽贤有罚；有恶而不以告，谓之党逆④，党逆亦有罚。故民不得有遗善，亦不得有隐恶。乡大夫三年则大比而兴贤能者⑤，乡老及乡大夫、群吏献贤能之书于王⑥。王拜受之，登于天府⑦。其爵之命也，各随其才之所宜，不以大司小，不以轻任重。故《书》曰："百僚师师，百工惟时⑧。"此先王取士官人之法也。故其民莫不反本而自求，慎德而积小，知福祚之来不由于人也。故无交游之事，无请托之端⑨，心澄体静，恬然自得，咸相率以正道，相厉以诚悫⑩，奸说不兴⑪，邪陂自息矣⑫。

【注释】

①乡以告：清钱培名校云，"告"字下当有脱字。《增订汉魏丛书》本"告"下有"大夫"二字，但于文义不合，或未是。据上文推断，疑脱"司徒"二字，然似又与下文有所矛盾，故此处阙疑。译文为求语句完整，故暂补"司徒"，实则阙疑，不可臆定。

②奇衺(xié)：诡诈，邪伪不正。衺，不正，邪恶。

③蔽贤：埋没贤能的人。

④党逆：袒护邪逆。

⑤大比:周代每三年对乡吏进行考核,选择贤能,称"大比"。

⑥乡老:按《周礼》之制,设六乡则每二乡有一乡老,共三人,掌乡里教化,在朝称"三公",在乡称"乡老"。"老"为敬称。

⑦天府:原为周官名,掌祖庙的守藏,后以之称朝廷藏物的府库为"天府"。《周礼·春官·天府》:"天府,掌祖庙之守藏与其禁令。"

⑧百僚师师,百工惟时:语出《尚书·皋陶谟》。师师,相互师法。时,善。

⑨请托:指以私事相嘱托,走门路,通关节。

⑩诚悫(què):诚朴,真诚。

⑪奸说:不合礼义的言论。

⑫邪陂(bì):邪恶不正。

【译文】

凡是民众中有德行和学问技艺的人,比要上报给闾,闾要上报给族,族上报给党,党要上报给州,州要上报给乡,乡上报给司徒。民众中有罪恶邪伪的人,也同样从比开始逐级上报。有善德而不上报,叫"蔽贤",埋没贤能的人会受到惩罚;有恶行而不上报,叫"党逆",偏护邪逆的人也会受到惩罚。所以民众中不会有遗漏未上报的善德,也不会有隐瞒未上报的恶行。乡大夫每三年都会对乡吏进行考核而举荐出贤能的人,乡老和乡大夫、各级官吏向君王进献贤能之人的文书。君王拜而受之,藏放进天府中。封爵授职,分别根据他们的才德来封授,才高的人不会任以小职,才低的人不会委以重任。所以《尚书》说:"各种官员都能互相学习效法,都能处理好政务职事。"这是先王选取士人授任官员的方法。所以民众没有不返归本务而自修,慎修德行而积小善以成大善,知道福分的到来因由自己而不是因由他人的。所以没有交游的事情,也没有私相嘱托的事端,内心澄澈身体平静,恬淡安适自得其乐,都能以正道相互劝勉,都能以诚谨相互砥砺,所以不合礼义的言论不会兴起,邪恶不正也自然会止息。

世之衰矣，上无明天子，下无贤诸侯，君不识是非，臣不辨黑白。取士不由于乡党，考行不本于阀阅^①。多助者为贤才，寡助者为不肖。序爵听无证之论，班禄采方国之谣^②。民见其如此者，知富贵可以从众为也，知名誉可以虚哗获也^③。乃离其父兄，去其邑里，不修道艺，不治德行，讲偶时之说^④，结比周之党^⑤，汲汲皇皇^⑥，无日以处，更相叹扬，迭为表里^⑦，梼杌生华^⑧，憔悴布衣，以欺人主、惑宰相、窃选举、盗荣宠者，不可胜数也。既获者贤已而遂往，羡慕者并驱而追之，悠悠皆是，孰能不然者乎？

【注释】

①阀阅：功绩和经历。

②方国：四方州郡。谣：没有根据的传言。

③虚哗：胡乱吹嘘。

④偶时：适应时势。

⑤比周：结党营私。

⑥汲汲皇皇：匆忙急促的样子。

⑦迭为表里：这里指互相依恃倚仗，互相呼应配合。

⑧梼杌（táo wù）：原为传说中的凶兽，这里指恶人、小人。生华：这里指荣耀光显。

【译文】

世道衰微了啊，上没有圣明的天子，下没有贤明的诸侯，君王不明是非，臣下不辨黑白。选取士人不经由乡党举荐，考察行为不根据业绩。交友多、得到帮衬多的人就是贤才，交友少、得到帮衬少的人就不成材。授爵听从的是没有凭据的议论，发放俸禄采纳的是四方州郡的谣传。民众看到这样的情况，知道富贵可以凭借顺从众意来谋得，知道名誉可以凭借胡乱吹嘘而获得。于是告别他的父母兄弟,背井离乡,不学习学问技艺,不修备德行,讲说逢迎时势之言,结交结党营私之徒,匆匆忙忙,无日安宁,朋党间互相赞叹吹捧,互相倚仗配合,使恶人显耀,百姓憔悴,而以之欺瞒国君、迷惑宰相、窃取选拔、盗取荣耀的人,不可胜数。已获得荣宠的人认为自己很贤能所以顺循以往的所作所为,羡慕他们的人则一起追赶效仿,这样的情况比比皆是,谁又能不如此呢?

　　桓、灵之世[1],其甚者也。自公卿大夫、州牧郡守[2],王事不恤,宾客为务,冠盖填门[3],儒服塞道[4],饥不暇餐,倦不获已,殷殷沄沄[5],俾夜作昼[6]。下及小司,列城墨绶[7],莫不相商以得人[8],自矜以下士;星言夙驾[9],送往迎来,亭传常满[10],吏卒传问[11],炬火夜行[12],阍寺不闭[13];把臂捩腕[14],扣天矢誓[15],推托恩好[16],不较轻重;文书委于官曹[17],系囚积于囹圄[18],而不遑省也。详察其为也,非欲忧国恤民,谋道讲德也,徒营己治私,求势逐利而已。有策名于朝[19],而称门生于富贵之家者[20],比屋有之[21]。为师无以教训[22],弟子亦不受业。然其于事也,至乎怀丈夫之容,而袭婢妾之态,或奉货而行赂,以自固结,求志属托,规图仕进[23],然掷目指掌,高谈大语,若此之类,言之犹可羞,而行之者不知耻。

【注释】

①桓、灵之世:指东汉末世桓帝与灵帝时期。

②公卿大夫、州牧郡守:这里泛指朝廷及地方重臣。

③冠盖:官员的冠服和车乘。这里代指仕宦贵官。填门:门户填塞,
　　形容登门人多。

④儒服:读书人的服装。这里代指读书人,士人。

⑤殷殷沄沄(yún):繁多纷乱的样子。

⑥俾(bǐ):使。

⑦列城:城邑长官。墨绶(shòu):结在印钮上的黑色丝带,作为县官及其职权的象征。

⑧商:通"章",表彰。

⑨星言夙驾:语出《诗经·鄘风·定之方中》。意指星夜早早驾车出行。言,语助词,无义。夙,早。

⑩亭传:古代供旅客和传递公文的人途中歇宿的处所。

⑪传问:清钱培名校云,《艺文类聚》引作"侍门"。

⑫炬火:点燃的火把。

⑬阍(hūn)寺:阍人和寺人,古代宫中掌管门禁的官。亦指豪贵之家的守门人。闭:清钱培名校云,《艺文类聚》作"关"。

⑭把臂挶(liè)腕:把臂、握腕,表示亲近。挶,握,扭。

⑮扣天:以手指天,以表诚心。矢誓:立誓,盟誓。

⑯推托:推引依托。恩好:情亲,情好。

⑰文书:公文,案牍。官曹:官吏办事处所。

⑱系囚:在押的囚犯。囹圄(líng yǔ):监狱。

⑲策名:书名于策,古代仕者在所臣之人的简策上写下自己的名字,表示臣属关系。

⑳门生:本指授业弟子,这里指依附世族门下,或尊奉富贵权势者为师长。

㉑比屋:本指屋舍相邻,引申为家家户户,形容普遍众多。

㉒为师无以教训:清钱培名校云,原作"为之师而无以教",据《群书治要》改。按,《艺文类聚》所引与《群书治要》同,此从之。然原文亦通。

㉓规图:谋求。

【译文】

汉桓帝与汉灵帝的时代,这样的情况极为严重。上自公卿大夫、州牧郡守等重臣,不顾国事,而以款待宾客为要事,官员填塞门户,士人堵塞道路,忙得饥饿了也没有时间吃饭,疲倦了也得不到休息,熙攘纷乱,夜以继日。下到小吏小官,城邑官员,无不是互相吹捧以得人心,以礼贤下士而自夸;星夜驾车出行,迎来送往,旅社住满了访客,差役传达问候,常举着火把连夜出行,守门人不关门以待客;握臂持腕,对天立誓,倾心依托交情亲好,不辨公私轻重;公文堆放在官署,囚犯累积在监狱,而没有时间处理过问。仔细地考察他们的作为,不是想忧虑国事怜恤百姓,求道论德,只是为了自己图谋私利,附势逐利罢了。仕宦于朝廷,而称自己是富贵之家门生的人,哪里都有。那些权贵之辈作为老师没有什么可以教导学生的,而那些自称学生的人也不会从权贵之辈那里受习学业。但他们处事的时候,竟至于披着男子的外表,而效仿婢女的媚态,有的人敬奉钱财行贿,来巩固与权贵的交情,请求托付权贵让自己遂志,谋求仕途上的进取,然而又做出一副动目击掌,高谈阔论的样子,这些事,说起来都让人感到羞愧,而那些这样行事的人却不知羞耻。

嗟乎!王教之败,乃至于斯乎①!且夫交游者出也,或身殁于他邦,或长幼而不归。父母怀茕独之思②,室人抱《东山》之哀③,亲戚隔绝,闺门分离,无罪无辜,而亡命是效④。古者行役过时不反⑤,犹作诗刺怨。故《四月》之篇称"先祖匪人,胡宁忍予"⑥,又况无君命而自为之者乎?以此论之,则交游乎外,久而不归者,非仁人之情也。

【注释】

①王教之败,乃至于斯乎:清钱培名校云,《艺文类聚》引此在"《东山》之哀"句下,"斯"作"此"。其下还有"林宗之时,所谓交游者

也，轻位不仕者则有巢、许之高，废职待客者则有仲尼之称，委亲远学者则有优游之美，是以各眩其名而忘天下之乱也"，疑今本有脱简，而《类聚》所引或不免颠倒删节。今姑仍原本，而附于此。

②茕（qióng）独：孤独无依。

③室人：妻室。《东山》：即《诗经·豳风·东山》，毛序言此诗叙说周公辅佐成王东征之事，见《史记·鲁周公世家》。诗第三章有："我徂东山，慆慆不归。我来自东，零雨其蒙。鹳鸣于垤（dié），妇叹于室。"

④亡命：谓削除户籍而逃亡在外，泛指逃亡、流亡。

⑤行役：指因服兵役、劳役或公务而出外跋涉。

⑥先祖匪人，胡宁忍予：语出《诗经·小雅·四月》。

【译文】

　　呜呼！先王的教化已经被败坏到了这样的地步！而且那些为交游而出行的人，有的客死他乡，有的幼子长大了却还未回来。父母常常怀有孤独无依的感念，妻子思念丈夫常常感到《东山》篇所发的远行人不归的悲伤，父母与子隔绝，妻子与丈夫分离，无罪无过却远行不归，无异于那些犯了罪过而流亡在外的人。古人因公在外跋涉，过时不能回家，还会作诗讽刺抱怨。所以《四月》篇说"先祖莫非不是善人吗？王怎么忍心如此待我"，又何况是那些并非遵奉王命而自己交游不归的人呢？这样说来，在外忙于交游，时日已久却仍不归家，这不是仁人之常情。

历数第十三

【题解】

历数，即历法，古人观测天象以推算年时节候。《汉书·律历志下》："历数之起上矣。"无名氏序中说："（徐幹）学无常师……耻一物之不知，愧一艺之不克。故日夜矻矻，晨不暇食，夕不解衣，昼则研精经纬，夜则历观列宿。"可知徐幹对历数素有研究。本篇略论上古至汉以来数家历法，并阐明历法在生产生活中的重要性。

昔者，圣王之造历数也，察纪律之行①，观运机之动②，原星辰之迭中③，寤暑景之长短④。于是营仪以准之，立表以测之，下漏以考之⑤，布算以追之⑥。然后元首齐乎上⑦，中朔正乎下⑧，寒暑顺序，四时不忒⑨。夫历数者，先王以宪杀生之期⑩，而诏作事之节也⑪，使万国之民不失其业者也⑫。

【注释】

①纪律：规则，规律。

②机：事物变化之所由。

③中：中星。"二十八宿"分布四方，按一定轨道运转，依次每月行至

　　中天南方的星叫"中星",观察中星可确定四时。

④瘏:明白。晷(guǐ)景:太阳照于日晷晷表上的投影。晷,日晷,即
　古人测日影以定时刻的仪器,由晷盘和晷针组成。景,同"影"。

⑤下漏:漏壶中的水下滴以标记时刻。漏,即漏壶,古代计时器。可
　以滴水或漏沙,有刻度标志以计时间。

⑥布算:布筹运算。筹,算筹,计数的用具。

⑦元首:岁始。

⑧中朔:中气和朔气。《周礼·春官·大史》唐贾公彦疏:"一年之
　内有二十四气。正月:立春,节;雨水,中;二月启蛰,节;……十二
　月:小寒,节;大寒,中。皆节气在前,中气在后。节气,一名'朔
　气'。"指每月的"朔气"如立春、小寒等在前,"中气"如雨水、大
　寒等在后。"中气""朔气"在这里是二十四节气的统称。

⑨忒(tè):差错。

⑩宪:公布,揭示。杀生:砍伐斩杀与长养培育。

⑪诏:告知。作事:一说指农事。节:时期。

⑫万国:各国各邦。泛指天下。

【译文】

　　从前,圣王创制历法,考察了天地运行的规律,观察了万物变化的
缘由,察究了星辰列宿的更迭,明测了日照晷影的长短。于是制造仪器
来准验历法,设立晷表、漏壶来考测历法,布筹运算来推定历法。然后一
年的岁首得以核正,二十四节气得以核准,寒暑顺理而有序,四时没有差
失。历法,先王以之公布一年中斩伐与长养的时期,告知做事的适宜时
间,使天下百姓不误其事务。

　　昔少皞氏之衰也①,九黎乱德②,民神杂揉③,不可方物④。
颛顼受之⑤,乃命南正重司天以属神⑥,北正黎司地以属民⑦,
使复旧常,毋相侵黩⑧。其后三苗复九黎之德⑨,尧复育重、

黎之后不忘旧者[10]，使复典教之[11]。故《书》曰："乃命羲、和，钦若昊天，历象日月星辰，敬授民时[12]。"于是阴阳调和，灾厉不作[13]，休征时至[14]，嘉生蕃育[15]，民人乐康，鬼神降福。舜、禹受之，循而勿失也。及夏德之衰，而羲和湎淫[16]，废时乱日[17]。汤、武革命[18]，始作历明时，敬顺天数。故《周礼》太史之职，"正岁年以序事，颁之于官府及都鄙，颁告朔于邦国[19]。"

【注释】

①少皞氏：亦作"少昊""少皓"等，传说中古代东夷部落首领。见前注。本段多据《国语·楚语下》《史记·历书》《汉书·律历志上》等。

②九黎：上古部落名。《国语·楚语下》："及少皞之衰也，九黎乱德。"三国吴韦昭注曰："九黎，黎氏九人，蚩尤之徒也。"为一说。

③民神：司民与司神之官。《国语·楚语下》："于是乎有天、地、神、民、类物之官，是谓五官，各司其序，不相乱也。"

④不可方物：不能识别，无法分辨。方，辨别，识别。

⑤颛顼（xuān xū）："五帝"之一，号高阳氏，相传为黄帝之孙、昌意之子。生于若水，居于帝丘，十岁佐少昊，十二岁而冠，二十岁登帝位。其事见于《大戴礼记·五帝德》《史记·五帝本纪》等。

⑥南正：上古时官名。重：人名。司天：掌管有关天象的事务。属神：会聚群神。

⑦北正：上古时官名。《国语·楚语下》《史记·历书》等皆作"火正"，《史记·太史公自序》则作"北正"。《史记·历书》唐司马贞《索隐》曰："《左传》重为句芒，木正；黎为祝融，火正。……盖重、黎二人元是木火之官，兼司天地职，而天是阳，南是阳位，故木亦是阳，所以木正为南正也；而火是地正，亦称北正者，火数二，二地数，地

阴,主北方,故火正亦称北正。"黎:人名。司地:掌管有关土地人
民的事务。属民:聚集民众。

⑧侵黩:亦作"侵渎",侵犯侮慢。

⑨三苗:九黎之后。《国语·楚语下》三国吴韦昭注:"三苗,九黎之
后。高辛氏衰,三苗为乱,行其凶德,如九黎之为也。尧兴而诛之。"

⑩重、黎:羲、和二氏的祖先。

⑪使复典教之:《国语·楚语下》《史记·历书》均无"教"字。

⑫"乃命羲、和"四句:语出《尚书·尧典》。羲、和,羲氏和和氏。传
说尧曾命羲仲、羲叔、和仲、和叔两对兄弟分驻四方,以观天象、制
历法。钦若,敬顺。昊天,苍天。昊,元气博大的样子。历象,推
算观测天体的运行。民,《尧典》作"人"。

⑬灾厉:亦作"灾疠",病疫,病灾。

⑭休征:吉祥的征兆。

⑮嘉生:茂盛的谷物,古代以为祥瑞。

⑯湎淫:指沉溺于酒。

⑰废时:旷废记载时令的职事。

⑱汤、武革命:《周易·革卦》:"彖曰:……汤、武革命,顺乎天而应
乎人,革之时义大矣哉! 象曰:泽中有火,革。君子以治历明时。"
汤、武,商汤与周武王。革命,实施变革以应天命。古代认为王者
受命于天,改朝换代是天命变更,因此称"革命"。

⑲"正岁年以序事"三句:语出《周礼·春官·大史》。岁年,汉郑玄
注:"中数曰岁,朔数曰年。中、朔大小不齐,正之以闰,若今时作
历日矣。"中数之岁指太阳年,朔数之年为阴历年。我国农历为
阴阳合历,故平年为十二个朔望月,而另设闰年为十三个朔望月,
以十九年七闰调节之。以冬至为岁首,以正月朔为年首。都鄙,
国都和边邑,泛指全国。告朔,周代制度中,天子每年冬季的最后
一个月把第二年的历书颁发给诸侯,叫"告朔"。

【译文】

从前少皞氏世道衰微的时候,九黎坏乱道德,司民与司神之职混杂,无法分辨。颛顼继位后,于是命南正重掌管天象之事以统会群神,命北正黎掌管土地人民以统会民众,恢复职司分明的旧法,不要相互侵犯侮慢。之后三苗复行九黎的凶德,尧又培养重、黎的后人中没有忘记先祖旧法旧业的人,让他们重新掌管司天、司地的职事而教导民众。所以《尚书》说:"于是命羲氏与和氏,敬顺天数,推算日月星辰运行的规律,制定出历法,敬慎地把天时节令告诉人们。"于是阴阳协调和谐,灾病不生,吉兆时有发现,谷物茂盛地生长,百姓安乐,鬼神赐福。舜和禹承位后,遵循旧法而没有丢失。到了夏代德教衰微,羲氏与和氏的后人沉溺于酒乐,旷废记述时令的职事而淆乱历法。商汤与周武王改朝易代,才又修治历法以明天时,敬顺天命。所以《周礼》中记载太史的职事,是"修正岁、年之历法来安排事务,颁布给官府和全国,十二月将历书颁发给诸侯国。"

于是分至启闭之日①,人君亲登观台以望气②,而书云物③,为备者也。故周德既衰,百度堕替④,而历数失纪。故鲁文公元年闰三月⑤,《春秋》讥之,其《传》曰:"非礼也。先王之正时也,履端于始,举正于中,归余于终。履端于始,序则不愆;举正于中,民则不惑;归余于终,事则不悖⑥。"又哀公十二年⑦:"十二月,螽。季孙问诸仲尼,仲尼曰:'某闻之也,火伏而后蛰者毕。今火犹西流,司历过也⑧。'"言火未伏,明非立冬之日。自是之后,战国构兵⑨,更相吞灭,专以争强攻取为务,是以历数废而莫修,浸用乖缪⑩。

【注释】

①分至:指春分、秋分、夏至、冬至的两分、两至日。启闭:古代称立

春、立夏为"启",立秋、立冬为"闭"。

②观台:瞭望天象之台。

③云物:云的色彩。《周礼·春官·保章氏》:"以五云之物,辨吉凶、水旱降丰荒之祲象。"汉郑玄注:"物,色也。视日旁云气之色……郑司农云:'以二至、二分观云色,青为虫,白为丧,赤为兵荒,黑为水,黄为丰。'"

④堕替:衰败,毁弃。

⑤鲁文公元年:即公元前626年。

⑥"非礼也"数句:语出《左传·文公元年》。履端,年历的推算始于正月朔日。举正,纠正,察正。中,即中气。见前注。归余,指月有余日,积累而置闰月。太阳历与农历在日数上有所差异,农历年较太阳年相差约十日二十一时,故须置闰,即三年闰一个月,五年闰两个月,十九年闰七个月,每逢闰年所加的一个月叫闰月,最初放在岁末,称"十三月"或"闰月",后加在某月之后,则称"闰某月"。民则不惑,日月运行有所差异,该月应至的中气不至,则以该月置闰月,闰前之月的中气在月末晦日,而闰后之月的中气则在月初朔日,所以因中气所在,便知此月的正闰,使历数与寒暑的对应不致失常,民无疑惑。

⑦哀公十二年:即公元前483年。

⑧"十二月"数句:语出《左传·哀公十二年》。螽(zhōng),蝗虫。火伏,指心星(即大火,二十八宿之一)隐没,火伏在夏历十月。伏,原作"复",据《左传》改,与下文合。西流,这里指大火星还在西方运行,没有隐伏。《春秋》为鲁国史,鲁用周历,所言十二月为周历十二月,对应夏历则为十月,立冬在十月,但因司历官的过失少置了一个闰月,所以到了立冬之月而大火星还未隐伏。

⑨构兵:交兵,交战。

⑩浸:逐渐。乖缪(miù):亦作"乖谬",谬误背理。

【译文】

于是到春分秋分、夏至冬至、立春立夏、立秋立冬这些日子,君主亲自登上观望天象的高台来观察云气,记载所观云气的色彩,来预备吉凶。到周代的德教已经衰微的时候,各种法度都被废弃,历法也失了条理纲纪。所以《春秋》讥讽鲁文公元年的闰三月,《左传》说:"闰三月这是不合传统礼度的。先王修正时令,年历的推算从正月初一开始,用中气察正月份,把多出的日子归在年末置闰月。年历的推算从正月初一开始,季节与月份的次序就不会错乱;用中气来察正月份,百姓就不会迷惑;把多出的日子归在年末置闰月,事情就不会昏乱。"又哀公十二年:"十二月,蝗虫成灾。季孙问于孔子,孔子说:'我听说,大火星隐没以后动物昆虫都会藏伏好。现在大火星在西方运行,这是司历官的过失。'"说的是大火星还没有隐伏,此月不是立冬日所在的十月。自此以后,战国交战不断,相互吞并消灭,完全把争当强者、进攻掠取作为要务,因此历法荒废而没有人修正,逐渐有了许多谬误。

　　大汉之兴,海内新定,先王之礼法尚多有所缺,故因秦之制,以十月为岁首,历用《颛顼》①。孝武皇帝恢复王度,率由旧章②,招"五经"之儒,征术数之士,使议定汉历。及更用邓平所治,元起太初③,然后分至启闭,不失其节,弦望晦朔④,可得而验。成、哀之间⑤,刘歆用平术而广之⑥,以为《三统历》⑦,比之众家,最为备悉⑧。至孝章皇帝⑨,年历疏阔⑩,不及天时,及更用《四分历》旧法,元起庚辰⑪。至灵帝⑫,四分历犹复后天半日。于是会稽都尉刘洪,更造《乾象历》⑬,以追日月星辰之行,考之天文,于今为密。会宫车宴驾⑭,京师大乱⑮,事不施行,惜哉!

【注释】

①历用《颛顼》：《颛顼历》，我国古六历（《黄帝历》《颛顼历》《夏历》《殷历》《周历》《鲁历》）之一，周末已经制定，秦统一后颁行全国，以十月为岁首。

②率：遵循。

③更用邓平所治，元起太初：汉武帝元封七年（前104），下诏司马迁等改用邓平、落下闳等人所造的八十一分律历，改"元封七年"为"太初元年"，故史称"太初历"。事见《汉书·律历志》。元，指历元，历法推算的初始起算点。

④弦：半圆形的月亮，农历每月初七、初八为"上弦"，廿二、廿三为"下弦"。望：圆月，指农历每月十五日，有时为十六日或十七日。晦朔：农历每月末一日及初一日。

⑤成、哀：指西汉成帝与哀帝。汉成帝，即刘骜，汉元帝之子，前32—前7年在位。汉哀帝，即刘欣，汉元帝之孙，前6—前1年在位。

⑥刘歆（xīn）：字子骏，后改名秀，字颖叔，沛县（今属江苏）人。汉高祖刘邦四弟楚元王刘交后裔，刘向之子。西汉古文经学家。少通《诗》《书》，善为文。成帝时，奉命与父领校宫中藏书。父死，继承父业，总校群书，在刘向所撰《别录》基础上撰成《七略》，对中国目录学的建立有奠基性的作用。曾编著《三统历谱》等。

⑦《三统历》：西汉末刘歆据《太初历》等前人的历法修订而成，是我国史志上第一部记载完整的历法。

⑧备悉：详尽。

⑨孝章皇帝：即东汉章帝刘炟（dá），汉明帝第五子，76—88年在位。

⑩疏阔：粗略，不周密。

⑪更用《四分历》旧法，元起庚辰：汉章帝元和二年（85）改用《四分历》。庚辰，指汉文帝后元三年（前161），《后汉书·律历志中》："《四分历》仲纪之元，起于孝文皇帝后元三年，岁在庚辰。"

⑫灵帝：即东汉灵帝刘宏，汉章帝玄孙，168—189年在位。

⑬会稽都尉刘洪，更造《乾象历》：刘洪，字元卓，泰山蒙阴（今山东蒙阴）人。博学，精天文历算，曾与蔡邕一起补续了《汉书·律历志》。相传为"珠算"的早期奠基人，被后世尊为"算圣"。所创《乾象历》，为第一部引进月球运动不均匀性理论的历法。自三国吴黄武二年（223）颁行，采用至吴亡。《乾象历》备载于《晋书·律历志中》。

⑭宫车宴驾：指皇帝死亡。宫车，帝王后妃等所乘坐的车辆，常借指帝、后。宴驾，婉称帝王之死。宴，通"晏"。

⑮京师大乱：灵帝于中平六年（189）四月崩，刘辩即位，为少帝。八月，宦官张让等人杀大将军何进，袁绍等欲杀宦官，少帝、陈留王被张让等宦官劫持出宫，追军疾至，张让等投河而死。九月，董卓废少帝为弘农王，不久便将其鸩杀，立陈留王刘协为帝，即献帝。次年，关东诸州郡与各路联军起兵伐董卓，后董卓强制迁都长安，焚烧洛阳。事见《后汉书·孝灵帝纪》及其《董卓列传》等。京师，国都。

【译文】

大汉建立时，国家刚恢复安定，先王的礼法制度还有很多缺失，所以因袭了秦朝的制度，以十月为一岁之首，历法使用《颛顼历》。汉武帝恢复先王法度，遵循旧有的典章制度，招选五经博士，征召精通天文历法之士，让他们商议确定汉朝的历法。于是改用邓平等人所制定的历法，历元始于太初，然后众节气不失其时，每月的弦望晦朔，都能得到验证。到汉成帝、汉哀帝之时，刘歆沿用邓平的历术而有所增广，制成《三统历》，与各家历法相比较，《三统历》最为详尽。到了汉章帝时，历法已有粗疏，与天时有所差失，于是改用《四分历》的旧历，历元始于庚辰。到汉灵帝时，《四分历》也落后天时半日。此时会稽东部都尉刘洪，改造而成《乾象历》，历法紧随日月星辰的运行，考察天文比现在所行的历法更为精密。但恰逢帝王驾崩，京城大乱，历法未及施行，可惜啊！

上观前化①,下迄于今,帝王兴作,未有不奉赞天时②,以经人事者也③。故孔子制《春秋》,书人事而因以天时,以明二物相须而成也。故人君不在分至启闭④,则不书其时月,盖刺怠慢也⑤。夫历数者,圣人之所以测灵耀之赜⑥,而穷玄妙之情也,非天下之至精,孰能致思焉?今粗论数家旧法,缀之于篇,庶为后之达者存损益之数云耳⑦。

【注释】

①化:疑作"代",或因字形相近而讹。

②赞:明晓,通晓。

③经:治理,管理。

④在:察知,审察。此句所指与前文"于是分至启闭之日,人君亲登观台以望气"正相反。

⑤则不书其时月,盖刺怠慢也:《左传·僖公五年》:"五年春。王正月辛亥朔,日南至。公既视朔,遂登观台以望。而书,礼也。"晋杜预注:"朔旦冬至,历数之所始。治历者因此则可以明其术数,审别阴阳,叙事训民。鲁君不能常修此礼,故善公之得礼。"时月,四时和月份。按,《春秋》之中或只书时月而不记事,或记事而时月不具,按此准则推测,则不书"月"由于不视朔,不书"时"由于不登台,用以讥刺怠慢。

⑥灵耀:亦作"灵曜""灵曜",即天。赜(zé):幽深奥妙。

⑦庶:希望,但愿。损益:增减。这里指修正、修改。数:历数,历法。云耳:亦作"云尔",常用于句子或文章的末尾,表示结束或表示"而已"。

【译文】

上观前代,下到如今,帝王的兴起,没有不是通晓并遵奉天时来治理人事的。所以孔子作《春秋》,写人间世事而系以天时,来明晓人事、天时二者须相互依存、相互配合才能有所成。所以君主不在分、至、启、闭等时节登台察气,《春秋》则不写其年的四时与月份,就是讥刺君主怠慢于天时。历法,是圣人用来观测天运行的深奥道理,而穷尽地推究其玄妙的实质情况的,不是天下间极为精妙细密的,怎么能来思虑探究这些呢?现在粗略地论说了几种旧的历法,附于此篇,只希望能为后世通达之人留存一些能据以借鉴修正的历法罢了。

夭寿第十四

【题解】

　　此篇辩驳荀爽、孙翱二家论夭寿之非，不可以一而非全。作者论寿之不同，以言仁贤之寿，不论穷达殊途，皆同归于道。此篇文中自云"作《辨夭寿》"，而标题篇名无"辨"字，目录又题论"夭寿"，可知《中论》篇名或为后人所题，徐幹盖未及搜集编次也。

　　或问："孔子称'仁者寿'①，而颜渊早夭；'积善之家，必有余庆'②，而比干、子胥身陷大祸③。岂圣人之言不信，而欺后人耶？"故司空颍川荀爽论之④，以为古人有言"死而不朽"，谓"太上有立德，其次有立功，其次有立言"⑤，其身殁矣，其道犹存，故谓之不朽。夫形体者，人之精魄也；德义令闻者⑥，精魄之荣华也。君子爱其形体，故以成其德义也。夫形体固自朽弊消亡之物，寿与不寿，不过数十岁；德义立与不立，差数千岁，岂可同日言也哉！颜渊时有百年之人，今宁复知其姓名耶？《诗》云："万有千岁，眉寿无有害⑦。"人岂有万寿千岁者，皆令德之谓也。由此观之，"仁者寿"岂不信哉！《传》曰："所好有甚于生者，所恶有甚于死者⑧。"

比干、子胥皆重义轻死者也，以其所轻，获其所重，求仁得仁⑨，可谓庆矣。槌钟击磬，所以发其声也；煮罂烧熏⑩，所以扬其芬也。贤者之穷厄戮辱，此搥击之意也；其死亡陷溺，此烧煮之类也。

【注释】

①仁者寿：语出《论语·雍也》："子曰：'知者乐水，仁者乐山。知者动，仁者静。知者乐，仁者寿。'"

②积善之家，必有余庆：语出《周易·坤卦》文言："积善之家，必有余庆；积不善之家，必有余殃。"

③比干：见前注。子胥：即伍子胥，名员，字子胥，春秋楚大夫。楚平王听信谗言杀其父兄，伍子胥入吴，助阖闾（一作"阖庐"）夺取王位，后伐楚，不久便攻破楚国。吴王夫差时，曾力谏停止攻齐，拒绝越国求和，王不听，而伍子胥渐被疏远，后夫差信谗言，赐剑命其自刎，并浮其尸于江上，吴国最终为越国所灭。其事见于《吴越春秋·夫差内传》《史记·伍子胥列传》等。

④荀爽：见前注。

⑤古人有言"死而不朽"，谓"太上有立德，其次有立功，其次有立言"：《左传·襄公二十四年》：穆叔如晋。范宣子逆之，问焉，曰："古人有言曰：'死而不朽'，何谓也？"穆叔答曰："……豹闻之，'太上有立德，其次有立功，其次有立言'，虽久不废，此之谓三不朽。"

⑥令闻：美誉。

⑦万有千岁，眉寿无有害：语出《诗经·鲁颂·闷宫》。眉寿，长寿。

⑧所好有甚于生者，所恶有甚于死者：语本《孟子·告子上》："生亦我所欲，所欲有甚于生者，故不为苟得也。死亦我所恶，所恶有甚于死者，故患有所不辟也。"此处所引的《传》即《孟子》。

⑨求仁得仁：《论语·述而》："求仁而得仁，又何怨？"意谓追求仁

义而得到仁义,即指适其所愿。

⑩鬯(chàng):古代宗庙祭祀用的香酒,以郁金香和黑黍等酿成。熏:
　　用同"薰",香料,香草。

【译文】

　　有人问:"孔子说'仁人长寿',而颜回壮年夭折;'积德行善的人家,一定会有福德遗泽于子孙后辈',而比干、伍子胥自身就遭遇了杀身之祸。难道是圣人的话并不信实而欺骗后人吗?"所以前司空颍川荀爽论说于此,认为古人说过"死而不朽",说的是"最高的是树立德行,其次是建立功业,再其次是创立学说",即使他身体死亡,他的道还会留存,所以称之为"不朽"。身体,载托人的精神魂魄;道德仁义、美名嘉誉,荣显人的精神魂魄。君子爱惜他的身体,所以成就他的道德仁义。身体本来就是会朽坏消亡的东西,长寿与短寿,不过相差几十年;而道德仁义树立与否,就相差了几千年,怎么可以同日而语呢? 颜回那时候有寿至百年的人,难道现在谁还知道他的姓名吗?《诗经》说:"千秋万岁,福寿无疆永宁康。"人哪有千岁万岁的,说的都是美德。由此看来,"仁人长寿",难道不信实吗?《传》说:"所喜爱的有比生命更重要的,所厌恶的有比死亡更可怕的。"比干、伍子胥都是重义轻死的人,用他们所轻视的东西,来获取他们所看重的,追求仁义而得到仁义,可以说是值得庆贺的事了。敲钟击磬,是让它们发出声音;煮酒焚香,是让它们散发芬芳。贤人遭受窘困侮辱的时候,就像是钟磬被敲击一样;他们身处死亡苦难的时候,就像是香草香酒被焚煮一样。

　　北海孙翱①,以为死生有命,非他人之所致也。若积善有庆,行仁得寿,乃教化之义,诱人而纳于善之理也。若曰"积善不得报,行仁者凶",则愚惑之民,将走于恶以反天常②。故曰"民可使由之,不可使知之"③。身体发肤,受之

父母，不敢毁伤，孝之至也④。若夫求名之徒，残疾厥体，冒
厄危戮⑤，以徇其名⑥，则曾参不为也⑦。子胥违君而适仇国，
以雪其耻，与父报仇，悖人臣之礼，长畔弑之原⑧。又不深见
二主之异量⑨，至于悬首不化⑩，斯乃凶之大者，何庆之为？
干以为二论皆非其理也，故作《辨夭寿》云。

【注释】

①孙翱：未见记载，其事不详。

②走于恶：原作"走千恶"。千，当作"于"。走于恶，一作"移其性"。
　　走，趋向，归附。

③民可使由之，不可使知之：语出《论语·泰伯》。此二句的解释颇
　　有争议，这里姑且依从此篇文义进行句读译意。

④"身体发肤"四句：语出《孝经·开宗明义》："身体发肤，受之父母，
　　不敢毁伤，孝之始也。"身体发肤，指身躯、四肢、须发、皮肤。后亦
　　泛指自己身体的全部，自身。至，《孝经》作"始"，译文依从《孝经》。

⑤厄：清俞樾云，当作"犯"。

⑥徇：谋求，营求。

⑦曾参不为也：《论语·泰伯》载，曾子有疾，召门弟子曰："启予足！
　　启予手！诗云：'战战兢兢，如临深渊，如履薄冰。'而今而后，吾
　　知免夫！小子！"《孝经·开宗明义》又载，孔子曾对曾参说："身
　　体发肤，受之父母，不敢毁伤，孝之始也。"曾子在临死前要他的
　　学生看自己的手脚，以表明其一生谨慎小心，避免损伤身体，是遵
　　守孝道的。

⑧畔弑：叛国弑君。畔，通"叛"。

⑨二主：指阖闾、夫差。量：器量，才识。

⑩悬首不化：《史记·伍子胥列传》载伍子胥临死云："抉（挑出）吾

眼县（xuán，悬挂）吴东门之上，以观越寇之入灭吴也。"不化，不改变。这里指还没有醒悟。

【译文】

北海人孙翱，认为生死自有天命，不是他人所致使的。像积德行善就有福泽，推行仁义就能长寿，都是教化应有的内容，是用来引导人接受善道的。如果说"积德行善不会得到福报，推行仁义会遭祸殃"，那么愚昧迷惑的人会走上作恶的道路而违反天的常道。所以说"可以让百姓依从圣人的指导来做事，不必告诉他们为什么这样做"。身体上的一切，都是父母所给的，不敢有所损伤，这是孝顺的基础。至于那些谋求名利的人，不惜残损他的身体，冒着危难杀身之祸，来谋求名利，这是曾参所不会做的。伍子胥背离国君而投奔敌国，来洗雪他的耻辱，报杀父之仇，这违背了作为人臣的礼度，助长了叛国弑君的乱源。又不深察阖闾、夫差两位君主器量的差别，直到身死仍未醒悟，这是大祸，又有什么福庆可言？我认为荀、孙两家的论说都不是正理，所以写了这篇《辨天寿》。

　　幹闻先民称"所恶于知者，为凿也"①，不其然乎？是以君子之为论也，必原事类之宜而循理焉。故曰说成而不可间也②，义立而不可乱也。若夫二难者③，苟既违本④，而死又不以其实。夫圣人之言，广矣大矣，变化云为⑤，固不可以一概齐也。今将妄举其目⑥，以明其非。夫寿有三：有王泽之寿⑦，有声闻之寿⑧，有行仁之寿。《书》曰："五福，一曰寿⑨。"此王泽之寿也。《诗》云："其德不爽，寿考不忘⑩。"此声闻之寿也。孔子曰："仁者寿。"此行仁之寿也。

【注释】

①所恶于知者，为凿也：语出《孟子·离娄下》："孟子曰：'天下之言

性也,则故而已矣。故者以利为本。所恶于智者,为其凿也。'"
知者,智者。凿,穿凿附会。

②间:非难,毁谤。

③夫:原作"无",据《龙溪精舍》本改。

④苟:随便,不审慎。

⑤云为:言论行为。

⑥妄:胡乱,随便。这里有自谦之意。

⑦王泽:君主的恩德惠泽。

⑧声闻:名声。亦作"声问"。

⑨五福,一曰寿:语出《尚书·洪范》:"五福:一曰寿,二曰富,三曰
    康宁,四曰攸好德,五曰考终命。"

⑩其德不爽,寿考不忘:语出《诗经·小雅·蓼萧》。爽,差失。寿考,
    长寿。忘,通"亡",终止,断绝。

【译文】

我听前人曾说"之所以被智者憎恶,是因为他穿凿附会",难道不是
这样吗?因此君子立论言说,一定会探寻推究事情的类似性,并遵循适
宜于其类事的道理。所以说他的论说一旦确立就无法被非难,道理一旦
成立就无法被淆乱。至于荀、孙两家的驳难,既随便地背离了比干、伍子
胥之事的原本,而对于他们的身死又不据实论说。圣人的言说,深广博
大,他的言行变化,本来是不能以某一方面来总括全部的。但现在我姑
且随意地列举寿的名目,来辨明他们的错误。长寿有三种:有因君主的
德泽而得长寿的,有因名声而得长寿的,有因行仁义而得长寿的。《尚书》
说:"五种福,第一种是长寿。"这是指因君主德泽而得的长寿。《诗经》说:
"德行无差失,长寿永无疆。"这是指因名声而得的长寿。孔子说:"仁人
长寿。"这是指行仁义而得的长寿。

孔子云尔者,以仁者寿,利养万物,万物亦受利矣,故必

寿也。荀氏以死而不朽为寿，则《书》何故曰"在昔殷王中宗①，严恭寅畏天命②，自度治民祇惧③，不敢荒宁④。肆中宗之享国⑤，七十有五年⑥。其在高宗⑦，寔旧劳于外⑧，爰暨小人⑨，作其即位，乃或亮阴⑩，三年不言，惟言乃雍⑪，不敢荒宁，嘉靖殷国⑫，至于小大，无时或怨。肆高宗之享国，五十有九年。其在祖甲，不义惟王⑬，旧为小人，作其即位，爰知小人之依⑭，能保惠庶民，不侮鳏寡⑮。肆祖甲之享国，三十有三年。自时厥后立王，生则逸⑯，不知稼穑之难艰，不知小人之劳苦，惟耽乐是从。自时厥后，亦罔或克寿⑰，或十年，或七八年，或五六年，或三四年"者⑱？周公不知夭寿之意乎？故言声闻之寿者，不可同于王泽⑲，是以达人必参之也。孙氏专以王教之义也，恶愚惑之民将反天常。孔子何故曰"有杀身以成仁，无求生以害仁"⑳？又曰"自古皆有死，民无信不立"㉑，欲使知去食而必死也。昔者仲尼乃欲民不仁不信乎㉒？夫圣人之教，乃为明允君子㉓，岂徒为愚惑之民哉？愚惑之民，威以斧钺之戮㉔，惩以刀墨之刑㉕，迁之他邑，而流于裔土㉖，犹或不悛㉗，况以言乎？故曰"惟上智与下愚不移"㉘。然则荀、孙之义，皆失其情，亦可知也。

【注释】

①在昔：《尚书·无逸》作"昔在"。殷王中宗：指商王太戊，甲骨文有作"大戊""天戊"。太庚之子，小甲、雍己之弟。任用伊陟、巫咸治理国政。其事见于《史记·殷本纪》。

②寅畏：敬畏。

③自度：自行检束。祇（zhī）惧：敬惧，小心谨慎。

④荒宁:荒废懒怠,贪图安逸。

⑤肆:故,因此。

⑥有:通"又"。

⑦高宗:指商王武丁,盘庚弟小乙之子。相传少时生活在民间,即位后,重用傅说、祖己、甘盘等贤臣,整顿吏治,安抚人民,商国大治,史称"高宗"。其事见于《史记·殷本纪》。

⑧寔(shí):通"是",此,这。《尚书·无逸》作"时"。按,"时""寔"同义。旧劳:久劳。

⑨爰:语助词。暨:和,与。小人:这里指平民百姓。

⑩亮阴:帝王居丧。

⑪雍:欢悦的样子。

⑫嘉靖:以美好的教化安定治化。国:《尚书·无逸》作"邦"。

⑬其在祖甲,不义惟王:祖甲,帝甲,商王武丁之子,祖庚之弟。武丁以祖甲贤,欲立为帝,祖甲以商王废长立少,不义,逃往民间,后祖庚卒,祖甲即位。事见《史记·殷本纪》。

⑭侬:隐痛,苦衷。

⑮侮:轻慢,轻贱。鳏(guān)寡:指老而无妻或无夫的人。毛传:"老无妻曰鳏,偏丧曰寡。"

⑯生则逸:《尚书·无逸》此句后重复"生则逸"一句。

⑰罔:无,没有。克:能。

⑱"在昔殷王中宗"至"……或三四年"者:语出《尚书·无逸》。

⑲王泽:原作"声闻",据《龙溪精舍》本改。

⑳有杀身以成仁,无求生以害仁:语本《论语·卫灵公》:"子曰:'志士仁人,无求生以害仁,有杀身以成仁。'"

㉑自古皆有死,民无信不立:语出《论语·颜渊》:"子贡问政。子曰:'足食,足兵,民信之矣。'子贡曰:'必不得已而去,于斯三者何先?'曰:'去兵。'子贡曰:'必不得已而去,于斯二者何先?'曰:

'去食。自古皆有死,民无信不立。'"下句"去食"亦本此。

㉒昔者仲尼乃欲民不仁不信乎:意指若圣人以得福寿诱人行仁善,那孔子此处所说的,在不得已的情况下宁肯杀身去食而死,也不损害仁信,那么不是在让民众不要行仁重信吗?

㉓明允:明理诚信。

㉔威:震慑,胁迫。斧钺(yuè):亦作"斧戉",斧与钺,泛指兵器,亦可指刑罚、杀戮。

㉕刀墨:指古代黥(qíng)刑,亦称"墨刑",刺字于被刑者的面额,染以黑色,作为处罚的标志。

㉖裔土:荒瘠边远的地方。

㉗悛(quān):悔改。

㉘惟上智与下愚不移:语出《论语·阳货》。

【译文】

孔子这样说,仁人长寿,是因为能养育万物,使万物受益,所以仁人一定长寿。荀氏认为死而不朽是长寿,那么《尚书》为什么要说"以前殷王中宗,庄严恭谨,敬畏天命,自我检束,治理百姓小心谨慎,不敢荒废懈怠、贪图安逸。所以中宗在位七十五年。到了高宗,他长期在外劳役,与平民百姓一起劳作,等到他即位,居丧期间,三年沉默少言,他不轻易说话,偶尔开口说话便使人和悦,他不敢荒废懈怠、贪图安逸,能行善教、安定殷国,从百姓到大臣,没有责怨他的。所以高宗在位五十九年。到了祖甲,他认为废长立少不义,逃往民间,做了很久的平民百姓,等到他即位后,知道老百姓的苦衷,能够爱护与惠泽百姓,对于鳏寡无依的人也不会轻慢。所以祖甲在位三十三年。从这以后所立的殷王,生来就安享逸乐,所以不知耕种农事的艰难,不知百姓的劳苦,只知沉溺于逸乐。从此以后,在位的殷王再也没有长寿的,有的十年,有的七八年,有的五六年,有的三四年"这些话呢?难道周公不知道短命和长寿的含义吗?所以因名声而得的长寿,不能等同于因君主德泽而得的长寿,因此通晓事理的人一定要考究检验二者的不同。孙氏专以君主教化的要义在于憎恶愚昧迷惑的民众违背天理常道。那孔子为什么要说"有以舍弃生命来成就仁义的,没有因贪生怕死来损害仁义"呢?又说"自古以来人皆有一死,但人无信誉则无法立足于世",是想要让人们明白宁肯舍弃食物而死也不可有伤于仁德信义。孔子难道当初是想让人不仁不信吗?圣人的教化是为了那些明理而诚信的君子所设,怎么会只是为了那些愚昧迷惑的人呢?那些愚昧之人,即使用杀戮之罚来威吓,用黥刑来惩处,把他们迁徙到别的地方,流放到荒瘠边远的地方,仍旧还有不知悔改的,又何况仅仅用言语来教导呢?所以说"只有上等的智者和下等的愚人是不会改变的"。这么说来,荀、孙二家的义理都不符合实情,也能由此而知了。

昔者帝喾已前尚矣①,唐、虞、三代,厥事可得略乎闻。自尧至于武王,自稷至于周、召②,皆仁人也。君臣之数不为少矣,考其年寿不为夭矣。斯非"仁者寿"之验耶?又七十子岂残酷者哉?顾其仁有优劣耳。其夭者惟颜回。据一颜回而多疑其余,无异以一钩之金,权于一车之羽③,云金轻于羽也。天道迂阔,暗昧难明,圣人取大略以为成法,亦安能委曲不失④,毫芒无差跌乎⑤?且夫信无过于四时,而春或不华,夏或陨霜,秋或雨雪⑥,冬或无冰,岂复以为难哉?所谓祸者,已欲违之而反触之者也。比干、子胥,已知其必然而乐为焉,天何罪焉?天虽欲福人⑦,亦不能以手臂引人而亡之,非所谓无庆也。荀令以此设难,而解以槌击烧熏,于事无施;孙氏讥比干、子胥,亦非其理也。殷有三仁,比干居一,何必启手然后为德⑧?子胥虽有仇君之过,犹有观心知仁,悬首不化,固臣之节也。

【注释】

①帝喾(kù)："五帝"之一，号高辛氏，相传为黄帝的曾孙，居于亳，有四子，帝尧、帝挚、弃(后稷)、契。其事见于《史记·五帝本纪》。

②稷：后稷，名弃，舜时主管农事之官，亦即后来周朝的始祖。周、召：亦作"周、邵"，周成王时共同辅政的周公旦和召公奭的并称，两人分陕而治，皆有美政。

③以一钩之金，权于一车之羽：语本《孟子·告子下》："金重于羽者，岂谓一钩金与一舆羽之谓哉？"权，衡量，比较。

④委曲：周全详尽。

⑤毫芒：毫毛的细尖，比喻极细微。差跌：失误，差失。

⑥雨(yù)雪：下雪。

⑦人：原作"仁"。旧校云，"仁"原作"人"，今据旧校改回。

⑧启手：《论语·泰伯》："曾子有疾，召门弟子曰：'启予足！启予手！'"宋朱熹注："曾子平日，以为身体受于父母，不敢毁伤，故于此使弟子开其衾而视之。"故后来以"启手启足"代指善终。这里作者亦用其不损伤身体之义。

【译文】

过去帝喾以前的事情已经十分久远了，尧、舜、夏商周三代，他们的事情还大略可以闻知一些。从尧直到周武王，从后稷到周公旦和召公奭，都是仁人。君与臣的数量不算少了，考察他们的寿命都不是夭折短命的。这难道不是"仁人长寿"的证明吗？又有孔子七十二位弟子难道都是凶狠冷酷的人吗？只是他们的仁德有高有下而已。众弟子中早逝的只有颜回一人。根据一个颜回而质疑其余的弟子，这无异于用一带钩金子去称量一大车羽毛，而说金子比羽毛轻。天道深远广大，幽晦难明，圣人取其大概作为定法，又怎么能周全详尽而无疏漏，极细微之处也毫无差失呢？况且最守信的要数四季了，然而春天有时花不开，夏天有时会降霜，秋天有时会下雪，冬天有时不结冰，难道还要以此责难四季不守信吗？所谓灾祸，就是本想避开但却遭逢上的东西。比干、伍子胥，已经知道一定会遭祸却心甘情愿这样做，这怎么能怪罪于天呢？天即使想要赐福佑于人，也不能用手臂拉着人逃祸，不是所谓的没有福庆。荀氏以此设辞诘难，用槌击钟磬、烧熏酒草来解释，也无济于事；孙氏讥讽比干、伍子胥，也没有道理。殷商有三位仁人，比干是其中的一位，为什么非要身体无损而善终才算他的德行有所成就？伍子胥即使有仇视国君的过失，还是可以观察他的心性而知晓他的仁义，身死而不改，这本就是作为人臣的气节操守。

　　且夫贤人之道者，同归而殊途，一致而百虑①，或见危而授命②，或望善而遐举③，或被发而狂歌④，或三黜而不去⑤，或辞聘而山栖，或忍辱而俯就，岂得责以圣人也哉？於戏⑥！通节之士，实关斯事⑦，其审之云耳！

【注释】

①同归而殊途，一致而百虑：语出《周易·系辞下》。

②见危而授命：语本《论语·宪问》："见利思义，见危授命，久要不忘平生之言，亦可以为成人矣！"

③望：向。

④被发而狂歌：箕子与楚狂接舆都曾披发佯狂。事见《战国策·秦策》《论语·微子》等。

⑤三黜：三次被罢官。《论语·微子》："柳下惠为士师，三黜。人曰：'子未可以去乎？'曰：'直道而事人，焉往而不三黜？'"

⑥於（wū）戏：呜呼，感叹词。

⑦斯事：指上文所说的贤人之道，殊途同归，一致百虑。

【译文】

　　而且贤者之道，途径不同而目的相同，思虑百端而理趋一致，有人处危难关头而勇于献身，有人心向善道而退身远去，有人披头散发而纵情狂歌，有人数被免官却仍不弃走，有人辞拒征聘而隐居山林，有人忍辱负重而屈从迁就，难道仅因途径方式不同就要以此来责难圣人吗？呜呼！通晓志节的人，对关涉贤人之道的事，实在应当明察审慎！

务本第十五

【题解】

《论语·学而》："君子务本，本立而道生。"务本，即致力于根本。此篇论说人君为政，其根本在于明通大道，谋虑深远，而非致力于琐事近物。若只长于末技而不明大道正德，则或有亡身灭国之危。

人君之大患也，莫大于详于小事，而略于大道，察于近物①，而暗于远图②。故自古及今，未有如此而不乱也，未有如此而不亡也。夫详于小事而察于近物者，谓耳听乎丝竹歌谣之和，目视乎雕琢采色之章③，口给乎辩慧切对之辞④，心通乎短言小说之文⑤，手习乎射御书数之巧，体骜乎俯仰折旋之容。凡此数者⑥，观之足以尽人之心，学之足以动人之志⑦，且先王之末教也，非有小才小智则亦不能为也。是故能为之者，莫不自悦乎其事，而无取于人，以人皆不能故也。夫居南面之尊⑧，秉生杀之权者，其势固足以胜人也，而加之以胜人之能⑨，怀是己之心，谁敢犯之者乎？以匹夫行之，犹莫之敢规也，而况于人君哉⑩？故罪恶若山而己不见也，谤声若雷而己不闻也，岂不甚矣乎！

【注释】

①于：原作"其"，据《群书治要》改。

②远图：深远的谋划。与下文"远数"义同。《群书治要》作"远数"。

③视：《群书治要》作"明"。采色：指绚丽的颜色。章：花纹。

④辩慧：聪明而富于辩才。切对：恰切应对。

⑤短言：琐言，琐语。小说：偏颇琐屑的言论。

⑥凡此数者：清钱培名校云，原脱"数"字，据《群书治要》补，今从之。

⑦动人之志：《群书治要》作"勤人之志"。

⑧南面之尊：古代以坐北朝南为尊位，故帝王、诸侯见群臣，皆面向南而坐，因用以指居帝王或诸侯等尊位。

⑨而加之：清钱培名校云，原脱"之"字，据《群书治要》补，今从之。

⑩而况于人君哉：清钱培名校云，原脱"于"字，据《群书治要》补，今从之。

【译文】

君主的大弊病，没有比详悉琐细之事而忽略大道正理，明辨近前事务而不知长远谋划更严重的了。所以从古到今，没有君主如此为政而国家不衰乱的，没有君主如此为政而国家不灭亡的。详悉琐细小事和明辨眼前事务，说的是耳朵善听音乐歌谣的吹奏唱和，眼睛善辨雕饰绚丽的花纹，口中善言聪明机辩恰切应对的言语，内心通晓琐屑浅陋的文章，手上熟习射箭、驾车、书写、数算的技巧，身体致力于俯仰屈伸、回旋周折的仪容。上述的这几点，看上去足以满足人的心意，学习了足以改变人的志趣，况且这些先王教化的细枝末节，没有一定的才能聪明也是不能做到的。所以能做到这些事的人，没有不因此而自喜自得的，而不再向他人学习，自以为别人都不能做到这些事。那些身居王侯之位，执掌生杀大权的人，他们的权势本身就超过他人，而加上自身超过他人的才能，又抱着自以为是的心态，谁敢冒犯他们呢？即使让一介平民拥有这样的权势，都没有人敢劝谏他，又何况是君主呢？所以当罪行恶德像山岳般广大自己却看不见,指责非议的声音像雷声般震耳自己也听不到的时候,祸患难道不是已经到了极为严重的地步吗!

　　夫小事者味甘,而大道者醇淡^①;近物者易验,而远数者难效^②。非大明君子,则不能兼通者也。故皆惑于所甘,而不能至乎所淡;眩于所易,而不能反于所难。是以治君世寡,而乱君世多也。故人君之所务者,其在大道远数乎?大道远数者,为仁足以覆帱群生^③,惠足以抚养百姓,明足以照见四方,智足以统理万物,权足以变应无端^④,义足以阜生财用^⑤,威足以禁遏奸非,武足以平定祸乱。详于听受^⑥,而审于官人^⑦,达于兴废之原,通于安危之分,如此则君道毕矣^⑧。

【注释】

① 醇淡:纯正淡泊。

② 效:证明,验证。

③ 为:《群书治要》作"谓"。"为""谓"相通。覆帱(dào):覆被,覆盖。这里指施恩、加惠。

④ 变应:《群书治要》作"应变",义同。

⑤ 阜生:生息,生长。

⑥ 听受:听从,听取。

⑦ 官人:选取人才给以适当官职。

⑧ 毕:齐备,完备。

【译文】

　　琐细小事意味甘美,而大道正理纯正淡泊;眼前事物容易检验,而长远的谋划难以立见成效。不是智慧明达的君子,就无法兼通小事近物与大道远图两者。所以都被甘美的意味所迷惑,而不能体会到淡泊之味;

被容易的事物所迷惑，而不能思虑难以立即见效的事情。因此历代贤明的君主少，昏聩的君主多。所以君主的要务，就在大道正理和长远谋划上了吧？大道正理和长远谋划，说的是仁德足以恩泽众生，慈惠足以体恤百姓，明察足以洞悉四方，智慧足以统辖万物，机变足以应对变故，信义足以增丰财物，威严足以禁止邪恶不法，勇武足以平定祸患变乱。能详尽地听取他人意见，审慎地授任官职，明达盛衰兴亡的根源，通晓治乱安危的分别，这样为君之道就完备了。

夫人君非无治为也，失所先后故也。道有本末，事有轻重，圣人之异乎人者无他焉，盖如此而已矣。鲁庄公容貌美丽①，且多技艺，然而无君才大智，不能以礼防正其母②，使与齐侯淫乱不绝，驱驰道路。故《诗》刺之曰："猗嗟名兮，美目清兮。仪既成兮，终日射侯，不出正兮。展我甥兮。"③下及昭公，亦善有容仪之习，以巫④。其朝晋也，自郊劳至于赠贿⑤，礼无违者。然而不恤国政，政在大夫，弗能取也，子家羁贤而不能用也⑥。奸大国之明禁⑦，凌虐小国，利人之难而不知其私，公室四分，民食其他⑧，思莫在于公，不图其终，卒有出奔之祸。《春秋》书而绝之曰⑨："公孙于齐，次于阳州⑩。"

【注释】

①鲁庄公：原作"鲁桓公"，据其后所引《诗经》之事而改。

②防正：防禁匡正。

③"故《诗》刺之曰"数句：指《诗经·齐风·猗嗟》。故《诗》刺之，毛序云："《猗嗟》，刺鲁庄公也。齐人伤鲁庄公有威仪技艺，然而不能以礼防闲其母，失子之道，人以为齐侯之子焉。"鲁庄公母，为鲁桓公夫人齐国文姜。齐侯，指文姜异母兄齐襄公。文姜与齐

襄公淫乱私通，被鲁桓公发觉，齐襄公将其灌酒后杀死。文姜与齐侯事，见《左传·桓公十八年》《史记·齐太公世家》等。名，指眉额开阔。侯，箭靶。正，箭靶的中心位置。展，实在，真正。甥，姊妹之子。

④亟（jí）：急。

⑤自郊劳至于赠贿：小国之君朝见大国之君，宾客初至，主国之君派遣卿大夫等到国都郊外进行慰劳，宾客离开，主国国君会赠以财物。这里指朝见自始至终的过程。

⑥子家羁：《左传·昭公五年》晋杜预注："庄公玄孙懿伯也。"曾多次向昭公提出有益的建议，但不为昭公所用。

⑦奸：触犯。

⑧公室四分，民食其他：鲁襄公十一年（前562），分公室之军为上、左、右三军，仲孙氏、叔孙氏、季孙氏三家各有其一，各征其军赋。昭公五年（前537），废中军而四分，季孙氏取其二，其余两家各取其一，民众皆谋食于此三家。公室，公家，诸侯国。

⑨绝：竭，尽。这里指竭尽事实，直言不隐。

⑩公孙于齐，次于阳州：事见《春秋·昭公二十五年》。孙，通"逊"，逃遁，逃避。一解"逊"为退让、辞让，即昭公主动让位而去，此解则《春秋》为其讳言，非为直言。

【译文】

有的时候君主不是因没有施政作为而致国家衰亡，是因为失掉了做事的先后顺序。有根本的道理也有无关紧要的道理，有主要的事情也有次要的事情，圣人与常人的不同不在别处，就在于能分清道理事情的本末轻重罢了。鲁庄公容貌俊美，又多有技能，但是没有作为君主的大智大才，不能用礼度来匡正他的母亲，而致使她与齐襄公淫乱私通，往来急切不绝。所以《诗经》讥刺他说："啊，这人眉宇开阔，眼睛美丽清亮。射礼仪式已完成，终日射靶不停息，箭无虚发中靶心。真是我的好外甥。"

到了鲁昭公，也急于修习礼节仪容。他入晋国朝见晋君的时候，从初至晋国国都郊外接受慰劳到最后离开时晋君赠送财物，自始至终都没有违失礼度。但是不顾国家政事，使政令出于大夫，而他不能收回，子家羁如此贤明却不被任用。触犯大国的明法禁令，欺压虐害小国，以他人的祸难来利己却不知道自己已然患难，公室之军四分，民众都在仲孙氏、叔孙氏、季孙氏三家处谋食，民心已不在昭公身上，无人为他图谋善终，所以昭公最终有了逃亡之祸。《春秋》记载并直言其事："昭公逃往到齐国，居住在阳州。"

故《春秋外传》曰："国君者，服宠以为美，安民以为乐，听德以为聪，致远以为明。"①又《诗》陈文王之德曰："惟此文王，帝度其心。貊其德音，其德克明。克明克类，克长克君。王此大邦，克顺克比。比于文王，其德靡悔。既受帝祉，施于孙子②。"心能制义曰度，德政应和曰貊，照监四方曰明，施勤无私曰类，教诲不倦曰长，赏庆刑威曰君，慈和遍服曰顺，择善而从曰比，经纬天地曰文③，如此则为九德之美，何技艺之尚哉？

【注释】

①"故《春秋外传》曰"六句：语见《国语·楚语上》。服宠，即让贤人受宠服（表彰功德之服），指尊崇重用贤人。致远，招徕远方的人，指使远方之人归服。

②"惟此文王"数句：《左传·昭公二十八年》引《诗经·大雅·皇矣》。《诗经》"惟此文王"作"维此王季"。度，法度。貊（mò），清静。类，善，美好。比，亲附。靡，无，没有。施，延及。

③"心能制义曰度"数句：引自《左传·昭公二十八年》。制义，制宜，

裁断适宜。政,《左传》作"正"。貊,《左传》作"莫"。监,《左传》
作"临"。赏庆,奖赏。刑威,刑罚。遍服,全部归服,顺服。

【译文】

所以《春秋外传》说:"作为国君,把能尊崇重用贤能作为美善,把能
安抚百姓作为快乐,把能听从德言作为耳聪,把能使远方的人归服作为
贤明。"又《诗经》陈述周文王的德行说:"就是这位周文王,天帝使文王
之心合于法度。使他的德令教化清静安宁,他的德行能得以彰明。能明
察是非而为善无私,能作为师长也能作为国君。文王统治这样的泱泱大
国,使万民顺从百姓亲附。百姓顺从于文王,因为顺循文王之德行事便
能没有悔憾。已经接受天帝的福佑,也会长久地延及于后世子孙。"心能
合于法度而裁断适宜叫"度",德教清静而民皆应和叫"貊",明察照映四
方叫"明",勤于施政而无偏私叫"类",教导训诲不知疲倦叫"长",奖赏
刑罚分明叫"君",仁慈和蔼使人归服叫"顺",选从善道叫"比",顺从天
地之道治理天下叫"文",文王有此九德之美,又何需尊崇那些细枝末节
的技艺呢?

今使人君视如离娄①,聪如师旷②,御如王良③,射如夷
羿④,书如史籀⑤,计如隶首⑥,走追驷马,力折门键⑦,有此六
者⑧,可谓善于有司之职矣,何益于治乎?无此六者,可谓乏
于有司之职矣,何增于乱乎?必以废仁义,妨道德。何则?
小器弗能兼容⑨,治乱既不系于此⑩,而中才之人所好也。昔
潞酆舒、晋智伯瑶之亡⑪,皆怙其三才⑫,恃其五贤⑬,而以不
仁之故也。故人君多技艺,好小智,而不通于大道者⑭,适足
以距谏者之说,而钳忠直之口也,只足以追亡国之迹,而背
安家之轨也。不其然耶?不其然耶?

【注释】

①离娄：传说为黄帝时人，视力超强，能于百步之外见秋毫之末。

②师旷：春秋晋国乐师，听觉超凡，善辨音律。

③王良：春秋时善于驭马者。

④夷羿：相传羿为尧时善射之人。尧时十日并出，猛兽为害，羿受尧命，上射十日，下射封豨（xī）长蛇，为民除害。其事见于《淮南子·本经训》。"夷羿"有多指，此为一说。

⑤史籀（zhòu）：周宣王的太史，名籀，故称为"史籀"或"太史籀"。著大篆十五篇，故"大篆"又称"籀书""籀文"，因著录于《史籀篇》而得名。然近人王国维认为，"籀""读"二字古音义相同，《史籀篇》乃用首句为篇名，实非人名，可参见王国维《史籀篇叙录》《史籀篇疏证》。

⑥隶首：黄帝史官，始作算数。后亦借指善算数者。

⑦折：清孙诒让云，"折"当作"扚"，或作"招"。然《群书治要》及《喻林》所引皆作"折"。门键：门闩（shuān），即门关上后，横插在门内使门推不开的木棍或铁棍。

⑧六者：以上所述有八种能力，故"六"疑当作"八"，然各本皆作"六"，姑仍其旧。

⑨小器弗能兼容：小器皿无法容纳各方，意指才具小就不能兼备大道与小事。

⑩既：《群书治要》作"又"。

⑪昔潞酆（fēng）舒、晋智伯瑶之亡：原作"昔路丰舒晋知其亡也"，据《群书治要》改。

⑫怙（hù）其三才：酆舒为潞国之相，执政时杀潞国国君子婴兒之夫人，又伤子婴兒之目。子婴兒的夫人为晋景公之姊，晋景公将伐潞。晋国诸大夫劝晋景公不可，因酆舒有出众之才者三，谏说不如等其后任执政再伐潞国。而伯宗言其有五罪，酆舒恃才而不用

德,益增其罪。后晋灭潞,酆舒逃于卫,卫人归其于晋,晋人遂杀之。事见《左传·宣公十五年》。

⑬恃其五贤:智伯瑶为晋智宣子之子,智宣子欲以智伯瑶继承己位,晋大夫智果以为智伯瑶有射御、巧辩等贤于他人者五,而不行仁,若立智伯瑶则智氏将亡。智宣子不听,后智伯瑶果为韩、魏、赵所灭。事见《国语·晋语》《左传·哀公二十七年》《战国策·秦策》等。

⑭道:原作“伦”,清钱培名据《群书治要》改,今从之。

【译文】

如今若使君主视力如离娄,听觉如师旷,驾车如王良,射箭如夷羿,书写如史籀,计算如隶首,奔跑能追上四匹马所拉的车,力量能折断门闩,有这样六种能力,可以说能胜任专司于这些方面的职位了,但对于治理国家有什么益处呢?没有这六种能力,可以说无法胜任这些方面的职位,但又怎么会因此给国家增添混乱呢?沉溺于这些小事,一定会因此废弃仁义,妨害道德。为什么呢?小器量的器皿不能容纳各方,国家的治理和混乱与此小事并无关系,而被中等才能的人所喜好。从前潞国酆舒、晋国智伯瑶的灭亡,都是倚仗三方面出众的才能,五方面超出众人的能力,而不行仁义所致。所以君主注重技能,喜好小智小才,而不通明于大道正理,如此足以拒绝谏诤者的劝谏,而缄禁忠诚正直之人的发言,这只会重蹈亡国的轨迹,而背离使家国安乐的道路。难道不是这样吗?难道不是这样吗?

审大臣第十六

【题解】

贤臣,对于国家的重要性不言而喻,此篇即论人君执邦治国当任用贤人。然大贤不易知,人君当审明清辨,不徒以众人之誉毁而任用抉择,要明辨贤人与俗士。本篇示人君以审大臣之道,然贤人多为贤君所识,故其实质亦是对人君本身提出了较高的要求。

帝者昧旦而视朝廷①,南面而听天下,将与谁为之?岂非群公卿士欤?故大臣不可以不得其人也。大臣者,君之股肱耳目也②,所以视听也,所以行事也。先王知其如是也,故博求聪明睿哲君子,措诸上位③,执邦之政令焉④。执政聪明睿哲⑤,则其事举;其事举,则百僚莫不任其职;百僚莫不任其职,则庶事莫不致其治⑥;庶事莫不致其治,则九牧之民莫不得其所⑦。故《书》曰:"元首明哉,股肱良哉,庶事康哉⑧。"

【注释】

①昧旦:清晨,破晓时分。

②股肱(gōng)耳目:均指在君主左右辅佐。股肱,大腿和胳膊。耳

目,视听见闻。这里指审察了解。

③措:安排,安置。

④执邦之政令焉:《群书治要》"执"上有"使"字。

⑤执政聪明睿哲:清钱培名校云,原脱"聪明睿哲"四字,据《群书治要》补,今据补。

⑥百僚莫不任其职,则庶事莫不致其治:《群书治要》二句皆有"莫不"二字,据补。庶,众多。

⑦庶事莫不致其治,则九牧之民莫不得其所:"莫不"二字据《群书治要》补。九牧,九州,指天下。

⑧"元首明哉"三句:语出《尚书·益稷》。

【译文】

　　帝王清晨临朝理政,居帝位而治理天下,将和谁一起处理政事呢?难道不是诸侯朝臣卿士大夫吗?所以大臣不能不选任合适的人。大臣,是君主的大腿和胳膊、耳朵和眼睛,用来帮助君主审察了解政事,帮助君主施行政事。从前的君主知道这个道理,所以广泛地寻求明理智慧的君子,把他们安排在显达的职位上,掌管国家的政教法令。执政大臣明理智慧,那么各项政事就能得以施行;政事得以施行,那么百官都能称职;百官都能称职,那么众多事务都能得到很好的治理;众多的事务都能得以治理,那么天下的百姓都能得其所宜。所以《尚书》说:"君主圣明啊,大臣贤能啊,万事都安泰啊。"

　　故大臣者,治万邦之重器也①,不可以众誉著也②,人主所宜亲察也。众誉者,可以闻斯人而已。故尧之闻舜也以众誉,及其任之者,则以心之所自见。又有不因众誉而获大贤,其文王乎?畋于渭水边③,道遇姜太公④,幡然皓首⑤,方秉竿而钓。文王召而与之言,则帝王之佐也。乃载之归,以为太师。姜太公当此时，贫且贱矣，年又老矣，非有贵显之举也。其言诚当乎贤君之心，其术诚合乎致平之道⑥。文王之识也，灼然若披云而见日，霍然若开雾而观天⑦，斯岂假之于众人哉？非惟圣然也，霸者亦有之⑧。

【注释】

①重器：大器，比喻能任大事的人。

②众誉：众人的称赞。

③畋（tián）：打猎。

④姜太公：见前注。

⑤皤（pó）然：白貌。多以指须发。皓首：白头。

⑥致平：使国家社会达到和平安定的境界。

⑦"文王之识也"三句：各类书所引小异颇多，然无关大旨，文义皆通，兹不具列，姑仍其旧。灼然，明显的样子。霍然，疾速的样子。

⑧霸者：以武力称霸的诸侯国之长。

【译文】

所以大臣是治理天下的重要人才，不能因为众人的称赞就安置他在高位，君主应该亲自审察选拔。众人的称赞，可以凭借它来听到这个人。所以尧就是因为众人的称赞听说了舜，但到了要任舜为帝的时候，还是根据自己内心所感觉察见的。也有不因为众人的赞誉而获得大贤的，大概就是周文王了吧？周文王在渭水边狩猎，路上遇到了姜太公，姜太公须发皆白，正手持鱼竿钓鱼。周文王将太公请来并同他交谈，发现姜太公实有辅佐帝王之才。于是用车载他而回，任命他为太师。在这个时候，姜太公既贫穷地位又低下，年级又很大了，也没有显贵的人举荐他。但他的言论确实正中了贤明君主的思虑，他的谋略确实顺合于使国家太平安定的方法。周文王识人，其明灼就像拨开云彩而见到太阳，其迅疾就像扫清迷雾而得见青天，这难道是依靠众人做到的吗？不仅仅是圣王这样，称霸的诸侯国君也有如此的。

昔齐桓公夙出，宁戚方为旅人，宿乎大车之下，击牛角而歌，歌声悲激，其辞有疾于世。桓公知其非常人也，召而与之言，乃立功之士也。于是举而用之，使知国政①。凡明君之用人也，未有不悟乎己心，而徒因众誉也。用人而因众誉焉，斯不欲为治也，将以为名也。然则见之不自知，而以众誉为验也，此所谓效众誉也，非所谓效得贤能也。苟以众誉为贤能，则伯鲧无羽山之难，而唐、虞无九载之费矣②。圣人知众誉之或是或非，故其用人也，则亦或因或独，不以一验为也，况乎举非四岳也③，世非有唐、虞也。大道寝矣④，邪说行矣，臣已诈矣，民已惑矣。非有独见之明，专任众人之誉，不以己察，不以事考，亦何由获大贤哉！

【注释】

①"昔齐桓公夙出"数句：宁戚，春秋时卫国人，曾以家贫为人挽车喂牛。至齐，喂牛于车下，扣牛角而歌。齐桓公以为非常之人，召而拜为上卿。事见《吕氏春秋·举难》《晏子春秋·内篇问下四》等。知，主持，执掌。

②伯鲧（gǔn）无羽山之难，而唐、虞无九载之费：鲧因四岳举荐而奉尧命治水，尧试其九年，然水未治，后被舜流放羽山。事见《尚书·尧典》及《舜典》。伯，爵位。鲧，禹的父亲。

③四岳：四岳举荐鲧治水，见前注。

④寝：湮没不彰，隐蔽不闻。

【译文】

从前齐桓公早起出行，宁戚这时正是一个因商旅奔走在外的人，睡在大车的下面，他敲击着牛角歌唱，歌声悲戚激越，歌词愤世嫉俗。齐桓公知道他是一个不同寻常的人，请他过来并与他交谈，发现他是一个能建功立业的人。于是提拔任用他，让他主持国家政事。凡是贤明的君主任用人才，没有自己内心不明察而仅仅根据众人赞誉的。根据众人的赞誉任用人才，这不是为了治理国家，而是为了求得名声。这样说来看见人才自己却不了解他，而把众人的赞誉作为验证，这叫效法众人的赞誉，而不是效法明君以获得贤能。如果把众人赞誉的人当作贤能，那么鲧也不会有流放羽山的祸难，而尧、舜也不会耗费九年来让他治水。圣人知道众人的赞誉有的正确有的错误，所以圣人任用人才，既是根据众人的赞誉又会独有己见，不会单独由众人的赞誉所决定，况且举荐的人没有四岳贤能，世上也没有如尧、舜一般的明主。大道湮没不彰了，邪谬之说盛行起来了，臣下变的诈伪了，民众变得困惑了。没有见人所不能见的洞彻明察，用人时专信众人的赞誉，不经过自己观察，不考察他如何行事，又从何处来获得大贤之才呢！

且大贤在陋巷也，固非流俗之所识也，何则？大贤为行也，衰然不自见①，偭然若无能②，不与时争是非，不与俗辩曲直，不矜名③，不辞谤，不求誉，其味至淡，其观至拙。夫如是则何以异乎人哉？其异乎人者，谓心统乎群理而不缪，智周乎万物而不过，变故暴至而不惑，真伪丛萃而不迷④。故其得志，则邦家治以和，社稷安以固⑤，兆民受其庆⑥，群生赖其泽，八极之内同为一⑦，斯诚非流俗之所豫知也⑧。不然，安得赫赫之誉哉⑨？其赫赫之誉者，皆形乎流俗之观，而曲同乎流俗之听也⑩？君子固不然矣。

【注释】

①裒（póu）然：谦逊的样子。

②儽（léi）然：颓丧破败的样子。

③矜名：崇尚名声。

④丛萃：聚集。

⑤社稷：古代帝王、诸侯所祭的土神和谷神，亦用以代指国家。社，
　　土神。稷，谷神。

⑥兆民：这里泛指民众、百姓。与下句"群生"同指。庆：善，福泽。

⑦八极：八方极远之地。此指天下。

⑧豫知：事先知道。

⑨赫赫：显赫盛大的样子.

⑩曲：周遍，尽。

【译文】

　　而且大贤之人身处简陋街巷的时候，本就不是那些凡俗平庸之人可
以发现的，为什么呢？大贤之人的行为，谦逊而不自彰，丧败就像没有才
能，不与俗世争论是非，不与俗士辩说曲直，不崇尚名声，不躲避毁谤，
不求取赞誉，他的志趣至为淡泊，他的容貌至为朴拙。既然像这样，那他
与其他人又有什么不同呢？大贤之人与其他人不同的地方在于，他的内
心能总合各种道理而没有谬误，他的智慧遍知万物而没有过失，事故突
发时不会惑乱，真假掺杂时不会迷惑。所以大贤之人如果能得行其志，
那么国家就会清平和谐，社稷就会安定稳固，民众承获他的福泽，百姓依
赖他的恩惠，天下同为一体，这确实不是那些凡俗平庸之人所能预知的。
若非如此，大贤之人怎么能有如此显赫的声誉呢？难道能有显赫声誉的
大贤之人，显露出来的都能洽合于凡俗平庸之人所能看到的，都尽合于
凡俗平庸之人所能闻知的吗？君子当然不是这样的。

　　昔管夷吾尝三战而皆北，人皆谓之无勇；与之分财取

多，人皆谓之不廉；不死子纠之难，人皆谓之背义。若时无鲍叔之举，霸君之听，休功不立于世，盛名不垂于后，则长为贱丈夫矣[1]。鲁人见仲尼之好让而不争也，亦谓之无能，为之谣曰："素鞸羔裘，求之无尤。黑裘素鞸，求之无戾。"[2]夫以圣人之德，昭明显融[3]，高宏博厚，宜其易知也，且犹若此，而况贤者乎？以斯论之，则时俗之所不誉者，未必为非也；其所誉者，未必为是也。故《诗》曰："山有扶苏，隰有荷华。不见子都，乃见狂且[4]。"言所谓好者非好，丑者非丑，亦由乱之所致也，治世则不然矣。叔世之君生乎乱[5]，求大臣，置宰相，而信流俗之说，故不免乎国风之讥也。而欲与之兴天和[6]，致时雍[7]，遏祸乱，弭妖灾[8]，无异策穿蹄之乘[9]，而登太行之险，亦必颠踬矣[10]。故《书》曰："股肱惰哉，万事堕哉[11]。"此之谓也。

【注释】

① "昔管夷吾尝三战而皆北"数句：《史记·管晏列传》载："管仲曰：'吾始困时，尝与鲍叔贾，分财利多自与，鲍叔不以我为贪，知我贫也。吾尝为鲍叔谋事而更穷困，鲍叔不以我为愚，知时有利不利也。吾尝三仕三见逐于君，鲍叔不以我为不肖，知我不遭时也。吾尝三战三走，鲍叔不以我怯，知我有老母也。公子纠败，召忽死之，吾幽囚受辱，鲍叔不以我为无耻，知我不羞小节而耻功名不显于天下也。生我者父母，知我者鲍子也。'"管夷吾，即管仲。见前注。北，败。霸君，称霸的诸侯国君。这里指齐桓公。休功，宏伟美盛的功业。

② "鲁人见仲尼之好让而不争"数句：事见《吕氏春秋·乐成》，其所

　　载歌谣之辞与此有异。歌谣意指孔子没有什么特异也没有什么
　　过失,指他十分平庸。素韠(bì),白色的蔽膝。韠,同"韠",蔽膝。
　　羔裘,即"黑裘",用紫羔羊毛制的皮衣,为诸侯、卿、大夫的朝服,
　　因紫羔毛色淡黑,毛根紫,故其所制皮裘名"黑裘"。求,询问。尤,
　　特异,不同。戾,乖张,违逆。

③显融:显明,显著。

④"山有扶苏"四句:语出《诗经·郑风·山有扶苏》。扶苏,亦作"扶
　　胥",树名。小木。隰(xí),低湿的地方。荷华,即荷花。子都,古
　　美男子之名。狂,行动轻狂的人。且,句末语助词。

⑤叔世:衰乱的时代。

⑥天和:天地之和气,自然和顺之理。

⑦时雍:亦作"时邕",和熙。

⑧弭(mǐ):止。妖灾:古代指天时、物类的反常现象。

⑨穿蹄:马行日久,蹄铁被磨穿,也喻疲惫。乘:车。

⑩颠踬(zhì):倒仆,下跌。

⑪股肱惰哉,万事堕(huī)哉:语出《尚书·益稷》(汉时《益稷》在《皋
　　陶谟》中未被分出)。原作"肱股堕哉,万事隳哉",据《尚书·益稷》
　　及《四库全书》本改。堕,荒废。

【译文】

　　从前管仲曾经三战三败,人们都说他不勇敢;与人分财物时自己取
多数,人们都说他不廉洁;公子纠遭难后不随之殉节,人们都说他背信弃
义。如果当时没有鲍叔牙的举荐,没有齐桓公的听任,管仲宏伟的功业
便不得建立于世间,盛大的名声也不会流传于后世,那么就只能长久地
做一个地位卑下的人了。鲁国人看见孔子谦让而不争,也说他无能,而
且写歌谣说:"穿着白色蔽膝和紫羔所制皮衣的人,问他没有什么特异。
穿着紫羔所制皮衣和白色蔽膝的人,问他也没有什么违逆。"以圣人的
德行,如此昭彰显明,崇高深广,应该很容易被人所知,但情况尚且如此,

又何况贤人呢？这样说来，世俗所不赞誉的，不一定就不好；世俗所赞誉的，也不一定就好。所以《诗经》说："高山之上有扶苏小木，低洼湿地有荷花。没有见到美男子子都，却见到了一个狂丑之人。"说的就是所谓的美善不是真正的美善，所谓的丑陋不是真正的丑陋，这也是由于世道混乱造成的，安定太平的盛世就不是这样了。衰乱时代的君主出生在世道混乱的时候，求任大臣，置立宰相都信从世俗的说法，所以不免被各国民间歌谣讽刺。而衰世之君想要与这样的大臣一同兴隆天地和顺之理，使世道和悦，遏止祸乱，消除异常，这无异于驾驭着蹄铁已被磨穿而疲惫至极的马所拉的车，登上了太行山的险径，这样肯定会翻车。所以《尚书》说："肱股大臣懈怠了，万事就荒废了。"说的就是这样的情况。

　　然则君子不为时俗之所称①？曰孝悌忠信之称也，则有之矣，治国致平之称则未之有也。其称也，无以加乎习训诂之儒也②。夫治国致平之术，不两得其人，则不能相通也。其人又寡矣，寡不称众③，将谁使辨之？故君子不遇其时，则不如流俗之士声名章彻也④。非徒如此，又为流俗之士所裁制焉，高下之分，贵贱之贾⑤，一由彼口，是以没齿穷年⑥，不免于匹夫。昔荀卿生乎战国之际⑦，而有睿哲之才，祖述尧、舜⑧，宪章文、武，宗师仲尼，明拨乱之道，然而列国之君，以为迂阔不达时变⑨，终莫之肯用也。至于游说之士⑩，谓其邪术⑪，率其徒党⑫，而名震乎诸侯。所如之国，靡不尽礼郊迎⑬，拥篲先驱⑭，受赏爵为上客者，不可胜数也。故名实之不相当也，其所从来尚矣⑮，何世无之？天下有道，然后斯物废矣。

【注释】

①然则君子不为时俗之所称：清钱培名校云，句末似有脱字。

②训诂：对古书字句解释。这里意指那些俗儒拘泥于对经义文句的解释，而忽略治国致平的大道。

③称：胜。

④章彻：显著，广泛流传。

⑤贾：同"价"。

⑥没齿：终身。

⑦荀卿：荀子，名况，战国赵人。见前注。

⑧祖述：效法，遵奉。与其后"宪章""宗师"义相近。

⑨迂阔：不切合实际。

⑩游说之士：战国时周游列国、劝说君主采纳其政治主张的纵横策士。

⑪谓其邪术：一作"讲其邪僻"。清钱培名校云，"谓"字当误。

⑫徒党：门徒，党羽。

⑬郊迎：古代出郊迎宾，以示隆重尊敬。

⑭拥篲（huì）：亦作"拥彗"，执帚以扫除清道，古人迎候宾客，常拥篲以示敬意。先驱：前行开路。

⑮尚：一作"久"。按，"尚"亦有久远之义。

【译文】

这么说来，君子就不会被世俗所称誉了吗？回答是世俗对于君子孝悌忠信的称誉是有的，但对君子能治理国家而致使世道太平的称誉还没有。且世俗对于君子的称誉，不会超过对那些熟知训诂名物的俗儒的称誉。治理国家使世道太平的方法，不能同时有贤能之士与贤明之君，否则就无法得以施行。贤能之士与贤明之君又很少，贤能的人少而平庸的人多，那么让谁来辨明贤能呢？所以君子若不逢其时，那么反而不如平庸之士的声名显著。不仅如此，君子还会受到平庸之士的抑制约束，才智的高下，身价的贵贱，全都由他们说了算，所以终其一生都不能免于平民之身。从前荀子出生在战国之时，有聪慧之才，遵奉尧、舜，效法周文王、周武王，尊孔子为师，通晓治乱反正之道，然而各国的君主认为他不切实际、不通时变，终究没有人肯任用他。至于那些游说各国的纵横说客，宣说他们邪僻的学说，率领他们的门徒党羽，名震诸侯。所到之国，没有不以最隆重的礼节到郊外迎接他们，为他们清道引路的，这些人接受官爵的封赏成为贵客，类似的情况多得不可胜数。所以名与实不相符的情况，由来已久了，什么时代没有呢？如果天下政治清明，那么这种名实不相称的情况就会废止不行了。

慎所从第十七

【题解】

慎所从，指谨慎地选择听从。此篇以多方史实，论人君为政一定要谨慎地选择听从。本篇论辨了几种似是而非的言论，昭示人君需唯善是从，而非唯人是从或唯顺是从。然而从人甚易而知策甚难，这亦是对君主本身提出的极高的要求，其立意与前篇同。

夫人之所常称曰："明君舍己而从人，故其国治以安；暗君违人而专己①，故其国乱以危。"乃一隅之偏说也②，非大道之至论也。凡安危之势，治乱之分，在乎知所从，不在乎必从人也。人君莫不有从人，然或危而不安者，失所从也；莫不有违人，然或治而不乱者，得所违也。若夫明君之所亲任也③，皆贞良聪智，其言也，皆德义忠信，故从之则安，不从则危；暗君之所亲任也，皆佞邪愚惑，其言也，皆奸回谄谀④，从之安得治，不从之安得乱乎？昔齐桓公从管仲而安，二世从赵高而危⑤，帝舜违四凶而治⑥，殷纣违三仁而乱⑦。故不知所从，而好从人，不知所违，而好违人，其败一也。孔子曰："知不可由，斯知所由矣⑧。"

【注释】

①暗君：昏昧的君主。专己：固执己见，独断专行。

②一隅：一个角落。这里指事物的一个方面。偏说：偏颇、片面的言论说法。

③亲任：亲近信任。

④奸回：奸恶邪僻。

⑤二世从赵高而危：秦二世胡亥继位，听信内官赵高，严刑酷法，诛害大臣，赋役繁重，统治残暴。后天下起义，国势危亡，二世欲责赵高，高惧，与婿谋，乃使其婿阎乐杀二世，二世被逼自杀。事见《史记·秦始皇本纪》。

⑥四凶：见前注。

⑦三仁：指殷末的微子、箕子、比干三位仁人。见前注。

⑧知不可由，斯知所由矣：清孙星衍《孔子集语·论政》所引孔子此语首见于《中论》。

【译文】

人们常说："圣明的君主放弃自己的意见而听从他人的意见，所以他的国家政治清明而社会安定；昏昧的君主不听从他人的意见而固执己见，所以他的国家政治昏乱而动荡不安。"这是偏颇片面的说法，不是合乎大道精深至善的正论。大抵社会安宁与动荡的形势，政治清明与昏乱的分别，在于君主知道应该听从什么，而不在于一定要听从他人。没有完全不听从他人意见的君主，然而听从了有时却致使社会动荡不安，这是因为听从了不应该听从的；也没有完全不违背他人意见的君主，然而不听从有时却能使社会安定不乱，这是因为违背了该违背的。如果那些贤明的君主亲近信任的都是忠正贤良、聪明睿智的人，他们所发出的是仁德道义、忠诚信实的言论，那么君主听从了国家就会安定，不听从国家就会动荡；昏昧的君主亲近信任的都是奸佞邪恶、愚昧迷乱的人，他们所发出的是奸恶邪僻、谄媚阿谀的言论，那么君主听从了又怎么能使国家安定，不听从又哪里会使国家混乱呢？从前齐桓公听从管仲而使国家安定，秦二世听从赵高而使秦朝危亡，虞舜违背四凶而使天下得治，殷纣王违背三位仁人的意见而致天下大乱。所以不知道应该听从什么而喜欢听从他人的意见，不知道应当违背什么而喜欢违背他人的意见，其败坏事情的结果是一样的。孔子说："知道不能以某种方式去做，这也就知道了该以什么样的方式去做。"

夫言或似是而非实，或似美而败事，或似顺而违道，此三者，非至明之君不能察也。燕昭王使乐毅伐齐①，取七十余城，莒与即墨未拔。昭王卒，惠王为太子时，与毅不平，即墨守者田单纵反间于燕②，使宣言曰："王已死。城之不拔者二耳③。乐毅与新王有隙，惧诛而不敢归。外以伐齐为名，实欲因齐人未附，故且缓即墨以待其事④。齐人所惧，惟恐他将之来，即墨残矣。"惠王以为然，使骑劫代之，大为田单所破⑤。此则似是而非实者也。

【注释】

①乐毅：战国时燕国将领，中山灵寿（今河北灵寿）人。魏将乐羊后裔。好习兵书，自魏入燕，燕昭王任为亚卿。燕昭王二十八年（前287），领燕、赵、魏、楚、韩五国联军伐齐，先后攻下七十余城，因功封于昌国，号昌国君。燕惠王即位，中齐反间计，改用骑劫为将，乐毅出奔赵国，被封于观津，号望诸君，后死于赵国。其事见于《史记·乐毅列传》。

②反间：此指潜入敌方刺探机密情报，进行扰乱颠覆活动的人，即间谍、细作。

③二：原作"三"，上文言唯"莒与即墨"未破，故当作"二"，《史

记·乐毅列传》及《四库全书》本皆作"二",今据改。

④且:暂且。

⑤大为田单所破:以上事见《史记·燕召公世家》及其《乐毅列传》
《田单列传》等。

【译文】

有的言论看似正确却不合事实,有的言论看似美好却会坏事,有的言论看似遂顺却违背正道,这三种言论,不是最为贤明的君主是无法明察的。燕昭王让乐毅攻打齐国,夺取了七十多个城邑,只有莒城与即墨城未被攻陷。燕昭王死,燕惠王即位,燕惠王还是太子的时候,与乐毅有所不和,即墨城的守城之人田单就发派间谍到燕国,让他们散布谣言说:"燕昭王已死。没有被攻取的城邑只有两座了。乐毅和新国君有嫌隙,害怕被杀而不敢回国。表面上以攻打齐国为名,实际上是趁着齐国人还未完全归附,故意暂缓攻打即墨以等待时机。齐国人所惧怕的,只是害怕燕国派遣其他将领到来,那样的话即墨城就要被攻陷了。"燕惠王信以为真,派遣骑劫代替乐毅为将领兵,结果田单大破燕军。这就是看似正确却不合于事实的言论。

燕相子之有宠于王①,欲专国政,人为之言于燕王哙曰:"人谓尧贤者,以其让天下于许由也②。许由不受,有让天下之名,而实不失天下。今王以国让于相子之,子之必不敢受,是尧与王同行也。"燕哙从之,其国大乱。此则似美而败事者也。齐景公欲废太子阳生,而立庶子荼,谓大夫陈乞曰:"吾欲立荼,如何?"乞曰:"所乐乎为君者,欲立则立之,不欲立则不立。君欲立之,则臣请立之。"于是立荼③。此则似顺而违道者也。

【注释】

①燕相子之有宠于王:燕王哙曾让位于宰相子之,致燕国大乱。事
见《史记·燕召公世家》《战国策·燕策》等。

②让天下于许由:尧让天下于许由,许由不受。事见《庄子·逍遥游》
及《让王》。

③"齐景公欲废太子阳生"数句:齐景公废立太子事,见《公羊传·哀
公六年》《史记·齐太公世家》等。庶子,指嫡子以外的众子,亦
指妾所生之子。荼,《公羊传》作"舍"。

【译文】

燕国的宰相子之深受燕王哙的宠幸,想要专权国政,有人为他对燕
王哙说:"人们都说尧贤明,是因为他曾把天下让给许由。许由不接受,
于是尧就有了让天下的美名,而实际上没有失去天下。如今大王您把
国家让给宰相子之,子之一定不敢接受,这样大王您就能与尧相同了。"
燕王哙听从了,结果使燕国大乱。这就是看似美好却会坏事的言论。齐
景公想废太子阳生,而立庶子荼,对大夫陈乞说:"我想立荼为太子,怎么
样?"陈乞回答说:"人们之所以乐意当国君,就是因为国君想立谁就立
谁,不想立谁就不立谁。国君您想立荼为太子,那么我就请您立荼为太子
吧。"于是齐景公立荼为太子。这就是看似顺从自己实则违背正道的言论。

　　且夫言画施于当时①,事效在于后日。后日迟至,而当
时速决也。故今巧者常胜,拙者常负,其势然也。此谓中主
之听也②。至于暗君,则不察辞之巧拙也,二策并陈,而从其
顺己之欲者。明君不察辞之巧拙也,二策并陈,而从其致己
之福者。故高祖、光武③,能收群策之所长,弃群策之所短,
以得四海之内而立皇帝之号也④。吴王夫差、楚怀王、襄王,
弃伍员、屈平之良谋,收宰嚭、上官之谀言,以失江、汉之地,
而丧宗庙之主⑤。此二帝三王者,亦有从人,亦有违人,然而

成败殊驰，兴废异门者，见策与不见策耳⑥。不知从人甚易，而见策甚难。夷考其验⑦，斯为甚矣。

【注释】

①画：谋划，筹划。

②中主：中等才德的君主。

③高祖：汉高祖刘邦，西汉王朝的建立者。其事见于《史记·高祖本纪》。光武：汉光武帝刘秀，汉高祖刘邦九世孙，东汉王朝的建立者。其事见于《后汉书·光武帝纪》。

④皇帝之号：秦始皇一统天下，自以德兼三皇、五帝，而自称"皇帝"。汉高祖与光武帝并为两汉开国之君，以建国之鸿业因沿"皇帝"之号，这里与在位国君泛称"皇帝"有所不同。

⑤"吴王夫差、楚怀王、襄王"五句：伍员力谏吴王夫差拒越求和而伐之，吴王不听，太宰嚭（pǐ）因谮之，吴王遂赐伍员剑让他自刎。事见《史记·伍子胥列传》及《吴太伯世家》。楚怀王、襄王，指楚怀王和楚顷襄王。伍员，即伍子胥。屈原，名平。楚怀王时上官大夫与屈原同列，争宠而心害其能，因谮之，怀王怒而疏屈原，听信谗佞，后兵挫地削，客死于秦。顷襄王即位，令尹子兰使上官大夫又谗毁屈原，致其免职而放逐江南，楚郢都破后，屈原身投汨罗而死，其后楚地日削，数十年便为秦所灭。事见《史记·楚世家》及《屈原贾生列传》。"襄王"原脱"王"字，据《四库全书》本补。丧宗庙之主，指国亡而宗庙废。主，指祭祖的牌位。

⑥见：知晓，了解。

⑦夷考：考察。

【译文】

　　况且言论谋划施行在当时，事情的成效要在以后才能见到。在以后很晚才见效，而在当时却要很快做出决断。所以现在巧言善辩的人常常获胜，拙于言辞的人常常失败，这是情势所必然的。这是指中等才德的君主对言论的听从。那些昏昧的君主，就不论言辞的巧与拙，两种谋略摆在面前，会选择能顺从自己意愿的那一种。贤明的君主也不论言辞的巧与拙，两种谋略摆在面前，会选择能给自己带来福惠的那一种。所以汉高祖、汉光武帝，能博采各种谋略的长处，抛弃它们的短处，所以能一统天下建立国家而号称皇帝。吴王夫差、楚怀王、顷襄王，抛弃伍员、屈原良好的谋略，听取太宰嚭、上官大夫阿谀谄媚之言，以致失去了长江、汉水附近的大片国土，而丧失了宗庙的祖宗牌位。这两位皇帝、三位国君，既有听从他人意见的，也有违背他人意见的，但是成败截然相反，兴亡各不相同，就是因为知晓谋略与不知晓谋略的缘故。殊不知听从他人的意见很容易，而知晓谋略的是非优劣是很难的。考察这些事情的效验，这样的验证是很多的。

问曰："夫人莫不好生而恶死，好乐而恶忧。然观其举措也，或去生而就死，或去乐而就忧，将好恶与人异乎？"曰："非好恶与人异也，乃所以求生与求乐者失其道也。譬如迷者，欲南而反北也。今略举一验以言之。昔项羽既败，为汉兵所追，乃谓其余骑曰：'吾起兵至今八年，身经七十余战，所击者服，遂霸天下。今而困于此，此天亡我，非战之罪也①！'斯皆存亡所由，欲南反北者也。夫攻战，王者之末事也，非所以取天下也。王者之取天下也，有大本，有仁智之谓也。仁则万国怀之②，智则英雄归之。御万国，总英雄，以临四海③，其谁与争？若夫攻城必拔，野战必克，将帅之事也。羽以小人之器④，暗于帝王之教，谓取天下一由攻战，矜勇有力，诈虐无亲，贪啬专利，功勤不赏⑤。有一范增，既不能用，又从而疑之，至令愤气伤心，疽发而死⑥。豪杰背叛，谋士违离，以至困穷，身为之虏⑦，然犹不知所以失之，反瞋目溃围⑧，斩将取旗，以明非战之罪，何其谬之甚欤！高祖数其十罪，盖其大略耳。若夫纤介之失⑨，世所不闻，其可数哉？且乱君之未亡也⑩，人不敢谏，及其亡也，人莫能穷。是以至死而不寤⑪，亦何足怪哉！"

【注释】

①"昔项羽既败"数句：项羽，名籍，字羽，下相（今江苏宿迁）人。楚国贵族出身。秦末与叔父项梁起兵反秦，在钜鹿击败秦军主力，西进入关。秦亡后，自立为西楚霸王，并大封诸侯王。后在楚汉战争中被刘邦打败，最后被围于垓下，突围至乌江，自刎而死。其事见《史记·项羽本纪》《汉书·项籍传》等。

②怀：归向。

③临：监视，监临，引申为统治、治理。

④小人：这里指识见浅狭的人。器：才识，度量。

⑤功勤：功劳。

⑥"有一范增"五句：范增，秦末居鄛（今安徽桐城）人。本为布衣，善于谋略。秦末起义时归附项梁，建议立楚王后裔熊心为楚怀王。后随项羽，充任谋士，辅佐其称霸诸侯，项羽尊他为"亚父"。范增曾屡劝项羽杀刘邦，不听，后项羽中刘邦反间计而疑范增，范增愤然而归，途中疽发于背而死。事见《史记·项羽本纪》及《高祖本纪》。疽（jū），毒疮。

⑦虏：俘获。这里应是指项羽自刎后，汉军获其身躯首级。

⑧瞋（chēn）目：睁大眼睛，瞪着眼睛。溃围：突破包围。

⑨纤介：亦作"纤芥"，细微，细小。

⑩乱君：昏庸无道的君主，暴君。

⑪寤：醒悟。

【译文】

有人问："人没有不爱惜生命而厌憎死亡，喜好安乐而厌憎忧患的。但是看他们的举动，有的人背离生路而接近死地，有的人抛弃安乐而自寻忧患，难道是他们的好恶和别人不同吗？"回答说："不是他们的好恶与别人不同，而是他们用以谋求生路和追求安乐的方法偏离了正道。比如迷路的人，想要往南去却反而向北走。现在我简单地举一个已经得以验证的例子来说明这个道理。从前项羽兵败，被刘邦的军队追上，于是对剩下的骑兵说：'我从起兵到现在已经有八年了，亲身经历了七十多场战役，被我攻伐的无一不归服于我，于是我便称霸于天下。现在被围困在这里，这是天要灭我，不是因为我用兵作战不利啊！'这其中有项羽存亡的原因，他就像那些想要往南去却反而向北走的人。攻伐战争，对于君王来说是无关紧要的小事，他们不是用攻战来取得天下的。君王取得天下有其根本，说的就是有仁德与有智慧。有仁德那么天下万国都会归附，有智慧那么天下英雄都会归服。君王统御万国，总领英雄，以统治四海，又有谁能与他相争呢？至于攻城就一定能夺取城池，交战于旷野就一定能克敌制胜，这只是将帅的事情。项羽有一介匹夫的粗浅鄙陋的才识，却不明身为帝王的政德教化，自以为夺取天下完全可以凭借攻伐战争，自恃勇武有力，欺诈暴虐而不亲睦于人，贪得吝啬且独权占利，有功而不奖赏。有一个谋士范增，既已不再重用，随后又怀疑他有二心，最终致使范增愤恨伤心，背生毒疮而死。以至于俊雄豪杰背叛，谋士远离，而到了艰难窘迫，被敌军俘获的地步，然而仍旧不知道他自己失败的原因，反而瞋目突围，斩杀敌将夺取敌旗，来说明不是自己用兵不利，竟已荒谬到了如此地步！汉高祖历数他的十条罪状，只是取其大概罢了。至于那些细小的过失，世人所不得而知的，又怎么能数的清呢？况且昏庸暴虐之君在尚未败亡的时候，人们都不敢诤谏，等到他败亡了，人们又不能详究其原因。因此那些昏庸暴虐的君王到死都不能醒悟，又有什么好奇怪的！"

亡国第十八

【题解】

此篇以三代、春秋、战国至两汉的史实，论说亡国是因为不用贤人，指出君主求贤正道不必远求，亦不可强求，修明己身而贤人自会归服。《孟子·告子下》曰："虞不用百里奚而亡，秦穆公用之而霸。不用贤则亡。"《韩诗外传》卷五："无常安之国，无宜治之民。得贤则昌，失贤则亡。自古及今，未有不然者也。"诚其理也。

凡亡国之君，其朝未尝无致治之臣也[1]，其府未尝无先王之书也，然而不免乎亡者，何也？其贤不用，其法不行也。苟书法而不行其事，爵贤而不用其道，则法无异乎路说[2]，而贤无异乎木主也[3]。

【注释】

①致治之臣：指贤臣。致治，使国家政治清平安定。

②路说：这里指街谈巷议，无稽的闲聊。

③木主：木制的祭祀牌位。又称"神主"。

【译文】

大抵亡国的国君，他的朝堂上不是没有善于治国的贤臣，他藏书的府库中也不是没有先王治国的法典,然而避免不了国家灭亡的结果,为什么呢? 是因为他不重用贤人,不推行先王法度。如果只把先王的法度记载下来而不按照法度行事,只授爵任命贤人而不采用他的治国之道,那么先王的法度和路边的街谈巷说没有什么区别,而贤人和被供奉起来的神主牌位也没有什么区别了。

　　昔桀奔南巢①,纣踣于京②,厉流于彘③,幽灭于戏④。当是时也,三后之典尚在⑤,良谋之臣犹存也。下及春秋之世,楚有伍举、左史倚相、右尹子革、白公子张⑥,而灵王丧师⑦;卫有太叔仪、公子鱄、蘧伯玉、史鳅⑧,而献公出奔⑨;晋有赵宣子、范武子、太史董狐⑩,而灵公被杀⑪;鲁有子家羁、叔孙婼⑫,而昭公野死⑬;齐有晏平仲、南史氏⑭,而庄公不免弑⑮;虞、虢有宫之奇、舟之侨⑯,而二公绝祀⑰。由是观之,苟不用贤,虽有无益也。

【注释】

①桀奔南巢:夏桀暴虐荒淫,汤起兵伐桀,败之于鸣条,流死于南巢。事见《史记·夏本纪》。

②纣踣(bó)于京:周武王伐殷纣王,败纣于京郊牧野,纣返京城,登鹿台,投火而死。事见《史记·殷本纪》。踣,败亡,死亡。

③厉流于彘(zhì):周厉王暴虐,民有敢非议者皆杀之,谏而不听,后国人叛,流厉王于彘。事见《史记·周本纪》《国语·周语上》等。

④幽灭于戏:周幽王宠褒姒,生伯服,用佞臣虢石父,废申后及太子宜白,立伯服,申后之父申侯联合犬戎攻幽王,杀之于骊山。事见《史记·周本纪》。戏,一说指戏水,在今陕西临潼东三十里。源出骊山,北流经古戏亭东,又北入渭。可参见《读史方舆纪要》卷

五三《西安府临潼县》。

⑤三后之典：指夏禹、商汤、周文王三代的典籍。后，君主。

⑥伍举：伍子胥祖父，以直谏见称。曾因楚灵王会盟斜骄、修章华之台而谏。其事见于《史记·伍子胥列传》《史记·楚世家》《国语·楚语上》等。左史倚相：楚灵王称为楚之良史官，其事见于《左传·昭公十二年》。其人谏王之事则不详。右尹子革：一说此处"右尹"为复姓，一说为楚国独设之官。右尹子革曾因楚灵王欲求周室之鼎而赋诗以谏。其事见于《国语·楚语上》。白公子张：曾因楚灵王暴虐而谏，王不听，白公子张遂退而闭门不出。其事见于《国语·楚语上》。

⑦灵王丧师：楚公子比自晋归楚，趁楚灵王率师伐徐，身在乾溪之时，夺取楚国政权，杀太子而自立，后派人以言瓦解灵王之军，楚军溃败，灵王自缢而死。事见《左传·昭公十三年》《国语·楚语上》《史记·楚世家》等。

⑧太叔仪：姬仪，卫国大夫，卫文公姬毁第三子。其事见于《左传·襄公十四年》。公子鱄（liàn）：卫献公同母弟。其事见于《左传·成公七年》。蘧（qú）伯玉：名瑗，求进甚急，且善于改过。其事见于《淮南子·原道训》《左传·襄公十四年》等。史鳅（qiū）：名鱼，数荐蘧伯玉于卫灵公。其事见于《韩诗外传》《左传·襄公十四年》等。

⑨献公出奔：卫献公约孙文子、宁惠子二卿共食而失信，且无礼相待，二子怒。后孙文子杀卫献公所派结盟求和之人，卫献公出逃至齐国。事见《左传·襄公十四年》。

⑩赵宣子：即赵盾，"宣"为谥号。其事见于《左传·文公六年》《史记·晋世家》等。范武子：即晋国大夫范会。其事见于《国语·周语中》。董狐：晋国史官，以记事不讳称。其事见于《左传·宣公二年》。

⑪灵公被杀：晋灵公幼年继位，年长后喜好声色，不行君道，残暴无

度,以重税满足奢侈之欲,致使民不聊生。赵盾、范会屡次劝谏而不听,欲杀赵盾,赵盾逃亡而未离国境。后赵盾之弟赵穿袭杀晋灵公,迎归赵盾。太史董狐书其事曰:"赵盾弑其君。"赵盾曰:"不然。"董狐对曰:"子为正卿,亡不越竟,反不讨贼,非子而谁?"宣子曰:"呜呼!诗自'我之怀矣,自诒伊戚',其我之谓矣!"孔子曰:"董狐,古之良史也,书法不隐。赵宣子,古之良大夫也,为法受恶。惜也,越竟乃免。"事见《左传·宣公二年》。

⑫子家羁:鲁庄公玄孙懿伯,谏昭公而不听。其事见于《左传·昭公五年》。叔孙婼(chuò):即叔孙昭子,叔孙豹之子,赏罚无私。其事亦见于《左传·昭公五年》。

⑬昭公野死:鲁昭公时,政令出于仲孙、叔孙、季孙三家。后昭公伐季孙氏,叔孙氏派司马鬷救援之,昭公逃亡至齐国,后又至晋国,客死于晋国之乾侯。事见《左传·昭公二十五年》《史记·鲁周公世家》等。

⑭晏平仲:即晏婴,字仲,谥平。机智务实,善与人交。其事见于《史记·管晏列传》。南史氏:齐庄公时史官,直笔而不惧死。其事见于《左传·襄公二十五年》。

⑮庄公不免弑:齐庄公与大夫崔杼(崔武子)之妻私通,屡至崔家,以崔杼之冠帽赐于人,后齐庄公为崔杼所杀。事见《左传·襄公二十五年》。

⑯宫之奇:虞国大夫。其事见于《左传·僖公二年》。舟之侨:虢(guó)国大夫。其事见于《左传·闵公二年》。

⑰二公绝祀:虢公败犬戎于渭水,舟之侨曰:"无德而禄,殃也。殃将至矣。"遂逃至晋。事见《左传·闵公二年》。后晋献公借道于虞以伐虢,宫之奇以唇寒齿亡之理谏虞君不可借道于晋,虞君不听,宫之奇率族而行。后晋灭虢,回军之际袭虞而灭之。事见《左传·僖公五年》《史记·晋世家》。绝祀,断绝祭祀,指亡国。

【译文】

从前夏桀逃亡到南巢，商纣王败亡在京都朝歌，周厉王被流放到彘地，周幽王被杀于骊山戏水旁。在那个时候，夏禹、商汤、周文王三代的典籍尚在，谋略高明的臣下仍存。到了春秋时期，楚国有伍举、左史倚相、右尹子革、白公子张，而楚灵王败亡；卫国有太叔仪、公子鱄、蘧伯玉、史鳅，而卫献公出逃于齐；晋国有赵宣子、范武子、太史董狐，而晋灵公被人杀害；鲁国有子家羁、叔孙婼，而鲁昭公死于郊野；齐国有晏平仲、南史氏，而齐庄公不免于被杀；虞国、虢国有宫之奇、舟之侨，而虞君、虢君断了祭祀。这样看来，如果不任用贤能，即使有贤能也没有什么益处。

然此数国者，皆先君旧臣，世禄之士①，非远求也。乃有远求而不用之者。昔齐桓公立稷下之官②，设大夫之号，招致贤人而尊宠之，自孟轲之徒皆游于齐；楚春申君亦好宾客③，敬待豪杰，四方并集，食客盈馆④，且聘荀卿，置诸兰陵⑤。然齐不益强，黄歇遇难⑥，不用故也。夫远求贤而不用之，何哉？贤者之为物也⑦，非若美嫔丽妾之可观于目也，非若端冕带裳之可加于身也⑧，非若嘉肴庶羞之可实于口也⑨，将以言策，策不用，虽多，亦奚以为？

【注释】

①世禄：古代有世禄之制，贵族世代享有爵禄。

②昔齐桓公立稷下之官：桓公，清钱培名校云，当作"宣王"。《四库全书》本作"宣王"，与《史记·田敬仲完世家》合，孟子游齐亦在宣王时。齐桓公立稷下学官，唯《中论》是言。齐桓公时，其得齐未久，又身行篡夺，正魏文侯礼贤之风方衰，齐桓公继而为此，揽贤士，收名声，以自固位，又恐有之，故此姑仍其旧。稷下，战国齐

都城临淄西门稷门附近地区,齐威王、宣王等曾在此建学官,广招文学游说之士讲学议论,成为各学派活动的中心。官,房舍。

③春申君:即黄歇,战国时楚人。楚考烈王元年(前262)出为相,封为春申君。曾救赵却秦,攻灭鲁国。相楚二十五年,有食客三千,与齐孟尝君、赵平原君、魏信陵君齐名,并称"战国四君子"。其事见于《史记·春申君列传》。

④食客:寄食于豪门贵家的门客。

⑤且聘荀卿,置诸兰陵:荀子在齐遭谗而入楚,春申君任以为边地兰陵县令,春申君死,荀子被弃免官,因居兰陵,著书以终。事见《史记·孟子荀卿列传》。兰陵,今属山东。

⑥黄歇遇难:黄歇纳赵人李园之妹,有孕,李园劝黄歇进其妹于王,以其子将为王,黄歇从之。考烈王得子,果立为太子。后王死,李园恐事泄,遂伏杀春申君。事见《史记·春申君列传》。

⑦物:名。

⑧端冕带裳:这里泛指衣服穿饰。端冕,玄衣和大冠。带,衣带,腰带。裳,古代下身穿的衣裙,男女皆服。

⑨庶羞:多种美味。

【译文】

但这几个国家的贤人,都是先前君主的老臣,是世代享有爵禄的人,不是从远处寻求来的。还有从远处招徕却不任用的。从前齐桓公建立稷下学宫,设立大夫的称号,招徕各地的贤人而尊重荣宠他们,于是孟轲等人都到齐国去寻仕讲学;楚国春申君也喜好招揽宾客,敬重礼待俊杰豪雄,四方宾客云集,门客满堂,还聘请了荀况,安排他在兰陵。然而齐国没有因此越发强大,春申君黄歇遭遇死难,这是不重用贤人的缘故。从远方广寻贤人却又不用他们,这是为什么呢?贤者之所以名为贤者,不在于他们像美丽的嫔妾那样可以用眼观赏,不在于他们像衣裳冠带那样可以穿戴在身上,不在于他们像美味多样的菜肴那样可以吃到嘴里,而在于他们的谋论策略,谋略如果不被重用,即使贤者再多又有什么用呢?

若欲备百僚之名,而不问道德之实,则莫若铸金为人而列于朝也,且无食禄之费矣。然彼亦知有马必待乘之而后致远①,有医必待使之而后愈疾②。至于有贤,则不知必待用之而后兴治者,何哉? 贤者难知钦? 何以远求之? 易知钦? 何以不能用也? 岂为寡不足用,欲先益之钦? 此又惑之甚也。贤者称于人也,非以力也,力者必须多,而知者不待众也③。故王卒七万④,而辅佐六卿也⑤。故舜有臣五人而天下治⑥,周有乱臣十人而四海服⑥,此非用寡之验钦?

【注释】

①致远:《群书治要》作"远行"。

②使:原作"行",清钱培名据《群书治要》《意林》改,今从之。

③待:需要,须。

④卒:原本与《汉魏丛书》本此字空缺,《百子全书》本作"臣",今依清钱培名校作"卒"。

⑤六卿:上古天子有六军,六军之主将称为"六卿"。

⑥舜有臣五人而天下治:语本《论语·泰伯》。五人,指禹、稷、契、皋陶、伯益。

⑦周有乱臣十人:指周公旦、召公奭、太公望、毕公、荣公、太颠、闳夭、散宜生、南宫适、文母。乱臣,善于治国的臣子。乱,治。

【译文】

如果只是想安置百官的名称职位,而不论实际道德的优劣,那么还不如把金属铸造成人而摆列在朝堂上,这样还不需要消耗俸禄。然而他们也知道有了马必须得有人骑上它然后才能到达远方,有了医必须得让他治疗然后疾病才能痊愈。至于有了贤人，他们却不知道必须要任用贤人然后国家才能兴盛清平，这是为什么呢？是难以了解贤人吗？那为什么又要到远处去寻求呢？是容易了解贤人吗？那为什么又不能任用他们呢？难道是因为贤人太少而不够任用，想要先多招徕一些吗？这太令人迷惑了。贤人为人所称誉，不是因为他们的力气，力气大的人一定要有很多，但智慧的人却不必有那么多。所以君王有七万士兵，而率军的人不过六位。所以舜有五位大臣而天下得治，周有十位善于治理国家的大臣而天下顺服，这难道不是任用少数贤人而天下大治的明证吗？

且六国之君①，虽不用贤，及其致人也②，犹修礼尽意，不敢侮慢也。至于王莽③，既不能用，及其致之也④，尚不能言。莽之为人也，内实奸邪，外慕古义⑤，亦聘求名儒，征命术士⑥，政烦教虐，无以致之。于是胁之以峻刑，威之以重戮⑦，贤者恐惧，莫敢不至。徒张设虚名以夸海内，莽亦卒以灭亡。且莽之爵人，其实囚之也。囚人者，非必着之桎梏⑧，而置之圄圉之谓也⑨，拘系之、愁忧之之谓也⑩。使在朝之人，欲进则不得陈其谋，欲退则不得安其身，是则以纶组为绳索⑪，以印佩为钳铁也⑫。小人虽乐之，君子则以为辱矣。故明王之得贤也，得其心也，非谓得其躯也。苟得其躯而不论其心也，斯与笼鸟槛兽无以异也⑬。则贤者之于我也，亦犹怨仇也，岂为我用哉？虽日班万钟之禄⑭，将何益欤？故苟得其心，万里犹近；苟失其心，同衾为远⑮。今不修所以得贤者之心，而务修所以执贤者之身，至于社稷颠覆，宗庙废绝，岂不哀哉！

【注释】

①六国：指战国时位于函谷关以东的齐、楚、燕、韩、赵、魏六国。

②致人：招致人才。

③王莽：字巨君，魏郡元城（今河北大名）人，汉元帝皇后之侄。西汉末掌握朝政，汉平帝死后，立年仅两岁的宣帝，自称假皇帝，三年而自立为帝，改国号为新。王莽托古改制，土地制、官制、币制等皆变，法令严苛，连年征伐，劳役频繁，引发农民大起义。后绿林军攻入长安，王莽被杀，新朝灭亡。其事见于《汉书·王莽传》。

④及其致之也：清钱培名校云，原脱"之"字，据《群书治要》补，今从之。

⑤古义：古人立身行事的道理。

⑥术士：指儒生中讲阴阳灾异的一派人。

⑦重戮：严酷的杀戮。

⑧桎梏（zhì gù）：刑具，脚镣手铐。

⑨囹圄（líng yǔ）：监狱。

⑩拘系：拘禁，拘束。

⑪纶组：这里泛指系官印的绶带。纶，青丝绞合而成的带，古代低级官吏用以系印。组，佩印用的绶带，绶带的颜色常用以标志不同的身份与等级。

⑫以印佩为钳铁也：一作"以印绶为钳铁也"，然印绶即系印之丝带，与上句重，故此从"印佩"。印佩，即官印，古人常将官印佩带在腰间，故称。钳铁，古代用来束颈的刑具。

⑬槛：关动物的大笼子、栅栏。

⑭虽日：原本误作"曰"，《群书治要》作"日虽"，据改"曰"为"日"，然不倒其序。班：颁布。万钟：指优厚的俸禄。钟，古代量词名。

⑮衾（qīn）：被子。

【译文】

　　而且六国的国君，即使不能任用贤人，在他们招揽人才的时候，仍能敬修礼仪尽其心意，不敢轻侮怠慢。到了王莽，他既不能任用贤人，等他招揽到贤人了，贤人还无法进言发声。王莽为人，内心奸诈邪僻，外表崇慕古人处事的道理，也聘求有名的大儒，征召讲阴阳灾异的儒生，但因为他的政教命令烦苛暴虐，没法招致贤人。于是就用严刑峻法来胁迫他们，用残酷的杀戮来威逼他们，贤人恐惧，没有人敢不来。但这样的举动只是向天下夸示张扬了他招贤的虚名，王莽最终也因此灭亡。而且王莽授人爵禄，其实是在囚禁他们。囚禁人，不一定是给人加上脚镣手铐的刑具，再把他关进监狱里才叫囚禁，拘束其人使他忧愁也叫囚禁。使在朝为官的人，想要进言却不能陈述他的谋略，想要退避却没有地方能安置他的身心，这就是以系官印的绶带作为绳索，以佩印作为束缚的刑具。小人虽然喜欢如此，但君子却以此为耻辱。所以贤明的君主获得贤人，是指获得他的心，不是说获得他的身躯。如果获得他的身躯而不管他的心，这和被关在笼中的鸟儿、被关在栅栏中的野兽没有什么差别。那么贤人对我，也像是对待仇敌一样，又怎么能为我所用呢？即使每天都颁赏万钟的俸禄，又有什么助益呢？所以如果能得贤人之心，那么即使远隔万里仍然十分亲近；如果失去了贤人之心，那么即使同被而卧仍然无比疏远。现在君主不学习如何获得贤人之心，而致力于学习如何拘束贤人之身，直至国家颠覆，宗庙毁废，怎么能不哀痛啊！

荀子曰："人主之患，不在乎言不用贤，而在乎诚不用贤。言用贤者口也，却贤者行也，口行相反，而欲贤者进，不肖者退，不亦难乎？夫照蝉者，务明其火，振其树而已。火不明，虽振其树，无益也。人主有能明其德者，则天下其归之，若蝉之归火也。"①善哉言乎！昔伊尹在田亩之中②，以乐尧、舜之道，闻成汤作兴，而自夏如商；太公避纣之恶③，居于东海之滨，闻文王作兴，亦自商如周。其次则宁戚如齐④，百里奚入秦⑤，范蠡如越⑥，乐毅游燕⑦。故人君苟修其道义，昭其德音⑧，慎其威仪，审其教令，刑无颇僻⑨，狱无放残，仁爱普殷⑩，惠泽流播，百官乐职，万民得所，则贤者仰之如天地，爱之如亲戚，乐之如埙篪⑪，歆之如兰芳⑫。故其归我也，犹决壅导滞⑬，注之大壑⑭，何不至之有？

【注释】

①"荀子曰"数句：语见《荀子·致士》，语稍有异。"不在乎言不用贤，而在乎诚不用贤"，今本《荀子》原作"不在乎不言用贤，而在乎诚必用贤"，前贤多疑其误，疑脱"不"字。"言用贤者口也，却贤者行也"，原作"言贤者口也，知贤者行也"，清钱培名据《群书治要》校改，与《荀子》合，今从之。不肖，不成材，不正派。

②伊尹在田亩之中：伊尹之事各家记载有异，徐幹或从《孟子》之说："伊尹耕于有莘之野，而乐尧、舜之道焉。"（《孟子·万章上》）

③太公避纣之恶：《孟子·离娄上》："太公辟纣，居东海之滨，闻文王作，兴曰：'盍归乎来！吾闻西伯善养老者。'"《史记·齐太公世家》载文王遇太公于渭水边。又引一说，谓太公隐士，闻文王贤而善养老，往归之，此说与《孟子》合。

④宁戚如齐：指宁戚至齐，扣牛角而歌，齐桓公召而拜为上卿事。见前注。

⑤百里奚入秦：百里奚，春秋时秦穆公之贤大夫。原为虞国大夫，虞亡时为晋国所俘，作为秦穆公夫人陪嫁之臣而入秦国。百里奚以为耻，后出逃至楚，为楚人所执。秦穆公闻其贤，以五张牡黑羊皮赎回，入秦后用为大夫，委以国政，称为"五羖大夫"。与蹇叔、由余等共同辅佐秦穆公建立霸业。关于百里奚事，先秦汉人传说不一，可参见清俞正燮《癸巳类稿》卷十一《百里奚事异同论》。

⑥范蠡如越：范蠡，字少伯，楚国宛（今河南南阳）人。辅佐越王卧薪尝胆，刻苦图强，灭亡吴国。在楚国时曾与大夫文种论王霸之

消长，以为吴越必有一霸，后以伍子胥在吴，恐不得见王，遂入越。
佐越灭吴后，范蠡以勾践可同患难而不能共安乐，遂去越入齐，化
名鸱夷子皮，后又徙居数国，经商致富，仗义疏财，别号"陶朱公"。
事见《史记·越王勾践世家》《越绝书·外传记范伯》。

⑦乐毅游燕：乐毅在魏，闻燕昭王礼贤下士，至燕，燕昭王用之。见
　前注。

⑧德音：美名，美誉。

⑨颇僻：偏邪不正。

⑩殷：深厚。

⑪埙篪（xūn chí）：埙、篪皆古代乐器，二者合奏时声音相应和，因此
　常以之比喻亲密和睦。

⑫歆（xīn）：悦服，欣喜。

⑬决壅导滞：原句末衍"水"字，清钱培名校据《群书治要》删改，今
　据删。决壅，除去水道的壅塞。导滞，疏通水道的积淤。

⑭大壑：大海。

【译文】

荀子说："君主的弊病，不在于对人说不任用贤人，而在于实际行为
上不任用贤人。说任用贤人是用嘴，不任用贤人是用实际行为，嘴上说
的和实际行为相反，却想要贤人归附，不贤的人退去，不是很难吗？用
火焰的光照来吸引蝉，一定要做的就是明旺火焰和摇动树木这两件事而
已。然而火焰不明旺，即使摇动树木，对事情也没有助益。若有能修明
自身德行的君主，那么天下人都会归附他，就像蝉投归火焰一样。"荀子
说得多好啊！从前伊尹身在田野之中，而悦从尧、舜之道，听闻商汤兴
起，而由夏入商；姜太公躲避殷纣王的残暴，住在东海边上，听闻周文王
兴起，也从商到了周。其次还有宁戚到齐国，百里奚入秦国，范蠡入越国，
乐毅游宦燕国。所以君主如果能修治道德仁义，昭扬他的美名，端谨他
的仪容，审慎他的教化政令，刑罚没有偏邪不正，断狱没有恣意残酷，仁

爱广厚,恩惠远播,百官乐于职守,万民各得其所,那么贤人就如敬仰天地般敬仰他,像敬爱父母般敬爱他,像喜爱听埙篪的音乐般喜爱他,像悦服于兰花的芬芳般悦服他。所以贤人们归附于人君,就像是除去了水道壅塞,疏通了水道淤积的水流,纷纷归注大海一般,哪里还会有不来的呢?

　　苟粗秽暴虐,馨香不登①,谗邪在侧,佞媚充朝,杀戮不辜,刑罚滥害,宫室崇侈,妻妾无度,撞钟舞女②,淫乐日纵,赋税繁多,财力匮竭,百姓冻饿,死莩盈野③,矜己自得,谏者被诛,内外震骇,远近怨悲。则贤者之视我,容貌也如魍魉,台殿也如狴犴④,采服也如衰绖⑤,弦歌也如号哭,酒醴也如滫涤⑥,肴馔也如粪土。从事举错⑦,每无一善,彼之恶我也如是,其肯至哉?今不务明其义,而徒设其禄,可以获小人,难以得君子。君子者,行不媮合⑧,立不易方⑨,不以天下枉道⑩,不以乐生害仁,安可以禄诱哉?虽强搏执之而不获已⑪,亦杜口佯愚⑫,苟免不暇,国之安危将何赖焉?故《诗》曰:"威仪卒迷,善人载尸⑬。"此之谓也。

【注释】

①馨(xīn)香:指用作祭品的黍稷。不登:不用。

②撞钟舞女:敲钟鸣乐而令女子起舞。指纵情声色,恣意行乐。

③莩(piǎo):通"殍",饿死的人。

④狴犴(bì àn):指牢狱。

⑤采服:古代按等级区分的有彩色纹饰的衣服。衰绖(cuī dié):丧服。古人丧服胸前当心处缀有长六寸、广四寸的麻布,名"衰",因名此衣为"衰";围在头上的麻带子为首绖,缠在腰间的为腰绖。"衰""绖"二者是丧服的主要部分。

⑥酒醴（lǐ）：酒和醴，亦泛指各种酒。潃（xiǔ）涤：指污臭之水。潃，酸臭的陈淘米水。

⑦错：通"措"。

⑧媮（tōu）合：偷合，苟且迎合。《群书治要》"媮"作"苟"。

⑨立不易方：语出《周易·恒卦》："君子以立不易方。"方，道。

⑩枉道：违背正道。

⑪搏执：拘捕。《群书治要》"搏"作"缚"。不获已：不得已。

⑫杜口：闭口，不言。

⑬威仪卒迷，善人载尸：语出《诗经·大雅·板》。载，则。尸，指古代祭祀之时，代为受祭的人或神像。

【译文】

如果君主污秽粗暴，不礼祭祀，谗佞奸邪的人在他身旁，奸恶谄媚的人充斥朝堂，杀戮无辜，刑罚无度，宫室奢靡，妻妾成群，敲钟鸣乐使女子曼舞，荒淫嬉乐而日益恣纵，赋税繁多，财力匮尽，百姓受冻挨饿，死尸遍野，而自夸自满，诛杀劝谏之士，以致朝野皆震动惊惧，远近皆怨愤悲恸。那么贤人看君主，他的容貌就像鬼怪，楼台宫殿就像牢狱，彩纹衣服就像丧服，弦乐歌咏就像痛哭，美酒甘醴就像污水，美食佳肴就像粪土。觉得君主的行事举动，往往没有一件是好的，他们厌恶君主到了这样的地步，难道还肯归附吗？现在不致力于修明仁义，而空置爵禄，这样可以求得小人，却难以获得君子。君子，行事不苟且迎合，立身不改易其道，不因天下好恶而违背正道，不因珍惜生命而损害仁义，哪里可以用爵禄来诱惑呢？即使强行拘捕执拿而在这种不得已的情况下，贤人也只会闭口不言佯装愚昧，连苟且免害都来不及，国家的安危又能依靠谁呢？所以《诗经》说："君臣之间的威严仪礼已经迷乱丧失，贤臣善人就像尸一样闭口不言。"说的就是这样的情况。

赏罚第十九

【题解】

此篇论说治国以赏罚为两大政纲，赏罚得宜，则治国不难矣。人君为政，当赏罚必行、赏罚及时。同时，赏罚还应疏密合宜，轻重得当。君主为政决不可轻废赏罚，当谨慎之。

政之大纲有二，二者何也？赏罚之谓也。人君明乎赏罚之道，则治不难矣。夫赏罚者，不在乎必重，而在于必行。必行则虽不重而民肃①，不行则虽重而民怠，故先王务赏罚之必行也②。《书》曰："尔无不信，朕不食言。尔不从誓言，予则孥戮汝，罔有攸赦③。"

【注释】

①肃：原本空字，清钱培名据《群书治要》补"肃"字，《太平御览》与《群书治要》同。《增订汉魏丛书》本及《百子全书》本作"戒"。《四库全书》本作"惧"。按，赏罚为两面，用"肃"字与下句"怠"相对，文义较畅，故从钱校。

②赏罚之必行也：原脱"也"，清钱培名据《群书治要》补，此从之。

③"尔无不信"五句：语出《尚书·汤誓》。孥（nú），清段玉裁曰："孥，
　　原作'奴'。古奴婢妻孥字，皆作'奴'，校书者所改也。"按，段说
　　是，奴戮，施以刑辱，使为奴隶。罔，无。攸，所。

【译文】

　　施政有两大纲要，两大纲要是什么呢？是奖赏与惩罚。君主要明晓
赏罚之道，那么治理国家也就不难了。奖赏与惩罚，不在于程度一定要
很重，而在于一定要实施。赏罚必定实施那么即使程度不重民众也会恭
敬谨肃，赏罚不实施那么即使程度很重民众也会懈怠轻慢，所以先王致
力于一定要实施赏罚。《尚书》说："你们不要不相信我的话，我不会言而
无信。如果你们不遵从我的誓言，我就会施以刑辱把你们贬为奴隶，不
会有所赦免。"

　　天生烝民①，其性一也。刻肌亏体②，所同恶也；被
文垂藻③，所同好也。此二者常存，而民不治其身，有由
然也④：当赏者不赏，当罚者不罚。夫当赏者不赏，则为
善者失其本望⑤，而疑其所行；当罚者不罚，则为恶者轻
其国法，而怙其所守⑥。苟如是也，虽日用斧钺于市⑦，
而民不去恶矣；日锡爵禄于朝⑧，而民不兴善矣。是以圣
人不敢以亲戚之恩而废刑罚⑨，不敢以怨仇之忿而留庆赏⑩。
夫何故哉？将以有救也。故《司马法》曰："赏罚不逾时，欲
使民速见善恶之报也⑪。"逾时且犹不可，而况废之者乎？

【注释】

①烝（zhēng）民：众民，百姓。
②刻肌：古代指墨刑、劓（yì）刑、膑（bìn）刑、刖（yuè）刑等。
③被：同"披"。文：锦绣华服。垂：佩戴，悬挂。藻：装饰，修饰。

④由然:原委,来由。

⑤本望:本来的愿望。

⑥怙(hù):依赖,仗恃。

⑦斧钺(yuè):斧与钺,泛指兵器,亦泛指刑罚、杀戮。

⑧锡(cì):赐予。

⑨圣人:这里是对帝王的尊称,指圣明有德的帝王。

⑩留庆赏:《群书治要》作"留庆赏",《汉魏丛书》本及双鉴楼藏明刊本皆作"废庆赏"。按,"留""废"此处义近。庆赏,赏赐。

⑪赏罚不逾时,欲使民速见善恶之报也:语本《司马法·天子之义》,今本原文为:"赏不逾时,欲民速得为善之利也;罚不迁列,欲民速睹为不善之害也。"《司马法》,见前注。逾,超过。

【译文】

天生众民,其本性皆相同。伤害肌肤、毁损身体,这是民众本性皆厌恶的;身穿华服、佩戴装饰,这是民众本性皆喜好的。这两种本性常在,但民众不修治自身,是有原委的:即应当奖赏的却不奖赏,应当惩罚的却不惩罚。应当奖赏的却不奖赏,那么行善的人就失去了他原本的期愿,而怀疑自己的善行;应当惩罚的却不惩罚,那么作恶的人就会轻忽国法,而继续仗恃自己的恶行。如果像这样,那么即使每天在市肆上刑罚杀戮以示众,民众也不会弃去恶行;每天在朝堂上赏赐爵禄,民众也不会兴做善事。所以圣明的君主不敢因为亲属的恩情而废除刑罚,不敢因为对仇敌的怨恨而保留赏赐。这是什么原因呢?这是将用来教民于废善行恶的。所以《司马法》说:"赏罚及时,是想让民众迅速地看到为善为恶的回报。"超过一定的时间再行赏罚尚且不行,又何况废除赏罚呢?

赏罚不可以疏,亦不可以数①。数则所及者多,疏则所漏者多。赏罚不可以重,亦不可以轻。赏轻则民不劝②,罚轻则民亡惧③;赏重则民徼幸④,罚重则民无聊⑤。故先王明恕以听之⑥，思中以平之⑦，而不失其节也⑧。故《书》曰："罔非在中，察辞于差⑨。"夫赏罚之于万民，犹辔策之于驷马也⑩，辔策不调，非徒迟速之分也，至于覆车而摧辕⑪。赏罚之不明也，则非徒治乱之分也，至于灭国而丧身。可不慎乎！可不慎乎！故《诗》云："执辔如组，两骖如舞⑫。"言善御之可以为国也。

【注释】

①数（cù）：密集，稠密。

②劝：勉励，鼓励。

③亡：无，没有。

④徼倖（jiǎo xìng）：同"侥幸"，企求非分。

⑤无聊：此指窘困无依，无所依靠。

⑥明恕以听之：原作"明庶以德之"，清钱培名据《群书治要》改，今从之。明恕，明信宽厚，明察宽大。听，审察，断决。

⑦平：平允，公正。

⑧节：适，适度。

⑨罔非在中，察辞于差：语出《尚书·吕刑》。

⑩辔（pèi）策：御马的缰绳和马鞭。驷马：指驾一车之四马。

⑪辕：车前驾牲口用的直木，压在车轴上，伸出车舆的前端。

⑫执辔如组，两骖如舞：语出《诗经·郑风·大叔于田》。组，编织，编结。两骖，古代四匹马拉车，在外侧的两匹马称"两骖"，居中的两匹称"服"。此言两骖，实则全指。

【译文】

赏罚不能太过稀疏，也不能太过密集。密集那么所涉及的人就很多，稀疏那么所遗漏的人就很多。赏罚不能太重，也不能太轻。奖赏太轻那么民众就不会得到鼓励,惩罚太轻那么民众就不会畏惧;奖赏太重那么民众就会生出非分的企求,惩罚太重那么民众就会窘困无依。所以先王明信宽厚以审断赏罚,思虑中正以公允赏罚,而不失其度。所以《尚书》说:"断狱没有不中正公允的,察辨囚犯供词有矛盾出入的地方。"赏罚对万民来说,就像是缰绳和马鞭对于拉车的四马一样,缰绳和马鞭不协调,不仅仅会有快慢的区别,更会到翻车折辕的地步。赏罚不明,那么不仅仅会有治乱的区别,更会到灭国亡身的地步。能不审慎吗! 能不审慎吗! 所以《诗经》说:"操控着缰绳如编织经纬有条不紊,马步协调如舞者和谐中节。"说的是善于驾驭就可以将此道理推及至御民治国了。

民数第二十

【题解】

民数，即国家的人口数量，犹今所谓户籍编制人口的统计。此篇论说民数为治道之根本，为众事之所由出。故而为政须知人民众寡之数，方能因之而制宜。

治平在庶功兴①，庶功兴在事役均②，事役均在民数周③。民数周，为国之本也。故先王周知其万民众寡之数，乃分九职焉④。九职既分，则劬劳者可见⑤，怠惰者可闻也，然而事役不均者，未之有也。事役既均，故民尽其心，而人竭其力，然而庶功不兴者，未之有也。庶功既兴，故国家殷富，大小不匮⑥，百姓休和⑦，下无怨疾焉⑧，然而治不平者，未之有也。故曰："水有源⑨，治有本。"道者审乎本而已矣。

【注释】

①治平：政治清明，社会安定。庶功：各种事业功绩。

②事役：差事使役。均：公平，均匀。

③周：完备，充分。

④九职：周时的九种职业。见前注。

⑤劬（qú）劳：辛劳，劳苦。

⑥大小：指尊卑上下。

⑦休和：安定和平。

⑧下：这里指民众。怨疢：怨恨忧苦。

⑨源：一作"泉"。

【译文】

政治清明、社会安定在于各种事业都兴盛，各种事业兴盛在于民众的差事劳役分派公平，差事劳役分派公平在于详悉国家的人口数量。详悉国家的人口数量，是治国的根本。所以先王尽知万民数量的多少，于是划分了九种职业。九种职业划分完成，那么可以看出哪些是勤劳的人，也可以看出哪些是怠惰的人，这样一来差事劳役仍然分派不公平的情况，还没有出现过。差事劳役分派公平了，所以民众尽心竭力地做事，这样一来各项事业仍然不兴盛的情况，还没有出现过。各种事业都兴盛了，所以国家繁盛富足，上下都不匮乏，百姓安定和平，民众没有怨恨忧苦，这样一来政治还不清明、社会仍不安定的情况，还没有出现过。所以说："水流有源头，治国有根本。"治国之道就是明察于根本而已。

《周礼》：孟冬，司寇献民数于王，王拜而受之，登于天府，内史、司会、冢宰贰之①。其重之如是也。今之为政者，未知恤已矣②。譬由无田而欲树艺也③，虽有良农，安所措其强力乎④？是以先王制六乡、六遂之法⑤，所以维持其民，而为之纲目也⑥。使其邻比相保相爱⑦，刑罚庆赏相延相及，故出入存亡、臧否顺逆可得而知矣。如是奸无所窜，罪人斯得。迨及乱君之为政也⑧，户口漏于国版⑨，夫家脱于联、伍⑩，避役者有之，弃捐者有之⑪，浮食者有之⑫，于是奸心竞生，伪端并作矣⑬。小则盗窃，大则攻劫⑭，严刑峻法不能救也。

【注释】

①"《周礼》"数句：语本《周礼·秋官·小司寇》。孟冬，冬季的第一个月，即农历十月。司寇，周代"六卿"之一，掌管刑狱、纠察等事。献民数的司寇为小司寇，其为司寇的属官。登，入。天府，朝廷藏物的府库。内史，西周时协助天子管理爵禄与废置等政务的官员。司会，主管财政经济，考察群官政绩的官员。冢宰，周时为"六卿"之首，亦称"太宰"，辅佐王治，统领百官。贰之，指写备副本。

②恤：顾念，慎重。已矣：句末语气词。

③譬由：譬犹，譬如。由，通"犹"。树艺：种植，栽培。

④措：运用。

⑤六乡：原作"六卿"，今改正。六乡，周代制度，王城之外百里以内，分为六乡，每乡设乡大夫管理政务。六遂：京城外百里之外二百里之内分为六遂，每遂有遂人掌理政令。

⑥纲目：大纲和细目。这里指法度。

⑦相保相爱：清孙诒让云，此用《周礼·大司徒》及《族师》之文，"爱"当作"受"。按，孙说是，译文从此。

⑧迨（dài）及：等到。乱君：昏庸无道的君主。

⑨版：名册，户籍。

⑩夫家脱于联、伍：夫家，指男女。联、伍，皆古代民户编制单位，《周礼·地官·族师》："五人为伍，十人为联。"

⑪捐：赋税。

⑫浮食：指不事耕作而食。

⑬伪端：诈伪的事端。

⑭攻劫：攻击掠夺。

【译文】

《周礼》中有：初冬十月，司寇将全国的人口数量呈献给君主，君主谨敬地拜受，然后藏入天府，而内史、司会、冢宰等会写备好副本。他们像这样慎重于民数。现在为政的人，却不知道顾念民数啊。譬如没有田地而想种植，即使有善于耕种的农夫，又到哪里去用他强盛的能力呢？因此先王建立了六乡、六遂的制度，用来维系民众，建立起相应的法度。使近邻之间相互担保、相互容忍，刑罚赏赐相互延及、相互牵涉，所以民众的离开进入、生死存亡、善恶得失、顺正邪逆都能得知了。这样奸邪之人就无处逃窜，罪犯也会被抓获。而到了昏庸无道的君主治政的时候，户数人口在国家的户籍上大量漏载，男女脱漏于编户，于是有逃避劳役的人，有躲避赋税的人，有不事耕作的人，于是民众之中奸邪之心竟相生起，诈伪事端同时兴作。小到盗窃，大到强掠，纵然有严刑峻法也不能止事救民了。

故民数者，庶事之所自出也，莫不取正焉。以分田里①，以令贡赋②，以造器用③，以制禄食④，以起田役⑤，以作军旅。国以之建典，家以之立度，五礼用修⑥，九刑用措者⑦，其惟审民数乎⑧！

【注释】

①田里：田地和庐舍。

②令：这里指使民向上缴纳。贡赋：地方土产和赋税。

③器：原作"罢"，今据《汉魏丛书》本改正。

④禄食：俸禄。

⑤田役：狩猎时役使民众。

⑥五礼：五种礼制，即吉礼、凶礼、军礼、宾礼、嘉礼。见前注。这里泛指礼教。

⑦九刑:古代的九种刑罚。《尚书·尧典》:"流宥五刑,鞭作官刑,扑作教刑,金作赎刑。"《周礼·秋官·司刑》"掌五刑之法"唐贾公彦疏:"九刑者,郑注《尧典》云:正刑五(墨、劓、剕、宫、大辟),加之流、宥、鞭朴、赎刑。"而《汉书·刑法志》:"周有乱政而作九刑。"唐颜师古注引三国吴韦昭曰:"谓正刑五,及流、赎、鞭、扑也。"与此略异。这里"九刑"泛指法制。措:治理,安排。

⑧审:详究,细察。

【译文】

所以国家的人口数量,各项事情的开展其根本都出于此,没有事情不取则于民数。据民数以分给田地宅舍,以缴纳土产赋税,以制造器皿用具,以制定俸禄,以兴起田猎役使,以兴作军役供给。国家根据人口数量来建立典章,家庭根据人口数量来设立规矩,礼教得以整备,法度得以修治,都是要详察于国家的人口数量啊!

逸文两篇

复三年丧第二十一

【题解】

逸文两篇,包括《复三年丧》和《制役》,此二篇并见于《群书治要》。丧制,关涉人情礼法。本篇中,作者论说服丧之制,述及了汉代短丧的由来,倡导恢复三年丧制,以厚政教民德。

天地之间含气而生者①,莫知乎人②。人情之至痛,莫过乎丧亲。夫创巨者其日久,痛甚者其愈迟。故圣王制三年之服,所以称情而立文,为至痛极也③。自天子至于庶人,莫不由之,帝王相传,未有知其所从来者。

【注释】

①含气:含藏元气,形容有生命者。

②知:同"智"。

③"夫创巨者其日久"五句:语本《荀子·礼论》,亦见《礼记·三年问》。创巨,创伤深重,指父母之丧。文,礼节制度。

【译文】

天地间含藏元气的万物生灵，没有比人更有智慧的了。人情中最悲痛的，没有超过父母亲去世的了。创伤深重而需要很久的时日来恢复，悲痛剧烈而痊愈的速度很慢。所以圣明的君主规定要守丧三年，用以顺应人情而建立礼法，以应对至极的悲痛。从天子到平民百姓，没有不遵循此礼法的，帝王间代代相传，但没有人知道它从何而来。

及孝文皇帝天姿谦让①，务崇简易。其将弃万国，乃顾臣子，令勿行久丧，已葬则除之，将以省烦劳而宽群下也②。观其诏文③，唯欲施乎己而已，非为汉室创制丧礼，而传之于来世也。后人遂奉而行焉，莫之分理④。至乎显宗⑤，圣德钦明⑥，深照孝文一时之制⑦，又惟先王之礼不可以久违⑧，是以世祖徂崩⑨，则斩衰三年⑩。孝明既没⑪，朝之大臣徒以己之私意，忖度嗣君之必贪速除也⑫。检之以大宗遗诏⑬，不惟孝子之心哀慕未歇，故令圣王之迹陵迟而莫遵⑭，短丧之制遂行而不除，斯诚可悼之甚者也！

【注释】

① 孝文皇帝：即汉文帝刘恒，"孝文"为其谥号。汉文帝为汉高祖刘邦之子，在位二十三年。发展农业生产，减轻田赋和刑狱，与民休息，削弱地方诸侯王势力，加强中央集权，生活俭素。与其子景帝两代的统治时期，历史上并称为"文景之治"。其事见于《史记·孝文本纪》《汉书·文帝纪》。天姿：天性，秉性。

② 群下：泛指僚属或群臣。

③ 观其诏文：文帝遗诏曰："当今之时，世咸嘉生而恶死，厚葬以破业，重服以伤生，吾甚不取……其令天下吏民，令到出临三日，皆

释服。毋禁取妇、嫁女、祠祀、饮酒、食肉者。自当给丧事服临
者，皆无践。经带无过三寸。毋布车及兵器。毋发民男女哭临官
殿。……"见《史记·孝文本纪》《汉书·文帝纪》。

④分理：分辨其中的道理。这里指区分临时之制与常制。

⑤显宗：即东汉明帝刘庄，"显宗"为其庙号，东汉第二位皇帝，光武
　帝刘秀第四子。其事见于《后汉书·肃宗孝章帝纪》。

⑥钦明：敬肃明察。

⑦照：察知，明白。

⑧惟：思考，思念。

⑨世祖：东汉光武帝刘秀庙号。汉光武帝刘秀，字文叔，南阳蔡阳（今
　湖北枣阳）人，汉高祖刘邦九世孙。王莽末年，爆发大起义，刘秀
　加入起义军，于建武元年（25）称帝，定都洛阳。之后经过长达十
　余年的东汉统一战争，一统全国。刘秀励精图治，屡诏释放奴婢，
　免罪徒为庶民，减轻租税徭役，兴修水利，裁并四百余县，简政减
　吏，朝廷中加重尚书职权，地方上废除掌军权之都尉，加强了中央
　集权，大兴儒学，推崇气节等举措，使东汉初年出现了社会安定、
　经济恢复、人口增长、文教发展的局面，史称"光武中兴"。其事见
　于《后汉书·光武帝纪》等。徂（cú）崩：亡故。

⑩斩衰（cuī）：旧时五种丧服中最重的一种，用粗麻布制成，左右和
　下边不缝，服制三年，先秦诸侯为天子、臣为君亦服斩衰。

⑪没：通"殁"，死。

⑫嗣君：继位的国君。

⑬检：约束，限制。大宗：即太宗，汉文帝庙号。

⑭陵迟：败坏，衰败。

【译文】

　　到了汉文帝，他天性谦虚宽让，十分崇尚简朴。他临去世的时候，还
顾念臣下，让他们不要服丧太久，埋葬完毕就可以脱下丧服，以此来减省

烦琐劳累而宽舒群臣。看文帝留下的诏书,只是想在自己身上这样施用,不是为汉朝创建这样服丧的礼度,使之传于后世。但后人就如此遵奉行事,没有人去分辨其中的道理。到了东汉明帝,帝德敬肃明察,深知孝文帝的短丧是临时的规定,又思及先王的礼度不能如此长久违背,因此光武帝去世时,明帝穿斩衰丧服守丧三年。而明帝去世后,朝廷的大臣竟以自己的意志,揣测继位的国君一定会贪求迅速地脱下丧服。于是用文帝遗诏所行的短丧来限定守丧的日期,不思及孝子心中还在哀伤与思慕,所以使圣王制定并遗留下来的礼法衰败而无人遵循,于是短丧的礼制逐渐推行而不被废止,这实在是太悲哀了!

滕文公小国之君耳,加之生周之末世,礼教不行,犹能改前之失,咨问于孟轲①,而服丧三年,岂况大汉配天之主②,而废三年之丧,岂不惜哉!且作法于仁③,其弊犹薄④,道隆于己,历世则废,况以不仁之作,宣之于海内,而望家有慈孝⑤,民德归厚,不亦难乎?《诗》曰:"尔之教矣,民胥效矣⑥。"圣主若以游宴之间⑦,超然远思,览周公之旧章,咨显宗之故事,感《蓼莪》之笃行⑧,恶《素冠》之所刺⑨,发复古之德音⑩,改太宗之权令⑪。事行之后,永为典式,传示万代,不刊之道也⑫。

【注释】

①咨问于孟轲:滕文公问孟子事,见《孟子·滕文公上》。《孟子·滕文公上》载,滕定公薨,世子(即滕文公)谓然友曰:"昔者孟子尝与我言于宋,于心终不忘。今也不幸至于大故,吾欲使子问于孟子,然后行事。"然友之邹,问于孟子。孟子曰:"不亦善乎!亲丧固所自尽也。曾子曰:'生,事之以礼;死,葬之以礼,祭之以礼,可

谓孝矣。'诸侯之礼,吾未之学也。虽然,吾尝闻之矣:三年之丧,
齐疏之服,饣粥之食,自天子达于庶人,三代共之。"

②配天:受天命。

③作法:创制法律、典章。

④弊:终。

⑤慈孝:孝敬。

⑥尔之教矣,民胥效矣:语出《诗经·小雅·角弓》。胥,皆,都。

⑦圣主:对当代皇帝的尊称。游宴:游乐宴饮。

⑧感《蓼莪(lù é)》之笃行:《诗经·小雅·蓼莪》毛序曰:"刺幽王
也。民人劳苦,孝子不得终养尔。"诗有:"……父兮生我,母兮鞠
我。拊我畜我,长我育我。顾我复我,出入腹我。欲报之德,昊天
罔极!……"

⑨恶《素冠》之所刺:《诗经·桧风·素冠》毛序曰:"刺不能三年也。"
汉郑玄笺:"丧礼:子为父,父卒为母,皆三年。时人恩薄礼废,不
能行也。"

⑩德音:德言,指合乎仁德的言语、教令。

⑪权令:权宜的命令。

⑫不刊:古代文书书于竹简,有误,即削除,称之"刊"。"不刊"指不
容更改。按,徐干所以有《复三年丧》篇,因两汉丧服无定制。详
说见清赵翼《廿二史札记》。汉荀爽亦曾议复三年丧之制,见《后
汉书·荀韩锺陈列传》。

【译文】

滕文公只是一个小国的君主,再加上生在周代末年,礼仪教化不得
兴行,仍能改正前人的过失,询问于孟子,而守丧三年,更何况大汉受应
于天命的君主,废除了三年服丧之制,难道不应痛惜吗!而且以仁厚立
法,终究不免会逐渐流于刻薄,道在当世兴隆,历经几世就会衰败,更何
况以不仁立法,宣扬于天下,还希望家中有孝敬的子孙,百姓的德行归向

仁厚淳朴,这不是很难做到吗?《诗经》说:"你所教授的,民众都会仿效。"当世圣明的君主,若能在游乐宴饮的间隙,超然远思,览看周公昔日的典章,询问明帝的往事,感怀《蓼莪》中所抒述的淳厚孝行,厌憎《素冠》所讥刺的薄恩寡情,颁发恢复旧制的教令,修正文帝权宜的诏令。事情得以施行之后,永奉为典范法式,传告昭示万代,不可废改此礼。

制役第二十二

【题解】

此篇为今本所无,见《群书治要》卷四十六。然《群书治要》当为节录,而非全文。本篇论役使之制,作者认为等级职业不同,则所循役制不同,不可逾越僭礼,应各守职分,以辨尊卑、尚道德。然非唯役制,篇中还稍涉土地田宅之事,此中略可窥见徐幹对于其时纷乱之象的批判,其所谓守制复礼,或亦非独涉乎役制。

　　昔之圣王制为礼法,贵有常尊①,贱有等差,君子小人各司分职②。故下无僭上之愆③,而人役财力能相供足也④。往昔海内富民及工商之家,资财巨万⑤,役使奴婢,多者以百数,少者以十数,斯岂先王制礼之意哉?

【注释】

①常尊:这里指普通与显贵,即在上者的地位差异。

②小人:指下文"劳力"者。

③故下无僭(jiàn)上之愆:僭,原讹为"潜",清钱培名改为"僭"。按,是,今据改。僭上,超出本分冒用在上者的仪制或宫室、器物等。愆,罪过,过失。

④人役:仆役,奴婢。

⑤巨万：极言数目之多。

【译文】

从前圣明的君主制定礼仪法度，在上者有普通与显贵的地位差别，卑下者也有等级差别，君子与小人各司本分职守。所以在下者没有僭越在上者的过失，而仆役、财力的相互供给较为充足。从前国内富裕的百姓和事工从商的家庭，钱财物资极多，他们的仆役奴婢，多的数以百计，少的数以十计，这难道是先王制定礼法的用意所在吗？

夫国有四民①，不相干黩②，士者劳心，工、农、商者劳力。劳心之谓君子，劳力之谓小人。君子者治人，小人者治于人，治于人者食人，治人者食于人，百王之达义也③。今夫无德而居富之民，宜治于人，且食人者也。役使奴婢，不劳筋力④，目喻颐指⑤，从容垂拱⑥，虽怀忠信之士，读圣哲之书，端委执笏⑦，列在朝位者，何以加之？且今之君子尚多贫匮，家无奴婢，即其有者⑧，不足供事，妻子勤劳，躬自爨烹⑨，其故何也？皆由罔利之人与之竞逐⑩，又有纡青拖紫并兼之门⑪，使之然也。夫物有所盈则有所缩，圣人知其如此，故哀多益寡，称物平施⑫，动为之防⑬，不使过度，是以治可致也。为国而令廉让君子不足如此，而使贪人有余如彼，非所以辨尊卑，等贵贱，贱财利，尚道德也。

【注释】

①四民：指士、农、工、商。《汉书·食货志上》："士、农、工、商，四民有业：学以居位曰士，辟土殖谷曰农，作巧成器曰工，通财鬻货曰商。"
②干黩：亦作"干渎"，冒犯。
③"劳心之谓君子"数句：语本《孟子·滕文公上》："故曰：或劳心，

或劳力。劳心者治人,劳力者治于人。治于人者食人,治人者食
于人,天下之通义也。"食(sì),供养,奉养。百王,历代帝王。这
里指历代。达义,通理,公认的义理。

④筋力:筋骨之力,即指体力。

⑤目喻颐指:即指挥别人时傲慢骄横的样子。喻,告知。颐,下颌,
下巴。

⑥垂拱:垂衣拱手。这里指不亲理事务,袖手旁观,无事可做。

⑦端委:古代礼服。笏(hù):笏板,古代臣下朝见君王时所执的狭
长板子,用玉、象牙、竹木制成,也叫"手板"。

⑧即:原作"既",清钱培名意改作"即"。按,是,今从之。

⑨爨(cuàn)烹:烧火煮饭。

⑩罔利:渔利,用不正当的手段牟取利益。

⑪纡青拖紫:指身佩印绶,地位尊显。汉制,诸侯佩带的印绶为紫色,
公卿为青色。并兼之门:即指豪族豪强。并兼,兼并,吞并。

⑫裒(póu)多益寡,称物平施:语出《周易·谦卦》象辞。裒,减少。
称物平施,即根据物品的多少做到施予均衡。

⑬动:常常。防:戒备,谨防。

【译文】

国家有士、农、工、商四类民众,互不干扰冒犯,士民劳心,工民、农
民、商民劳力。劳心的人称为君子,劳力的人称为小人。君子管理他人,
小人被管理,被管理的人奉养人,管理他人的人被人奉养,这是历代公认
的道理。现在那些没有德行却处居富裕的人,本应被人管理,而且供养
人。但他们役使奴婢,不废体力,用眼睛和下颌示意而役使别人,从容悠
闲,即使心怀忠信之士,饱读圣贤之书,身穿礼服,手执笏板,位列朝堂
之上,又如何能超过那些人呢?况且如今还有很多君子贫穷匮乏,家中
没有奴婢,即使有也不够做事所需,以至于妻室辛劳,亲自烧火煮饭,这
是什么原因呢?都是因为渔利之人与他们竞争,再加上权贵豪强兼吞夺

利,于是君子就到了这样的境地。事物这边盈满了那边就会缩减,圣人知道这个道理,所以减少多余来增益不足,根据事物的多少而施予均衡,常常戒备防范,不要超过限度,这样国家社会就可以得治了。治理国家而让清廉谦让的君子如此贫乏,使贪婪的人那样富裕,这样是无法分辨尊卑,等次贵贱,轻贱财利,崇尚道德的。

今太守、令长得称"君"者①,以庆赏刑威咸自己出也。民畜奴婢,或至数百,庆赏刑威,亦自己出,则与郡县长史又何以异②?夫奴婢虽贱,俱含五常③,本帝王良民,而使编户小人为己役④,哀穷失所,犹无告诉⑤,岂不枉哉?今自斗食、佐史以上⑥,至诸侯王,皆治民人者也,宜畜奴婢。农工商及给趋走使令者⑦,皆劳力躬作,治于人者也,宜不得畜。

【注释】

①太守、令长:即郡、县之长。令长,秦、汉时治万户以上县者为"令",不足万户者为"长"。汉时太守有"府君"之称,然令长称"君"则未详。

②长史:即"长吏"。《汉书·景帝纪》:"吏六百石以上,皆长吏也。"汉时太守、县令禄皆六百石及以上,见《汉书·百官公卿表上》。

③五常:五种伦常道德,即父义、母慈、兄友、弟恭、子孝。

④编户小人:编入户籍的普通人家。

⑤告诉:向上申诉。

⑥斗食、佐史:皆俸禄微薄的小官。佐史,《汉书·百官公卿表上》:"百石以下有斗食、佐史之秩,是为少吏。"唐颜师古注:"《汉官名秩簿》云:斗食月奉十一斛,佐史月奉八斛也。一说,斗食者,岁奉不满百石,计日而食一斗二升,故云斗食也。"

⑦趋走：指奔走役使的人。使令：供使唤的人，即指奴婢仆从。

【译文】

现在太守、县令被称为"君"，是因为赏赐刑罚都由他自己掌握。民众蓄养奴婢，有的达到数百人，赏赐刑罚，也由他自己掌握，那么又和郡县的长官有什么区别呢？那些奴婢虽然地位卑下，但都怀有伦常道德，他们本来是帝王的良民，却被普通人家用作自己的奴役，哀苦穷困无存身之处，还无处申诉，难道不冤屈吗？现在从斗食、佐史往上，到各诸侯王，都是管理百姓民众的人，可以蓄养奴婢。而农、工、商民和他们役使的人，都应该亲身劳作，他们都是被管理的人，不应当蓄养奴仆。

昔孝哀皇帝即位①，师丹辅政②，建议令畜田宅奴婢者有限③。时丁、傅用事④，董贤贵宠⑤，皆不乐之，事遂废覆⑥。夫师丹之徒，皆前朝知名大臣，患疾并兼之家⑦，建纳忠信，为国设禁，然为邪臣所抑，卒不施行，岂况布衣之士⑧，而欲唱议立制⑨，不亦远乎！

【注释】

①孝哀皇帝：指西汉哀帝刘欣，汉元帝之孙，定陶恭王刘康之子。好文辞法律。即位初，削外戚王氏之权，罢王莽、王根大司马职，免王况为庶人。重用孔光、师丹、何武等，实行限田、限奴婢等。不久起用外戚傅氏、丁氏辅政，朝政日衰。在位七年。其事见于《汉书·哀帝纪》。

②师丹：字仲公，琅邪东武（今山东诸城）人。哀帝时由左将军官至大司空。哀帝即位初便提议限田限奴，然因权贵反对，未能实行。后外戚专权，师丹因逆其意被免为庶人。平帝时复出，封为义阳侯。其事见于《汉书·食货志上》。

③建议令畜田宅奴婢者有限：哀帝曾诏令有司奏议此事，见《汉书·哀帝纪》。

④丁、傅：指哀帝舅丁平、皇后父傅晏。丁平被封为阳安侯，傅晏被封为孔乡侯。用事：执政，当权。

⑤董贤：字圣卿，冯翊云阳（今陕西淳化）人。御史董恭之子，汉哀帝宠臣，贵倾朝廷，封高安侯，官至大司马。哀帝极宠爱，曾为其断袖。其事见于《汉书·董贤传》。

⑥事遂废覆：事见《汉书·食货志上》。废覆，即指废败、废止。

⑦患疾：忧恨。

⑧岂况：何况。

⑨唱议：即倡议。唱，同"倡"。

【译文】

从前汉哀帝即位，师丹辅佐哀帝治理政事，建议对聚积土地、建造屋舍、蓄养奴婢都加以限制。当时丁平、傅晏正当权，董贤显贵而被宠幸，都不乐意如此，于是师丹所建议之事便被废止了。师丹等人，都是前朝闻名的大臣，他们忧恨豪强贵戚，建议献纳忠信之言，为国设立田宅奴婢的禁限，然而被邪臣所压制，最终无法施行，更何况以平民百姓之身，而想倡议建立制度，不是还很遥远吗！

中华经典名著
全本全注全译丛书
（已出书目）

廉吏传	韩非子
徐霞客游记	山海经
读通鉴论	黄帝内经
宋论	素书
文史通义	新书
鬻子·计倪子·於陵子	淮南子
老子	九章算术（附海岛算经）
道德经	新序
帛书老子	说苑
鹖冠子	列仙传
黄帝四经·关尹子·尸子	盐铁论
孙子兵法	法言
墨子	方言
管子	白虎通义
孔子家语	论衡
曾子·子思子·孔丛子	潜夫论
吴子·司马法	政论·昌言
商君书	风俗通义
慎子·太白阴经	申鉴·中论
列子	太平经
鬼谷子	伤寒论
庄子	周易参同契
公孙龙子(外三种)	人物志
荀子	博物志
六韬	抱朴子内篇
吕氏春秋	抱朴子外篇

西京杂记

神仙传

搜神记

拾遗记

世说新语

弘明集

齐民要术

刘子

颜氏家训

中说

群书治要

帝范·臣轨·庭训格言

坛经

大慈恩寺三藏法师传

长短经

蒙求·童蒙须知

茶经·续茶经

玄怪录·续玄怪录

酉阳杂俎

历代名画记

唐摭言

化书·无能子

梦溪笔谈

东坡志林

唐语林

北山酒经(外二种)

折狱龟鉴

容斋随笔

近思录

洗冤集录

传习录

焚书

菜根谭

增广贤文

呻吟语

了凡四训

龙文鞭影

长物志

智囊全集

天工开物

溪山琴况·琴声十六法

温疫论

明夷待访录·破邪论

潜书

陶庵梦忆

西湖梦寻

虞初新志

幼学琼林

笠翁对韵

声律启蒙

老老恒言

随园食单